U0671454

推动中小企业发展的思路与经验

——以吉安苏区为例

Ideas and Experiences to Promote the Development of
Small and Medium-sized Enterprises
—As an Example of Ji'an in Jiangxi

刘善庆◎主编 杨 鑫 黄仕佼◎著

经济管理出版社
ECONOMY & MANAGEMENT PUBLISHING HOUSE

图书在版编目（CIP）数据

推动中小企业发展的思路与经验：以吉安苏区为例 / 刘善庆主编；杨鑫，黄仕佼著.
— 北京：经济管理出版社，2020.6

ISBN 978-7-5096-7181-8

Ⅰ.①推… Ⅱ.①刘… ②杨… ③黄… Ⅲ.①中小企业—企业发展—研究—吉
安 Ⅳ.① F279.275.63

中国版本图书馆 CIP 数据核字（2020）第 098631 号

组稿编辑：丁慧敏
责任编辑：丁慧敏　张莉琼　韩　峰　张广花
责任印制：黄章平
责任校对：王纪慧

出版发行：经济管理出版社
　　　　　（北京市海淀区北蜂窝 8 号中雅大厦 A 座 11 层　100038）
网　　址：www.E-mp.com.cn
电　　话：（010）51915602
印　　刷：唐山昊达印刷有限公司
经　　销：新华书店
开　　本：720mm×1000mm/16
印　　张：13
字　　数：227 千字
版　　次：2020 年 9 月第 1 版　2020 年 9 月第 1 次印刷
书　　号：ISBN 978-7-5096-7181-8
定　　价：68.00 元

前　言·PREFACE

改革开放 40 多年来，我国民营经济从小到大、从弱到强，不断发展壮大，为推动经济发展、深化经济体制改革、维护社会和谐稳定做出重要贡献，已经成为我国经济制度的内在要素和推动发展不可或缺的力量。

但近几年来，国内市场环境和国际贸易格局都发生了重大、深刻的转变。为此，一度在中国经济中"独领风骚"，创造了巨大效益的民营经济遭遇了一系列严峻的挑战，尤其是中小民营企业陷入了明显的发展低谷。中国民营经济处在发展的困境，因此必须想办法走出困境。然而，尽管所有人都看得到中国民营经济，尤其是中小民营企业发展的困境，但对此提出的解决方案却南辕北辙。有人认为，中小民企需要国家直接"输血"；也有人认为，中小民企更需要国家政策性的优惠与扶持；还有人认为，最需要的是放松管制，让它们获得更广阔的活动空间。一时间，似乎人人都在为中国的民营经济"号脉开药"，但到底哪个"药方"有效，社会各界却莫衷一是。

2012 年中央出台《国务院关于支持赣南等原中央苏区振兴发展的若干意见》（以下简称《若干意见》）。2013 年，中央决定，由国家发展和改革委员会、中共中央组织部牵头，组织中央国家机关及有关单位分别支援赣南苏区各县。自此，吉安苏区在党中央和国务院的决策、领导、指挥下，掀起了一场声势浩大的发展运动。近几年，吉安苏区进入了高速发展的快车道，经济取得了显著的成效，各地县域政府根据自身的区域特点和产业发展特色，先后探索了诸多的特色产业发展模式，吸引大量的中小民营企业聚集，形成了初具规模的特色产业发展集群（井冈山经济技术开发区通信终端设备产业集群、吉安数字视听产业集群、吉州区通信传输系统产业集群、永丰碳酸钙产业集群、新干盐卤药化产业集群、泰和触控显示器产业集群、永新皮制品产业集群、新干箱包皮具产业集群、峡江工业园区生物医药产业集群等），积累了相当多的推动中小企业发展的经验。

吉安市始终把发展民营经济作为深化改革开放的重要举措及振兴苏区发展

的有力支撑，中小民营经济呈现持续快速健康发展的良好态势。截至 2018 年末，吉安主要经济指标增幅保持在江西省"第一方阵"，实现生产总值 1742 亿元，增长了 8.9%，增幅连续 23 个季度位居江西省前三；规模工业增加值增长 9.4%，增幅连续 7 年位居江西省前三；完成财政总收入达 280.5 亿元，增长 11.6%，增幅位居江西省第二，税收占财政总收入比重突破 80%；战略性新兴产业增加值增长 20.9%，占规模工业比重提高到 19.6%，电子信息产业首次迈入千亿产业行列。单位 GDP 能耗、水耗分别下降 4.7% 和 5%。服务业增加值占 GDP 比重提高 2.5 个百分点，三次产业结构优化为 11.9：45.4：42.7；R&D 经费支出增长 67%，新增高新技术企业 111 家，高新技术产业增加值占规模工业比重达到 44.1%，高于江西省 10.3 个百分点。井冈山农高区升建工作纳入创新型省份建设重要内容，中科吉安生态环境研究院组建运行，井冈山市入选国家首批创新型县市，泰和工业园区获批省级高新技术产业园区，合力泰成功创建吉安市首家国家企业技术中心，吉安市新增院士工作站 11 家。吉安市中小企业的快速发展，行业门类从无到有、企业数量由少到多、经济规模由小变大、竞争力由弱渐强、发展质量快速提升，已经成为推动吉安市经济社会发展不可或缺的重要力量。

因此，本书通过详尽的实地调研案例及访谈研究，总结 2012 年《若干意见》之后吉安苏区在推动中小企业发展过程中所做出的努力及取得的经验，详细剖析各个产业集群发展过程中的每一个细节，深入挖掘各地县域政府在推动中小企业发展过程中所做的努力，把所有这些发展成功的经验进行总结归纳，为今后更好地推动中小企业的发展提供借鉴。具体章节如下：第一章为引言，介绍了苏区的研究背景和本书研究方法、主要研究内容等。第二章从区位、交通、生活等方面详细分析吉安苏区的整体营商环境。第三章重点梳理了国家近些年对于中小企业发展的政策支持。第四章重点介绍了在国家相关扶持中小企业发展政策的基础上，吉安市政府对于政策的解读与采取的扶持措施。第五章介绍了吉安苏区对于中小企业发展的思路剖析。第六章从吉安全局、各县（市、区）、各开发区的角度介绍了吉安苏区近些年的主要发展成效。第七章重点从生态环境、金融环境、人才环境、营商环境等方面介绍吉安苏区助推中小企业发展的主要经验。第八章探讨了吉安苏区中小企业发展的主要问题及对策。以上八个章节中，黄仕侥博士收集撰写了第一章至第四章的主要内容，杨鑫博士负责撰写了第五章至第八章中的主要内容。

总体来说，本书在梳理中央、江西省及吉安市支持中小企业发展的政策、国家各部委对口支援赣南等原中央苏区各县项目的同时，重点介绍了吉安苏区如何围绕《若干意见》大力推动中小企业的发展思路，以案例的形式介绍了吉安苏区的具体做法与相关经验。从吉安市中小企业目前的发展态势来看，吉安市政府为了支持中小企业的发展尽心尽力，各项政策、措施、规划、布局等系统而全面。因此，本书从吉安苏区中小民营企业未来长远和可持续发展的角度提出了观点，即政府能做的应该是为所有具备潜力的中小民营企业扫清竞争之路上无意义的阻碍和屏障，让那些真正有价值的中小企业能够突破桎梏，脱颖而出，而不是把本来就注定要在竞争中失败的企业"包养"起来。本书在此基础上提出吉安市政府未来在中小民营企业发展扶持措施应该以"三个关注、四个重视"为主要方面。"三个关注"是指关注康养产业将成为吉安市中小企业发展新增长极、关注"大数据、物联网、人工智能"对吉安市中小企业发展的新机遇、关注 5G 浪潮对吉安苏区软实力的跨越式提升作用。"四个重视"，一是做好政策引导，重视布局硬技术和深技术；二是完善创新生态，重视搭建各要素的融合与服务平台，促进科学家、企业家、投资人、工程师等的深度合作；三是继续降低企业成本，重视持续为中小企业发展减负；四是持续优化营商环境，重视营造中小企业可持续发展新趋势。

目 录·CONTENTS

第一章　引言 / 001

　　第一节　苏区的研究背景 / 001

　　第二节　研究的主要内容 / 003

　　第三节　研究的主要方法 / 005

第二章　吉安苏区的营商环境分析 / 008

　　第一节　吉安苏区的区位环境 / 008

　　第二节　吉安苏区的交通环境 / 011

　　第三节　吉安苏区的生活环境 / 013

　　第四节　吉安苏区的自然资源环境 / 014

第三章　国家支持中小企业发展相关政策分析 / 016

　　第一节　《国务院关于支持赣南等原中央苏区振兴发展的若干意见》

　　　　　　为中小企业发展指明方向 / 016

　　第二节　降税减负为中小企业发展奠定基础 / 019

　　第三节　营造健康营商环境增强中小企业发展信心 / 025

第四章　吉安苏区引导中小企业发展的相关措施 / 031

　　第一节　开发性金融支持返乡创业 / 031

　　第二节　引导和促进民间资本参与本地经济建设 / 033

　　第三节　推进政务服务促进中小企业发展 / 042

第五章　吉安苏区促进中小企业发展的思路剖析 / 048

第一节　构筑中小企业"21 字"发展要诀 / 048

第二节　"放管服"改革优化营商环境 / 053

第三节　创新供应链助推中小企业繁荣发展 / 057

第四节　激发商贸消费潜力带动中小企业发展 / 060

第五节　对接粤港澳大湾区拓展中小企业发展边界 / 066

第六章　吉安苏区产业结构与发展成效分析 / 071

第一节　吉安苏区经济运行的总体情况分析 / 071

第二节　吉安市各县（市、区）产业发展结构分析 / 076

第三节　吉安市各县（市、区）工业园区发展成效 / 103

第四节　国家部委对口支援带动中小企业发展见成效 / 124

第七章　吉安苏区推动中小企业发展的主要经验分析 / 137

第一节　生态环境是繁荣中小企业的前提条件 / 137

第二节　金融环境是中小企业发展的关键 / 141

第三节　人才环境是中小企业发展的核心 / 145

第四节　营商环境是中小企业发展的砥柱基石 / 150

第五节　案例：老区制造业变革的"吉水路径" / 155

第六节　案例：吉安县推动农业高质量发展 / 158

第七节　案例：吉州区现代服务业发展 / 159

第八章　吉安苏区中小企业未来发展的方向及对策 / 162

第一节　康养产业发展或将成为中小企业发展新增长极 / 162

第二节　AI 技术发展或将推动中小企业转型升级 / 174

第三节　5G 浪潮将为吉安软实力提升提供新动能 / 182

第四节　建议对策与总结 / 193

参考文献 / 195

第一章

引言

第一节 苏区的研究背景

2012 年 6 月 28 日，国务院出台了《国务院关于支持赣南等原中央苏区振兴发展的若干意见》（以下简称《若干意见》）。《若干意见》的出台，强调了苏区经济发展的重要性。同时，为了更好地落实《若干意见》的扶持精神，2014 年 3 月，赣、闽、粤三省联合出台《赣闽粤原中央苏区振兴发展规划》（以下简称《发展规划》），对于推动苏区实现跨越式发展、实现全面小康社会的奋斗目标，具有切实的指导意义。

中央苏区是指土地革命战争时期党中央在赣南和闽西地区建立的根据地，在革命时期做出过巨大的贡献。赣南等原中央苏区（以下简称"赣南苏区"）特指江西范围内的原中央苏区，地域广阔，人口密集，自然资源丰富，但是由于战争的破坏和政策等原因，经济发展相对缓慢，逐步与我国其他地区拉开距离，如何大力发展赣南苏区经济，成为当前振兴苏区发展的重要课题。

近年来，吉安市牢牢抓住中央苏区振兴发展的战略机遇，大力弘扬井冈山精神，切实践行新发展理念，奋力推进苏区振兴崛起。那么，吉安市究竟取得了怎样的发展变化？为落实《若干意见》，吉安市重点抓住了哪些"关键环节"？又取得了怎样的发展成效？

从经济指标上来看，经济总量实现较快增长。数据显示，截至 2018 年，吉安市生产总值、财政总收入、规模工业增加值、进出口总额、工业用电量、社会消费品零售总额等 15 项主要经济指标增幅居江西省前列。其中，生产总值（GDP）达 1743.23 亿元，年均增长 10.2%；规模工业增加值年均增长

12.9%；财政总收入达 280.52 亿元，年均增长 14.13%；固定资产投资年均增长 18.3%；进出口总额达 384.08 亿元，年均增长 17.6%。

城乡面貌发生深刻变化。新型城镇化进程不断加快，中心城市、吉泰城镇群和小城镇更加秀美宜居，城镇化率达 47.8%，5 年提高 8.2 个百分点；大力推进延续庐陵文脉的美丽乡村建设，农村人居环境和基础设施全面改善，实现县县通高速、村村通水泥路。

在生态环境方面，秀美生态得到保护建养。吉安市在加快发展的同时着力保护生态环境，致力绿色崛起，加强生态红线管控，打造秀美宜居家园。2013 年荣获全国绿化模范城市，2014 年被授予国家森林城市，2016 年吉安全境入选全国生态保护与建设示范区。

在群众获得感方面，城镇和乡村居民收入分别达到 34629 元和 13820 元。教育卫生文化事业有了明显进步。公众安全感连年保持江西省前列。在苏区振兴的推动下，吉安市这几年获得了诸多荣誉。据了解，吉安市连续 3 年获评江西省工业发展先进市，两年获评江西省新型城镇化先进市，荣获 2013 年度、2014 年度江西省科学发展综合考评先进市；吉安市被评为中国优秀旅游城市、全国双拥模范城、国家卫生城市、国家智慧城市；2015 年成为江西省唯一全境入选全国生态保护与建设示范区的设区市；2016 年获评国家循环经济示范城市、全国文明城市提名城市。

《若干意见》出台后，吉安市重点抓住了几个"关键环节"，这也抓住了推动振兴发展的关键。在政策落地推动上，吉安市成立了以市委主要领导为组长的苏区振兴发展工作领导小组，积极加强谋划对接，推动苏区振兴政策全面落地。紧扣《若干意见》和《发展规划》，出台推动苏区振兴发展的实施方案等 20 多个文件，提出 28 项对接规划、131 项对接行动计划、27 个对接重大项目和 80 个苏区振兴重点平台。仅市领导带队赴国家部委对接 100 余次，赴省直单位对接 300 余次。苏区振兴战略实施以来，全市共有 3000 多个项目获得支持，国家循环经济示范城市、全国生态保护与建设示范区等 48 个重大平台已获国家和省里批复。

在积极争取苏区振兴政策支持的同时，吉安市立足于增强"造血"功能和发展能力。大力实施"昂起国家开发区龙头、挺起吉泰走廊脊梁、立起县域经济支点"的区域发展战略，打造吉泰走廊这一支撑振兴发展的重要增长极，以重点突破统筹带动全局发展。其中，立起县域经济支点，就是坚持强县与富民两手抓，鼓励各县（市、区）因地制宜，错位发展，打造主导产业、发展优势产业、培育本土产业，一批县域百亿产业集群加快形成，其中井冈山经开区通信终端设备、吉安县数字视听、吉水绿色食品、永丰循环经济和碳酸钙 5 个产业集群过百亿元，县域经济活力迸发，综合实力显著增强，各县区财政总收入基本迈进 10 亿元新台阶。在推动振兴发展中，加快推进产业迈向中高端，构建更具特色和竞争力的苏区产业体系，又是抓住关键一环。多年来，吉安市注重绿色发展，加速产业升级，形成多点发力的产业发展态势。其中，推进传统产业和新兴产业融合式发展，重点培育电子信息、生物医药、绿色食品、先进装备制造、新能源新材料等重点产业集群。

截至 2018 年，吉安市 1319 家规模以上企业工业总产值同比增长 14.7%，规模以上工业增加值同比增长 9.4%，增速比 2017 年提升 0.1 个百分点。高出江西省平均值 0.5 个百分点，并列江西省第三，连续 7 年居江西省前三。吉安市规模以上工业生产继续保持稳中向好的态势。近 50 家企业在"新三板"和区域股权交易市场成功挂牌；工业园区实力全面提升，吉安市 12 个工业园区均跨入百亿园区行列；战略性新兴产业加速集聚。与此同时，农业基础地位不断巩固。粮食生产连年丰收，被评为全国粮食生产先进市；现代服务业扩量提质。目前，现代商贸物流体系基本形成。此外，吉安市不断加快老区开放升级、创新升级步伐。始终坚持问题导向、市场导向、发展导向和民生导向，研究出台"1+16"改革文件，蹄疾步稳推进各领域改革，一批重大改革破难而进、落地见效。老区百姓的福祉持续提升。

因此，本书主要以吉安苏区为研究范围，分析当地特色资源与经济发展之间的动态关系，探索吉安苏区在《若干意见》之后，如何运用政策红利推动中小企业快速做大做强，形成产业群聚集的发展之路。

第二节 研究的主要内容

2012 年《若干意见》出台之后，在党中央和国务院的决策、领导、指挥下，赣南等中央苏区掀起了一场声势浩大的发展运动。近年来，赣南等中央苏区的发展进入了高速发展的快车道，经济发展取得了显著的成效，吉安市各地县域政府根据自身的区域特点和产业发展特色，先后探索出了诸多的特色产业发展模式，吸引大量的中小企业聚集，形成了初具规模的特色产业发展集群，积累了相当多的推动中小企业发展的经验。

本书通过详尽的实地调研及访谈，总结2012年《若干意见》之后吉安苏区在推动中小企业发展过程中所做出的努力及取得的经验，详细剖析各个产业集群发展过程中的每一个细节，深入挖掘各地县域政府在推动中小企业发展过程中所做的努力，把所有这些发展的成功经验进行了总结归纳，为今后更好地推动中小企业的发展提供借鉴。具体章节内容如下：

第一章为引言。介绍了苏区的研究背景、苏区的历史及区域划分、研究的主要内容和方法。

第二章为吉安苏区的营商环境分析。首先，介绍吉安苏区的区位环境。其次，说明吉安苏区的交通环境的发展优势。最后，介绍吉安苏区的生活环境在《若干意见》实施后所发生的巨大变化，以及对中小企业发展、人才聚集所产生的重要影响。

第三章为国家支持中小企业发展相关政策分析。首先，介绍了《若干意见》在吉安发展过程中的重要作用，它为吉安苏区中小企业发展指明了具体发展方向。其次，介绍了国家出台《降低实体经济企业成本工作方案》的主要背景及内容，它为我国中小企业发展解决了实质性的难题，为其升级、转型奠定扎实的基础。最后，介绍了近期国家出台《中小企业健康发展意见》的主要内容，该意见的出台再次为全国中小企业包括吉安苏区中小企业发展增强了信心。

第四章为吉安苏区引导中小企业发展的相关措施。重点介绍了在国家相关扶持中小企业发展政策的基础上，吉安市政府对于政策的解读与采取的扶持措施。包括吉安市开发性金融支持返乡创业政策、引导和促进民间投资参与经济建设意见和推进政务服务中小企业发展的主要举措等，通过对国家政策的解读与细化，因地适宜地推出符合吉安苏区中小企业发展特点的政策引导与扶持，开启了吉安苏区中小企业发展的新篇章。

第五章为吉安苏区促进中小企业发展的思路剖析。介绍了吉安苏区对于中小企业发展的思考与思路。包括吉安市构筑中小企业发展"21字"要诀、推进"放管服"改革优化营商环境、推进供应链创新助推中小企业繁荣发展、激发商贸消费潜力带动中小企业发展、对接粤港澳大湾区拓展中小企业发展边界迅速激发中小企业发展的新路径与新思路。

第六章为吉安苏区产业结构与发展成效分析。从吉安全局、各县（市、区）、各开发区的角度介绍了吉安苏区近些年的主要发展成效。首先，重点介绍了目前吉安苏区经济运行的主要情况和相较于《若干意见》前的主要发展成效；其次，介绍了吉安市各县（市、区）主要拳头产业的发展现状与主要成效；最后，详细介绍了吉安市各县（市、区）重点工业园区的发展现状与主要发展成效。

第七章为吉安苏区推动中小企业发展的主要经验分析。重点介绍了吉安市政府如何通过生态环境、金融环境、人才环境、营商环境助力吉安苏区的中小企业发展，实现吉安苏区从宜居的生态环境到吸引人才生活、从适宜的人才政策到吸引人才驻足、从优越的金融支持到吸引中小企业发展、从开发进取的营商环境到吸引产业聚集的转变。最后，通过三个"老区制造业变革的'吉水路径'""吉安县推动农业高质量发展""吉州区现代服务业发展"的案例再次说明吉安苏区推动中小企业发展的成功路径值得思考。

第八章为吉安苏区中小企业未来发展的方向及对策。本书在以上研究分析的基础上提出吉安市政府未来在中小民营企业发展扶持措施方面应该以"三个关注、四个重视"为主要内容。"三个关注"是指关注康养产业将成为吉安市中小企业发展新增长极、关注"大数据、物联网、人工智能"对吉安市中小企业发展的新机遇、关注5G浪潮对吉安苏区软实力的跨越式提升作用。"四个重视"一是做好政策引导，重视布局硬技术和深技术；二是完善创新生态，重视搭建各要素的融合与服务平台，促进科学家、企业家、投资人、工程师等各相关行业从事人员的深度合作；三是继续降低企业成本，重视持续为中小企业发展减负；四是持续优化营商环境，重视营造中小企业可持续发展新趋势。

第三节　研究的主要方法

本书主要采取了实地调研法等研究方法。

2012年以来，苏区振兴研究院研究人员先后承担了一系列国家及省级重大课题，如"革命老区对口支援战略的驱动机制、效果评价与路径优化研究""加快革命老区振兴发展的思路和举措研究——以赣闽粤革命老区为例""合作社社会创业导向对其绩效的作用机理研究——以革命老区合作社为例""强化使命担当，助力苏区脱贫攻坚：民政部对口支援兴国县的做法与启示""振兴原中央苏区的现实条件、产业布局和财税政策研究""实施中央苏区振兴规划政策研究""江西与全国同步建设小康社会发展战略研究""赣闽粤中央苏区内陆开放型经济体系建设研究"等。为了提高课题研究的质量，确保课题所提政策切实有效，课题组深入中央苏区开展了多次、大量的实地调研，收集了大量的一手调研资料、数据及图片。

主要的实地调研形式有以下几种：实地考察、座谈会、问卷调查、相关部委挂职领导、企业家的单独访谈等。

座谈会是收集研究资料的主要形式。近年来，苏区振兴研究院与江西省苏区振兴办、市苏区振兴办、县（市、区）苏区振兴办建立了紧密的工作关系，为资料收集创造了良好的条件。足迹遍布江西省赣州市、吉安市、抚州市等地。

为了更好地收集资料，座谈会一般分层次召开，即省级层面、市级层面、县级层面。

第一，省级层面的座谈会。2016 年 4 月 9 日，"汇聚苏区振兴对策，打造江西特色智库"研讨会在江西师范大学召开。出席会议的领导和专家有江西省人大常委会原副主任胡振鹏，江西师范大学党委书记、苏区振兴研究院院长田延光，江西省赣南等中央苏区振兴发展工作办公室副主任谢宝河，江西省农业厅副厅长唐安米，江西省政府参事王志国，原中央苏区振兴发展工作办公室苏区振兴发展处处长江东灿，赣州市赣南苏区振兴发展工作办公室副主任缪小征，南昌大学经管学院院长刘耀彬，南昌大学中国中部经济社会发展研究中心常务副主任傅春，江西师范大学社会科学处处长董圣鸿，江西师范大学商学院副院长张明林，苏区振兴研究院常务副院长刘善庆，苏区振兴研究院副院长黎志辉和黄小勇等。与会领导和专家就赣南等中央苏区振兴发展的重大战略问题及对策建议等提出了真知灼见，收集了相当多的信息。

第二，市级层面的座谈会。2012 年，由江西师范大学党委书记、苏区振兴研究院院长陈绵水教授带队，在抚州市、吉安市、赣州市三个市的市政府分别组织召开座谈会，为重大课题研究提供资料和信息。2012 年 7 月，赣州市政府组织"江西师范大学课题调研会"，市属各部门领导与会，提供了书面报告、统计年鉴等资料。2019 年 7 月 7 日，江西师范大学苏区振兴研究院课题组再次赴吉安市开展调研座谈会，收集了大量资料素材。

第三，县级层面的座谈会。2012~2019 年以来，先后多次在瑞金市、南康区、南城县、兴国县、大余县、信丰县等县（市）组织召开座谈会。其中2019 年 7 月 7~20 日，由江西省苏区振兴办牵头组织了一次大范围的针对吉安苏区全域的实地调研、座谈及访谈，调研组历时近半个月，先后考察了井冈山市、吉州区、青原区、永新县、吉安县、新干县、安福县、吉水县、峡江县、永丰县、遂川县、万安县、泰和县等县市。在调研考察过程中，各地县（市）委、县（市）政府高度重视，积极配合组织召开座谈会，各县发改委、振兴办主任全程陪同实地考察，帮助协调各个部门收集数据，为课题调研提供了极大方便，收集了大量素材。

第四，各县挂职的国家部委干部访谈。国家部委挂职干部对吉安苏区的振兴发展起到了不可或缺的关键性作用，他们不仅为各县带来了崭新的发展理念，也带来了实实在在的具体支援政策和项目，更是联络的桥梁。在 2019 年对吉安全域的大范围考察调研中，调研组专门访谈了这些国家部委的挂职干部，详细了解了他们从生活到工作的方方面面。

第二章

吉安苏区的营商环境分析

　　吉安市位于江西省中西部，是举世闻名的革命摇篮井冈山所在地。古称庐陵、吉州，元皇庆元年（1312年）取吉阳、安成首字合称为吉安。2000年5月撤地设市，现辖2区10县1市（即吉州区、青原区，吉安县、遂川县、新干县、峡江县、万安县、永丰县、吉水县、泰和县、安福县、永新县，井冈山市），面积达2.53万平方千米，截至2018年末人口达538.99万。先后获中国优秀旅游城市、全国双拥模范城市、国家森林城市、国家园林城市、全国绿化模范城市、全国电子信息产业科技兴贸创新城市、全国新型工业化（电子信息）产业示范基地城市、外商投资最佳城市、全国文明城市提名城市、国家卫生城市、省级文明城市、省级卫生城市、江西省首届生态宜居城市等荣誉称号。

第一节　吉安苏区的区位环境

　　吉安市位于江西省中西部，赣江中游。位于北纬25°58′32″~27°57′50″，东经113°48′~115°56′。南北长约218千米，东西宽约208千米，总面积约达2.53万平方千米。东接抚州市乐安县和赣州市宁都县、兴国县；南邻赣州市赣县区、上犹县、南康区；西连湖南省桂东县、炎陵县、茶陵县和江西省萍乡市莲花县；北靠萍乡市芦溪县和宜春市袁州区、樟树市、丰城市及新余市渝水区、分宜县。距省会南昌公路里程为219千米、首都北京铁路里程为1805.6千米。地形以山地、丘陵为主，东、南、西三面环山。境内溪流河川、水系网络酷似叶脉，赣江自南而北贯穿其间，将吉安市切割为东西两大部分。地势由边缘山地到赣江河谷，逐级降低，往北东方向逐渐平坦。北为赣抚平原，中间为吉泰平原。地貌属山地丘陵盆地地貌，分中山、低山、高丘、低丘、岗阜台地、河谷平原、谷盆地七类，中山为海拔 1000~2000 米山地，面积约为 1920 平方千米，占总面积的 7.59%。低山为海拔 500~1000 米山地，面积约为 5352 平方千米，占总面积的 21.17%。广泛沿吉泰盆地的四周分布，形成"盆缘"。高丘海拔为 200~500 米，面积约为 4515 平方千米，占总面积的 17.86%，广泛分布在境内中部地带，多与低山相接或镶嵌。低丘为 100~200 米山地，面积约为 7052 平方千米，占总面积的 27.89%，是境内面积最大的一种地貌类型。岗阜台地海拔为 50~100 米山地，岗阜台地包括低丘向河谷延伸部分的岗地和由河流流水冲积物堆积而成的洪积、冲积台地（河谷阶地）两大部分，面积约为 1905 平方千米，占总面积的 7.53%，均沿赣江及主要支流两岸呈带状分布。河谷平原分为干流谷地和溪流谷地两大类，面积约为 4388 平方千米，占总面积的 17.37%。盆谷地系指印支运动以来的继承复合性断陷盆谷地，四周为低山、高丘所包围，盆地呈圆形，周围小溪汇入盆地，形成辐射状水系，面积约为 150 平方千米，占总面积的 0.59%。

吉安市境内山体主要由两大山脉构成：赣江西部为罗霄山脉，东部为雩山山脉。罗霄山脉为武功山、万洋山、诸广山的统称，耸峙于赣湘边境，是南岭中部大庾岭的北支，整个山脉走向大致呈北北东—南南西走向；其西北部和西南部盘踞着武功山和万洋山，为赣、湘两省的天然屏障；诸广山余脉则横亘于南，是吉安市与赣州市的界岭；这三段山脉相互近于平行，皆成北北东—南南西走向，并与其集合体罗霄山脉的总走向呈微角度相交，构成边幕式叠瓦状排列。在罗霄山脉北段武功山南侧还存在罗霄山脉的一大支脉陈山。而雩山山脉的玉华山、高龙山、东固山等山体连成不规则的月牙形绵延于区境东部和东南部，从而构成境内山脉整体轮廓：东、西、南三面环山，南高北低的地势。境内最高点是罗霄山脉南段万洋山主峰南风面，海拔 2120.4 米，为江西省第二高峰；境内最低点在潇江汇入赣江入口处南岸的新干县刘坊一带，海拔 25 米。境内水系以赣江为主流，赣江在万安县涧田乡良口入境，纵贯市境中部，流经万安县、泰和县、吉安县、青原区、吉州区、吉水县、峡江县、新干县等地，在新干县三湖镇蒋家出境，境内河段长 264 千米，天然落差 54 米，干流吉安段流域面积为 26251.7 平方千米，占赣江流域总面积的 32.8%。

赣江主流吉安段有众多的支流分布在其东西两岸并全部汇入赣江，构成以赣江为中心的向心水系。境内以不同级别最终汇入赣江、流域面积大于 10 平方千米以上的大小支流共 733 条，河流河网密度为 0.4。流域面积大于 1000

平方千米的大支流有 8 条，其规模由大而小依次是禾水（是赣江中游段最大支流，从河源至小江河汇入口段称文汇江，也称琴水。流域面积达 9098 平方千米，主河道长 255 千米，上、中、下游段主河道纵比降分别为 0.81‰、0.648‰、0.13‰）、乌江（流域面积达 3922 平方千米，主河道长 181 千米，主河道纵比降 1.20‰）、泸水（流域面积达 3394 平方千米，主河道长 161 千米，主河道纵比降为 1.14‰）、孤江（又名芦水，古称明德水，流域面积达 3082 平方千米，主河道长 154 千米，主河道纵比降 0.987‰）、遂川江（流域面积达 2882 平方千米，主河道长 180 千米，主河道纵比降 1.96‰）、蜀水（流域面积达 1301 平方千米，主河道长 157 千米，主河道纵比降 2.05‰）、洲湖水（又名消河、陈山河。流域面积达 1103 平方千米，主河道长 104 千米，主河道纵比降 1.82‰）、牛吼江（主流六八河与其最大支流六七河在泰和湛口合流后的称谓，古称禾溪。流域面积达 1058 平方千米，主河道长 118 千米，主河道纵比降 2.68‰）。

吉安市位处香港特别行政区、广东省经江西省到中原的核心地带，既是沿海腹地，又是内地前沿，北与长江三角洲对接，东与闽江三角洲毗邻，南与华南经济圈呼应，是至关重要的"黄金走廊"。境内井冈山机场已开通至北京、上海、深圳、厦门、成都、广州、西安、天津、海口、南京、南宁、南昌 12 个城市的航班；南北向有京九铁路，东西向有沟通京九、京广两条铁路大动脉的衡茶吉铁路，开通了到北京、上海、深圳、厦门、南昌的始发列车，昌吉赣客运专线全面开工建设，吉安市正加快进入"高铁新时代"；赣江航道贯穿境内，成为便捷的货运黄金水道；赣粤高速、泰井高速、武吉高速以及吉莲高速、抚吉高速、井睦高速公路相继建成通车，是目前江西省第二大陆地交通枢纽，连接长三角、珠三角和闽东南的重要节点，未来的中部"交通城"。在地理位置上，吉安市连接中国经济最发达的各个地区，利于从外部获得地区发展所需的经济资源，在产业宏观迁移中起到承东接西的作用。交通便捷，利于同其他地区往来交易，形成区域性货物交流中心。拥有丰富自然生态资源和矿产资源。生态环境保持良好，利于可持续性工业发展。人力资源丰富，在产业迁移中可以吸收发达地区的劳动密集型产业。旅游资源丰富，既有风景秀丽的天然环境，又有源远流长的文化遗迹。作为老区和革命圣地，具有独特的政治资源。从大趋势上看，国务院发展研究中心有关专家曾考证，江西省是京九铁路沿线地理位置最重要、资源最丰富、风光最秀丽、投资机会最多、吸引资金能力最强的一段，而京九铁路纵贯吉安南北，境内全长 201 千米，约占江西省境内全长的 1/3，凸显其独特的区位优势。

第二节　吉安苏区的交通环境

党的十八大以来，吉安市在公路、铁路、水运、民航建设方面都取得了前所未有的成绩。"一环八射两联络"高速公路网络形成、迎接高铁新时代、水利航电枢纽陆续建设、全国范围内 2 小时左右的"米"字形航线经济圈形成，使吉安市在赣中区域性综合交通枢纽的地位得到了进一步凸显。

一、综合路网情况

2012 年以来，吉安市的公路建设得到较快发展，到 2016 年底，公路通车里程达 23172 千米。高速公路建设突飞猛进，吉安市现有高速公路 652 千米，党的十八大以来，吉安市新建成吉安至莲花、抚州至吉安、井冈山至睦村、南昌至宁都、东乡至昌傅高速，基本形成"一环八射两联络"高速公路网络，实现了"县县通高速"，构建起中心城区到各县（市、区）"1 小时经济圈"、到周边地市"2 小时经济圈"，让吉安市在赣中区域性综合交通枢纽地位得到了进一步凸显。

普通国道建设项目稳步推进，吉安市共有普通国道 1195 千米，普通省道 1537 千米，农村公路 19560 千米。以市中心城区为中心，县城为重点，城乡客运网络进一步完善。顺利开通吉州至吉水、吉州至泰和公交线路，实现了吉泰走廊公交一体化；正式开通镇村公交，启动镇村公交发展试点；开通中心城区重点镇公交、青原区和井冈山经开区工业园园区"微公交"、中心城区 3 条旅游公交专线，客运班线实现全覆盖。

随着衡茶吉铁路建成通车，昌吉赣客专线、蒙华铁路全面开工，吉安市铁路运营里程超过 450 千米，吉安市迎来了高铁新时代。《吉安市铁路发展规划》是吉安市铁路建设的首个规划，重点谋划了渝长厦铁路、吉抚武温铁路、新余至吉安城际铁路等项目。至 2030 年，吉安市铁路总里程超过 1200 千米，规划形成"四纵两横"铁路网布局结构，吉安将成为承东启西、沟通南北的赣中区域性铁路枢纽。

二、水运网情况

水利航电枢纽建设陆续实施，赣江吉安航道共 289 千米，在 2013 年前只有万安水电站库区航道 36 千米达到三级航道标准，其余 253 千米均为五级和六级，航道等级偏低。2013 年 3 月，石虎塘航电枢纽正式下闸蓄水，渠化库区航道 38 千米；2015 年峡江水利枢纽基本建成，渠化库区航道 78 千米；均达三级航道标准。

2015 年 8 月，新干航电枢纽开工建设，预计 2019 年全面完工，蓄水后，渠化库区航道 59 千米；2016 年底，为解决石虎塘航电枢纽与峡江水利枢纽水位衔接问题，赣江（石虎塘—神岗山）三级航道整治工程已开工建设；2017 年 8 月，井冈山航电枢纽开工建设，预计 2020 年基本完工。多年来，赣江辖区三级航道由 36 千米提升至 152 千米，预计到 2020 年，赣江吉安航道 289 千米航道将全面提升至三级航道标准，届时可通行千吨级以上船舶，将大大改善赣江通航条件。

港口码头建设逐步推动，新干港河西综合码头、吉安港石溪头货运码头基本建成，吉水县醪桥货运码头、泰和县沿溪货运码头、吉安市旅游客运码头分别启动前期工作。吉安市拥有年吞吐量万吨以上港口 7 个、客货码头 77 座、泊位 111 个，年吞吐能力达 1123 万吨。

三、民航网情况

自 2004 年正式通航以来，井冈山机场就紧密结合大井冈"红、绿、古"多色旅游产业，依托红色旅游资源，做好航空旅游这篇大文章。从 2004 年前的吞吐量 4425 人次，到 2019 年有望突破 60 万人次，通航点达到 12 个，增长跨度达到近 135 倍，远远高于国内同层级机场的发展速度，为促进吉安地区经济发展起着重要作用。

新增的井冈山—南昌—合肥航线，更是架起了一座"干支联动"的快速中转空中桥梁。一批批全国 500 强企业进驻吉安，井冈山经济技术开发区升级为国家级开发区，民航业的发展有力地带动了吉安市经济社会的快速发展。

为满足地区航空运输快速增长的需求，2017 年 4 月 29 日，井冈山机场实现了临时航站楼的转场，并即将迎来新航站二期扩建工程后的再次转场。井冈山机场二期扩建顺利推进，扩建后的航站楼由目前的 3340 平方米扩展至

13640 平方米，机位由 2 个扩展至 9 个，其他配套服务功能也将得到明显提升。

如今，在吉安市已经形成一个全国范围内 2 小时左右的经济圈，北京、上海、广州、深圳、成都、厦门等现代化城市，搭接井冈山民航的桥梁，拉近了各方距离。

第三节　吉安苏区的生活环境

一、文化积淀深厚

吉安市自古人杰地灵，民风淳朴，文化素养丰富，素有"江南望郡""金庐陵"之美称，更有"文章节义之邦"的美誉。这里培育了以"放眼天下、崇文重教、传扬家风、团结拼搏、忠义报国"为行为特质的庐陵文化，从古至今，从唐宋至明清，从吉安科举走出来的进士近 3000 名，状元、榜眼、探花 52 位（其中状元 17 位），曾经出现过"隔河两宰相，五里三状元"的历史盛事。有一大批著名的历史人物，如"唐宋八大家"之一欧阳修、《永乐大典》主纂解缙、宋代大文豪杨万里、民族英雄文天祥等，吉安被誉为"人文故郡"。这块红土地上也创造出伟大的"井冈山精神"，1927 年，毛泽东、朱德等老一辈无产阶级革命家在这里创建了第一个农村革命根据地，点燃了中国革命的"星星之火"，缔造了"坚定执着追理想、实事求是闯新路、艰苦奋斗攻难关、依靠群众求胜利"的井冈山精神，被誉为"红色摇篮"。

二、教育体系健全

吉安市最高学府是井冈山大学，在当地有近 2 万人的办学规模，校园占地面积达 2440 亩，校舍建筑面积超过 57 万平方米，教学科研设备总值超过 2.1 亿元，图书 190 余万册，成为培养高素质人才的重要基地。有高职院校——吉安职业技术学院 1 所，拥有教学设备价值达 5600 万余元，图书资料 20 万多册，校内外实训室（中心）和实践基地 215 个，已开设专业 12 个；有全日制普通中专、职业高中和技工学校 38 所，实验实训设备总值 1.2 亿元，共开设专业

66个，其中省级精品专业17个，每年可向社会提供10余万具有中等以上文化劳动力。有普通中学300多所，每年为全国各大中专院校输送优秀人才2万余人；小学735所，教学点1123个；幼儿园1683所；特殊教育学校10所。

三、基础设施完备

吉安市境内公路通车里程达22879千米，其中高速公路632千米，整个交通道路网形成了市至县"一小时交通圈"。建成以500千伏变电站为骨架，220千伏变电站、110千伏变电站为主体的输变电网络，以华能井冈山电厂、峡江水利枢纽、万安水电厂、石虎塘航电枢纽为骨干的电力，装机总容量达245.3万千瓦，其中华能井冈山电厂、万安水电厂、峡江水利枢纽年发电量分别为89.93亿度、14.52亿度、11.44亿度；吉安市本地的固定电话装机量达47.07万户，移动电话装机量达343.68万户，互联网用户达80多万户，交通、能源、通信等基础设施日益完善。同时，吉安市形成了海关、商检、市长直通电话、投资洽谈中心、投诉中心、办证服务中心、招投标中心"七位一体"的投资服务体系，一个"成本低、信誉好、效率高、回报快"开明开放的吉安市正在江西省中部加速崛起。

目前，吉安市已形成电子信息、先进装备制造、生物医药大健康、新能源、新材料、绿色食品等主导产业格局，拥有已改造升级的食品、化工、建材、轻工等传统产业和井冈蜜柚、绿色大米、有机茶叶、有机蔬菜、特色竹木、特色药材六大特色富民产业以及茶叶、乌鸡、油茶、药材等一批本土特色产业。拥有1个国家级经济技术开发区、1个国家级高新技术开发区、11个省级工业园区，随着吉泰走廊一体化建设的纵深推进，吉泰走廊的生产要素集聚和公共服务共享水平进一步提升，园区承载能力不断增强。

第四节　吉安苏区的自然资源环境

吉安市水力资源丰富，发展水电事业有着良好的前景。境内河流众多，以赣江为中轴，有28条大小支流汇入，各河上游植被茂密，山高水陡，水量充盈，水力资源充沛。各河水流域总面积约为 29000 平方千米，水资源总量为 196.75 亿立方米。理论蕴藏量为 2503 千瓦，可开发利用的水能资源为 157 万千瓦。赣江从万安良口经泰和、吉安、吉水、峡江流至新干三湖，过境河长 289 千米，占赣江总长的 35.2%。其中集中面积在 1000 平方千米以上的赣江一级支流有遂川、蜀水、孤江、禾水、泸水、乌江、洲湖河及牛吼江 8 条，总流域面积为 22500 平方千米，集中面积在 200~1000 平方千米的赣江一级支流良口水、皂口水、通津水、云亭水、仙槎水、固陂水、横石水、固江、黄金水、住岐水、沂江、湄湘水、狗颈水 13 条河流总长约 28000 千米，沙网密度为 0.8 千米／平方千米；全市现有水库 1206 座，蓄水量达 19 亿立方米。地表水人均占有量约为 4800 立方米，亩均耕地占有量为 3460 立方米。地下水埋深 3~5 米，含水层厚 8~15 米，多年平均地下水总量为 46 亿立方米，丰水年为 56 亿立方米，平水年为 45 亿立方米，枯水年为 28 亿立方米。水力资源丰富，加快了全市能源建设，大小水电站布满全市各县。国家重点项目万安水电站已建成并网发电，泰和南丰水电站已在建设之中。国家还将有计划地分期开发吉安市境内的赣江水力资源。这对加速吉安市的经济建设具有重要意义。

吉安市地下矿藏众多，主要有煤、铁、钨、钼、镍、铌、钽、铍、砂金、耐火黏土、泥炭、锰、钾、稀土、白泥、萤石、花岗石、大理石、粉石英等 50 多种。有开采价值的矿点 400 多处。还有金、银、铀、钴、锡、铂、重晶石、温泉等矿种。钨矿储量仅次于赣南位居江西省第二。花岗岩资源颇为丰富，且结构均匀、质地坚实、品种多样，花色有桃红、赤红、墨绿玉、墨玉、翡翠玉等 17 种，储量达 9 亿多立方米。大理石储量达 2 亿立方米，矿体裸露、矿石纯净细腻，晶莹如玉，质润坚韧，经火耐磨，颜色有白、红、青、绿、黑数种。萤石、陶玉、瓷土、岩盐矿、钾盐矿、石膏等矿，品位高、杂质少、储量均在 5000 万吨以上。泥炭资源是本地一大优势矿种，是一个有开采价值的矿种。

境内最近在安福县、吉水县两县发现一批新矿产，其中吉水县邱陂乡坝背村发现的优质天然矿泉水含有 20 多种有益于人体健康的微量元素和化学元素，可建一个年产 3000~10000 吨规模的矿泉水厂。安福县的新矿产，其矿中含锂瓷石，此矿属于江西省内首次发现，有较高的开采和利用价值。

第三章

国家支持中小企业发展相关政策分析

第一节 《国务院关于支持赣南等原中央苏区振兴发展的若干意见》为中小企业发展指明方向

2012年6月28日，国务院出台了《国务院关于支持赣南等原中央苏区振兴发展的若干意见》。文件要求以邓小平理论和"三个代表"重要思想为指导，深入贯彻落实科学发展观，弘扬苏区精神，加大扶持力度，加快新型工业化和城镇化进程，以解决突出的民生问题为切入点，着力改善城乡生产生活条件；以加快交通、能源、水利等基础设施建设为突破口，着力增强发展的支撑能力；以承接产业转移为抓手，着力培育壮大特色优势产业；以发展社会事业为重点，着力提升基本公共服务水平；以保护生态环境为前提，着力促进可持续发展；以改革开放为动力，着力破解体制机制障碍，努力走出一条欠发达地区实现跨越式发展的新路子，使原中央苏区人民能早日过上富裕幸福的生活，确保与全国同步进入全面小康社会，实现共同富裕。

争取目标到2020年，赣南等原中央苏区整体实现跨越式发展。现代综合交通运输体系和能源保障体系基本形成；现代产业体系基本建立，工业化、城镇化水平进一步提高；综合经济实力显著增强，人均主要经济指标与全国平均水平的差距明显缩小；人民生活水平和质量进一步提升，基本公共服务水平接近或达到全国平均水平，与全国同步实现全面建设小康社会目标。

一、培育壮大自身特色优势产业

《若干意见》中指出，赣南等原中央苏区需要培育壮大自身的特色优势产业，坚持市场导向，走出振兴发展新路子，立足比较优势，着力培育产业集群，促进集聚发展、创新发展，推动服务业与制造业、产业与城市协调发展，构建特色鲜明、结构合理、集约高效、环境和谐的现代化产业体系。

积极推动优势矿产业发展。发挥骨干企业和科研院所作用，加大技术改造和关键技术研发力度，促进稀土、钨等精深加工，发展高端稀土、钨新材料和应用产业，加快制造业集聚，建设全国重要的新材料产业基地。将赣南等原中央苏区列为国家找矿突破战略行动重点区域，加大地质矿产调查评价、中央地质勘查基金等中央财政资金的支持力度。

加快提升制造业发展水平。发挥现有产业优势，大力发展电子信息、现代轻纺、机械制造、新型建材等产业，积极培育新能源汽车及其关键零部件、生物医药、节能环保、高端装备制造等战略性新兴产业，形成一批科技含量高、辐射带动力强、市场前景广阔的产业集群。支持设立战略性新兴产业创业投资资金，建设高技术产业孵化基地。加大对重大科技成果推广应用和产业化支持力度，增强科技创新能力。支持国内整车企业在赣州市等地设立分厂。支持建设国家级检验检测技术研发服务平台。

促进红色文化旅游产业大发展。出台赣南等原中央苏区革命遗址保护规划，加大对革命旧居旧址保护和修缮力度，发挥革命旧居旧址在爱国主义教育中的重要作用。支持中央苏区历史博物馆、中央苏区烈士陵园、东固革命烈士陵园等红色文化教育基地建设。深化赣南与井冈山、闽西、粤东北的旅游合作，以瑞金市为核心高起点建设一批精品景区和经典线路，支持创建国家AAAAA级旅游景区，推动红色旅游与生态旅游、休闲旅游、历史文化旅游融合发展。支持赣州、吉安创建国家旅游扶贫试验区。

大力发展现代服务业。健全金融机构组织体系，完善金融机构、金融市场和金融产品，推动建立赣、闽、粤、湘四省边际区域性金融资源共享机制。鼓励境内外金融机构在赣州市设立经营性分支机构，支持和鼓励各类银行业金融机构发起设立新型农村金融机构。大力发展现代物流业，研究完善物流企业营业税差额纳税试点办法，支持赣州市、抚州市创建现代物流技术应用和共同配送综合试点城市，推动赣州市、吉安市综合物流园区及广昌物流仓储配送中心等项目建设。鼓励发展科技研发、工业设计和服务外包，规范发展法律咨询、信用评估、广告会展、培训认证等商务服务业。适应城镇化和人口老龄化趋势，扶持发展社区服务、家政服务、社会化养老等生活服务业。

推动产业与城市协调发展。促进产业和生产要素向城市集聚，提升城市服务功能和承载能力。支持赣州市建设省域副中心城市，调整行政区划，增设市辖区，推动赣县区、南康区、上犹县与赣州市中心城区同城化发展，科学规划建设章康新区，扶持瑞金市、龙南县次中心城市建设。加快吉泰走廊城镇体系建设。科学规划城市功能定位和产业布局，强化城市基础设施和公共服务设施建设，增强辐射带动能力。推进数字化城市建设。

二、深化改革扩大开放强劲振兴发展活力

坚持以改革开放促振兴发展，积极探索、开拓创新，着力构建有利于加快发展、转型发展的体制机制，有序承接产业转移，打造内陆开放型经济新格局。

创新体制机制。深化行政管理体制改革，加快转变政府职能，提高行政效能，优化发展环境。

有序承接产业转移。坚持市场导向与政府推动相结合，发挥自身优势，完善产业配套条件和产业转移推进机制，依托现有产业基础，促进承接产业集中布局。支持设立国家级高新技术产业园区。

推动开放合作。强化与珠三角、厦漳泉等沿海地区的经贸联系。

三、继续加大政策性扶持力度

原中央苏区，特别是赣南地区经济社会的发展存在着特殊困难和问题，应给予特别的政策支持。

财税政策。进一步加大中央财政均衡性转移支付力度，逐步缩小地方标准财政收支缺口。加大中央财政对赣南等原中央苏区振兴发展的财力补助。中央代地方政府发行的债券向原中央苏区倾斜。

投资政策。加大中央预算内投资和专项建设资金投入，在重大项目规划布局、审批核准、资金安排等方面对赣南等原中央苏区给予倾斜。

金融政策。鼓励政策性银行在国家许可的业务范围内，加大对赣南等原中央苏区的信贷支持力度。鼓励各商业银行参与赣南等原中央苏区振兴发展。支

持开展保险资金投资基础设施和重点产业项目建设，开展民间资本管理服务公司试点。支持符合条件的企业发行企业（公司）债券、中期票据、短期融资券、中小企业集合票据和上市融资。深化融资性担保公司或再担保公司、小额贷款公司创新试点。大力推进农村金融产品和服务方式创新，鼓励和支持设立村镇银行。

产业政策。实行差别化产业政策，从规划引导、项目安排、资金配置等多方面，给予支持和倾斜。加大企业技术改造和产业结构调整，对特色优势产业发展的支持力度。对符合条件的产业项目优先规划布局。

国土资源政策。在安排土地利用年度计划、城乡建设用地增减挂钩周转指标等方面，加大对赣南等原中央苏区的倾斜。

生态补偿政策。将东江源、赣江源、抚河源、闽江源列为国家生态补偿试点。结合主体功能区规划调整和完善，研究将贡江、抚河源头纳入国家重点生态功能区范围，提高国家重点生态功能区转移支付系数，中央财政加大转移支付力度。加快建立资源型企业可持续发展准备金制度。国家加大对废弃矿山植被恢复和生态治理工程的资金支持。加大对国家公益林生态补偿投入力度。

人才政策。加大东部地区、中央国家机关和中央企事业单位与赣南等原中央苏区干部交流工作的力度。国家重大人才工程和引智项目向原中央苏区倾斜，鼓励高层次人才投资创业，支持符合条件的单位申报建立院士工作站和博士后科研工作站。

对口支援政策。建立中央国家机关对口支援的机制，加强人才、技术、产业、项目等方面的对口支援，吉安市、抚州市的特殊困难县参照执行。支持福建省、广东省组织开展省内对口支援。鼓励社会力量积极参与对口支援。

第二节　降税减负为中小企业发展奠定基础

国务院在 2016 年 8 月 8 日印发了《降低实体经济企业成本工作方案》的通知，在通知中指出，经过 1~2 年的发展，降低实体经济企业成本的工作取得了初步成效，3 年左右使实体企业的综合成本合理的下降，使其盈利能力较为明显增强。主要包括降低企业税费、融资、制度性交易、人工、用能用地、物流 6 大块成本，助力企业升级、转型高质量发展。具体实施措施是：①税费负担合理降低。全面推开营改增试点，年减税额 5000 亿元以上。清理规范涉企政府性基金和行政事业性收费。②融资成本有效降低。企业贷款、发债利息负担水平逐步降低，融资中间环节费用占企业融资成本比重合理降低。③制度性交易成本明显降低。简政放权、放管结合、优化服务改革综合措施进一步落实，营商环境进一步改善，为企业设立和生产经营创造便利条件，行政审批前置中介服务事项大幅压缩，政府和社会中介机构服务能力显著增强。④人工成本上涨得到合理控制。工资水平保持合理增长，企业"五险一金"缴费占工资总额的比例合理降低。⑤能源成本进一步降低。企业用电、用气定价机制市场化程度明显提升，工商业用电和工业用气价格合理降低。⑥物流成本较大幅度降低。社会物流总费用占社会物流总额的比重由目前的 4.9% 降低 0.5 个百分点左右，工商业企业物流费用率由 8.3% 降低 1 个百分点左右。

一、降低企业税费成本

全面开展营改增试点，切实减轻但不增加各行业税负。扩大建筑业、房地产业、金融业、生活服务业营业税改征增值税试点范围，将增值税纳入所有企业新增房地产扣除范围。

实施研发费用加计扣除政策，修订完善节能环保专用设备税收优惠政策清单。加强协调配合，落实研发费用加计扣除政策。研究将新材料和关键零部件纳入第一批申请保险费补偿机制实施范围。修订完善《环境保护专用设备企业所得税优惠目录》和《节能节水专用设备企业所得税优惠目录》。

扩大行政事业性收费免征范围，清理规范涉企收费。将国内植物检疫费、社会公用计量标准证书费等 18 项行政事业性收费的免征范围从小微企业扩大到所有企业和个人。全面实施涉企收费目录清单管理，将涉企行政事业性收费、政府性基金、政府定价或指导价经营服务性收费和行政审批前置中介服务收费等项目清单，在地方政府及国务院各部门网站常态化公示。进一步清理各类电子政务平台服务收费。严禁依托电子政务平台捆绑服务和收费。查处各种与行政职能有关、无法律依据的中介服务收费。加强对企业相关收费的监督管理，畅通企业举报渠道，完善查处机制，制止乱摊派、乱收费等违法行为，坚决取缔违法收费项目。

取消或免征一批政府性基金，扩大小微企业免征范围。违反地方规定设立的大型工业用户燃气、燃料加工费等政府性资金将被取消。落实政府资金减免政策，将新增菜地开发建设资金和林业资金征收标准降至零，停征价格调节基金，整合归并水库移民扶持基金等 7 项政府性基金；将教育费附加、地方教育附加、水利建设基金免征范围由月销售额或营业额不超过 3 万元的缴纳义务人扩大到月销售额或营业额不超过 10 万元的缴纳义务人。

二、降低企业融资成本

保持合理充足的流动性，创造适宜的货币金融环境。引导银行业金融机构通过差别准备金率、再融资、再贴现等政策，加大对小微企业、"三农"等薄弱环节和重点领域的信贷支持力度。充分发挥发展性金融和政策性金融作用，为基础设施建设和重要战略性新兴产业发展提供长期低成本资金。

降低融资中间成本，增加融资担保。完善信贷资金对实体经济的融资机制，降低贷款中间环节成本，禁止"贷转存""存贷挂钩"等变相加息行为。引导金融机构对不同企业合理定价。督促银行业金融机构依法收费，制止不规范收费行为。发展政府支持的融资性担保机构，允许有条件的地方政府设立政府担保基金，探索利用注资、再担保、风险补偿等措施，提高战略性新兴产业融资性担保机构为小微企业和"三农"服务的积极性。

完善商业银行考核制度和监管指标，加大不良资产处置力度。综合考虑盈利能力、业务增长、资产质量、资本充足率等评估因素，适当提高风险承受能力，落实小微企业贷款风险承受能力要求。完善信贷人员免责政策。支持和督促商业银行补充资本金，及时以市场化方式核销不良贷款，并做好检查工作，提高信贷资金投向实体经济的能力。适当调整不良资产的转移方式、范围、打包项目和户数，逐步提高地方资产治理公司处置不良资产的能力，完善不良资产转移政策，提高不良资产转移的效率和灵活性。支持有发展潜力的实体经济企业之间债权转股权。

稳步推进民营银行建设，发展中小金融机构。推动经批准的民营银行筹建，引导其积极开展业务；稳步推进民营银行发展，加快发展金融租赁公司、村镇银行等机构。

大力发展股权融资，合理扩大债券市场规模。完善证券交易所市场股权融资功能，规范发展全国中小企业股权转让制度（"新三板"），规范发展区域性股权市场和私募股权投资基金。改革完善企业信用债券发行管理制度，合理扩大债券发行规模，提高直接融资比重。在投资者分类和趋同的原则下，统一企业信用债券的市场准入标准和审计规则。加快债券产品创新，发展股票与债券相结合，研究开发高风险与高收益的公司债券、项目收益债券、永续债券、特殊公司债券和资产支持证券。加大信息披露力度，规范债券发行企业信息披露行为，提高市场透明度。加强信用评级体系建设，强化市场化约束机制，积极稳妥推进债券市场开放。

引导企业利用境外低成本资金，提高本币结算在跨境贸易中的比重。推进企业外债发行登记制度改革，全面扩大跨境融资宏观审慎管理试点范围，进一步简化程序，合理扩大企业外债发行规模，放宽资金返还和结汇限制。在合理调控外债规模、促进结构优化、有效防范风险的前提下，鼓励资信良好、偿债能力强的企业在境外发行本外币债券。扩大人民币跨境使用，引导商业银行改善金融服务，提高企业在跨境贸易中使用本币结算的比例，减少汇率成本和汇率波动的影响。

三、降低制度性交易成本

要打破区域分割和行业垄断，加强公平竞争的市场环境建设。清理废除地方政府制定的影响统一市场形成的限制性法规，加快开放垄断行业竞争环节。开展市场准入负面清单制度试点，2018 年起正式实施全国统一的市场准入负面清单制度。连锁企业要求设立非企业法人门店和配送中心的，当地政府和有关部门不得以任何形式设置障碍。组织实施公平竞争评审制度，从源头上防止和限制市场竞争。完善竞争政策，完善市场竞争规则，加强反垄断和反不正当竞争执法。加强价格检查，优化市场环境，完善经营者自主定价领域的市场规则。

深化"放管服"改革，为企业创造更好的经营环境。简政放权，分权与管理相结合，优化服务，提高政府公共服务能力和水平，为企业提供优质公共服务和公共产品。推进行政审批制度和监督制度改革，优化行政审批流程，重点取消和下放生产经营领域的行政审批事项，将许可资格与相同或者类似的管理对象和管理事项合并，实行联合审批。大幅减少各类行政审批前置中介服务，取消无法律法规的前置中介服务。进一步优化企业投资项目相关审批流程，用好投资项目网上审批监管平台，在平台建设中落实标识码和个性化审批监管要求。确保所有市场主体在投资审批、政府支持、参与政府投资项目等方面享有平等待遇。对自然资源开发、环境保护、能源、交通运输、市政公用事业等领域的私人投资，除法律、法规另有明确规定外，取消最低注册资本、股东结构、持股比例等限制。简化外商投资企业设立手续。研究推动对符合条件、不需要新增建设用地的技改项目实施承诺备案管理。规范企业行政检查，实行"双随机"抽查机制，建立抽查清单。

加快社会信用体系建设，加强知识产权保护。利用好国家信用信息共享平台和企业信用信息公示系统，加强信用信息的收集、共享、公示和使用。对失信行为实行联合奖惩，在行政管理、公共服务、市场交易、投融资等方面对守信企业实施优惠便利措施，依法严格限制和约束失信企业。行业主管部门的登记、行政审批、行政许可、行政处罚等信息，应当以相应企业的名义收集，依法予以公布。加强知识产权保护，加大对专利、注册商标、商业秘密等侵权假冒行为的打击力度，降低企业维权成本。

提高贸易便利化水平，合理降低服务收费标准。全面推进国际贸易"单一窗口"，促进港口管理有关部门信息交流、监督互认、执法互助，对信用记录良好的企业降低出口商品检验率和通关成本。整合建立统一的公共资源交易平台体系，依法确定收费范围，规范服务收费，合理降低服务收费。积极稳妥推进行业协会与商会、行政机关脱钩，明确行业协会与商会、行政机关的职能界限，清理行业协会、商会违法违规强制企业出资评估、评议、表彰、赞助、捐赠项目。

加快国有企业经营社会职能剥离，解决历史遗留问题，减轻企业负担。建立政府和国有企业合理分担成本机制，坚持分类指导、分步实施，多渠道筹集资金，加快国有企业社会职能剥离。全面推进国有企业职工家庭"三供一业"分离交接，推进企业办医、教等分开的公共服务机构，推进国有企业离退休人员管理社会化，解决工厂、大型集体等国有企业遗留的历史问题。

四、降低企业人工成本

降低企业社保缴费比例，采取综合措施补充资金缺口。从2016年5月1日起，对企业职工基本养老保险单位缴费比例超过20%的省份，将单位缴费比例降至20%，单位缴费比例为20%且2015年底企业职工基本养老保险基金累计结余可支付月数超过9个月的省份，可以阶段性将单位缴费比例降低至19%；将失业保险总费率阶段性降至1%~1.5%，其中个人费率不超过0.5%。

以上两项社保费率降低期限暂按两年执行,具体方案由各省(自治区、直辖市)确定。综合采取实施渐进式延迟退休年龄、开展基金投资运营和划转部分国有资本充实社会保障基金,以及支持各地通过拍卖、出租政府公共资源资产等方式筹集资金,为降低企业社保缴费比例创造条件。

完善住房公积金制度,规范和阶段性适当降低企业住房公积金缴存比例。对住房公积金缴存比例高于 12% 的一律予以规范调整,不得超过 12%。从 2016 年 5 月 1 日起两年内,由各省(自治区、直辖市)结合实际,阶段性适当降低住房公积金缴存比例。生产经营困难企业除可降低缴存比例外,还可依法申请缓缴住房公积金,待效益好转后再提高缴存比例或恢复缴存并补缴缓缴的住房公积金。

完善最低工资标准调整机制和劳动力市场体系。要统筹考虑企业承受能力,保障劳动者最低劳动报酬权益,引导各地合理确定最低工资标准调整幅度和频率。推进户籍制度改革,实现居住证制度全覆盖,把农民工纳入当地教育、基本医疗等公共服务的覆盖范围,降低劳动力自由流动成本,加快形成统一开放、有序竞争的劳动力市场系统。

五、降低企业用能用地成本

加快能源体制改革,开放有竞争力的价格体系。加快电力、石油、天然气等领域市场化改革。完善光伏、风电等新能源发电并网机制。2017 年,基本放开竞争领域和环节的价格管制,形成充分竞争的机制,使能源价格充分反映市场供求变化,提高价格弹性。

加快电力体制改革,降低企业用电成本。加快实施输配电电价改革试点。积极开展电力直接交易,扩大参与范围,有序减少发电和消费计划,扩大电力市场交易比重。继续实施煤电价格联动机制,合理调整一般工商企业上网发电、重要公用事业和公益性服务不涉及直接竞争交易的电价。简化企业用户用电容量的增加、减少、暂停和变更程序,缩短处理时限。

完善土地供应体系,降低企业土地成本。积极推进工业用地长期租赁、先租后租、租售结合的供应方式。工业用地使用者可以在规定期限内按照合同分期支付土地出让金,降低工业企业用地成本。保障物流业用地供应,科学合理地确定物流用地容积率。

六、降低企业物流成本

改善物流业发展环境，大力发展新型运输方式。完善现代物流标准体系，加强物流标准实施，促进物流业与制造业协调发展。完善城市物流配送体系，优化资源配置，提高物流效率。推进多式联运，加快建设国家交通物流公共信息平台，促进跨部门、跨地区、跨国界、跨运输方式的物流相关信息互联网共享，鼓励企业间运输能力和资源共享，提高运输车辆的实载率。大力发展多式联运、企业联盟、干线运输和城市配送。

合理确定公路运输收费标准，规范公路收费管理，监督执法。尽快修订《收费公路管理条例》，科学合理地确定公路收费标准，逐步有序取消政府二级公路收费还贷。坚决查处高速公路车辆救援服务中的各种乱收费行为，规范车辆超限处罚标准，降低各类执法的自由裁量权，坚决杜绝乱罚款、"以罚代管"等行为。

规范机场铁路、港口收费，清理不合理的服务收费。除法律、法规规定的项目外，禁止指定经营、强制服务和强制收费。禁止清理进出港（场）企业的不合理收费和地方政府设置的不合理收费。

第三节　营造健康营商环境增强中小企业发展信心

2019年4月7日，中共中央办公厅、国务院办公厅印发《关于促进中小企业健康发展的指导意见》，指出中小企业是国民经济和社会发展的生力军，是扩大就业、改善民生、促进创业创新的重要力量，在稳增长、促改革、调结构、惠民生、防风险等方面发挥着重要作用。党中央、国务院高度重视中小企业发展，在财政、税收、营商环境、公共服务等方面出台了一系列政策措施，取得了积极成效。同时，随着国际国内市场环境的变化，中小企业面临的生产成本上升、融资难、融资贵、缺乏创新和发展能力等问题日益突出，必须引起高度重视。

为此，该意见指出要以习近平新时代中国特色社会主义思想为指导，全面贯彻党的十九大和十九届二中、三中全会精神，坚持和完善我国社会主义基本经济制度，坚持"两个毫不动摇"，坚持稳中求进的总基调，坚持新的发展理念，以供给侧结构性改革为主线，以高发展质量和高效率为重点，遵循竞争中性原则，营造公平便捷的营商环境，进一步激发中小企业活力和发展势头。认真贯彻《中华人民共和国中小企业促进法》，缓解中小企业困难，稳定和增强中小企业信心和期望，加大创新支持力度，增强中小企业专业发展能力和大中型企业融资发展水平，促进中小企业健康发展。本书将从以下六个方面努力促进中小企业健康发展。

一、提升积极主动的服务意识

进一步放开市场准入。坚决打破一切不合理的壁垒和限制，在市场准入、审批、招标投标等方面营造公平竞争环境，提供足够的市场空间。将继续减少市场准入问题的负面清单，促进普遍实施"非禁即入"，最大限度地促进准入便利。

积极服务中小企业。进一步深化中小企业"放管服"改革。继续推进商业体制改革，便利企业登记注销。推进环境影响评价制度改革，实行环境影响登记表备案制度，将项目环境影响评价审批时限缩短至法定时限的一半。实行公平竞争审查制度，营造公平、公开、透明的市场环境，清理和废除一切妨碍市场统一和公平竞争的规章制度和行为。积极为企业服务，帮助企业发展"一企一策"。

实行公平统一的市场监管制度。创新监管方式，实现监管服务一体化。避免在安全监管、环境保护、微观执法、金融机构去杠杆等方面对中小企业采取简单粗暴的措施。进一步推进反垄断和反不正当竞争执法，确保中小企业公平参与市场竞争。坚决保护企业及其投资者的财产权和其他合法权益，任何单位和个人不得侵犯中小企业的财产和合法收益。严禁一切制造困难、制约中小企业发展的行为，对违反规定的问责追责。

二、破解中小企业融资顽疾

完善中小企业融资政策。进一步落实普惠金融定向降准政策。加大对小微企业再贴现的支持力度，重点支持小微企业 500 万元及以下小额票据贴现。将政策适用范围扩大到符合条件的中小银行（包括新型互联网银行）。单笔授信

1000 万元及以下的小微企业贷款，纳入中期借贷便利的合格担保品范围。

积极拓展融资渠道。进一步完善债券发行机制，落实民营企业债券融资支持工具，发售信用风险缓释券，提供信用增级服务等方式，支持经营正常、流动性暂时受限的民营企业合理的债券融资需求。探索实施民营企业股权融资支持工具，鼓励设立市场化运作专项基金，为民营企业开展并购或金融投资。大力发展高收益债券、私募债券、大众创业创新专项债务融资工具、风险投资基金债券、创新创业企业专项债券等产品。研究并推动中小企业依托应收账款、供应链融资、特许经营权等融资方式。完善知识产权质押融资风险分担和补偿机制，充分发挥知识产权在增加信贷中的作用。引导金融机构向小微企业发放中长期贷款，开发贷款衍生产品。

支持利用资本市场进行直接融资。加快中小企业首发上市进度，促进主营业务突出、经营规范的中小企业上市。深化发行、交易和信息披露改革，支持中小企业在"新三板"上市融资。推进创新创业型公司债券试点，完善创新创业型可转换债券转股机制。研究允许上市公司发行可转换公司债券。实施风险投资基金减持比例与投资期限的反向联动制度，鼓励支持早期创新创业。鼓励地方知识产权经营基金等专项资金为中小企业创新发展服务。对于存在股权质押风险的企业，要按照市场化、法治化的原则，研究制定相关的过渡机制，并根据企业的具体情况，采取措施防范和化解风险。

减轻企业融资负担。鼓励金融机构扩大出口信用保险保单融资和出口退税账户质押融资，满足进出口企业金融服务需求。加快发挥国家融资担保资金作用，引导担保机构逐步取消反担保，降低担保费率。清理规范中小企业融资时需要办理的担保、保险、评估、公证等事项，减少融资过程中的附加费用，降低融资成本；相关费用不能减免的，由地方财政承担，根据实际情况，制定激励和补偿措施，降低收费标准。

建立分类监管考核机制。研究放宽小微企业贷款享受风险资本优惠权重的单户额度限制，进一步释放商业银行投放小微企业贷款的经济资本。修订金融企业绩效评价办法，适当放宽考核指标要求，激励金融机构加大对小微企业的信贷投入。指导银行业金融机构夯实对小微业务的内部激励传导机制，优化信贷资源配置、完善绩效考核方案、适当降低利润考核指标权重，安排专项激励费用；鼓励对小微业务推行内部资金转移价格优惠措施；细化小微企业贷款不良容忍度管理，完善授信尽职免责规定，加大对基层机构发放民营企业、小微企业贷款的激励力度，提高民营企业、小微企业信贷占比；提高信贷风险管控能力、落实规范服务收费政策。

三、完善财税政策支持中小企业发展

改进财税对小微企业融资的支持。落实对小微企业融资担保降费奖补政策，中央财政安排奖补资金，引导地方支持扩大实体经济领域小微企业融资担保业务规模，降低融资担保成本。进一步降低创业担保贷款贴息的政策门槛，中央财政安排资金支持地方给予小微企业创业担保贷款贴息及奖补，同时推进相关统计监测和分析工作。落实金融机构单户授信 1000 万元及以下小微企业和个体工商户贷款利息收入免征增值税政策、贷款损失准备金所得税税前扣除政策。

减轻中小企业税收负担。清理规范企业收费，加快推进地方涉企行政事业性收费零收费。推进增值税等实质性减税，对小微企业和科技型初创企业实施普惠性减税。根据实际情况，降低社会保险费率，支持中小企业吸纳就业。

完善政府采购扶持中小企业政策。各级政府要为政府采购的中小企业融资业务提供便利，依法及时公开政府采购合同信息。研究修订《政府采购促进中小企业发展暂行办法》，通过预算预留、取消门槛、优惠评估等方式，落实政府采购促进中小企业发展的政策。在政府采购活动中，倾向于专门从事新型产业的中小企业。

充分发挥各类基金的主导作用。推动国家中小企业发展基金走市场化、公司化、职业经理人制度建设的道路，支持成长中的中小企业种子期和初创期发展，为推动中小企业转型升级、实现高质量发展发挥更大作用。大力推进国家新兴产业发展基金的实施和运作。

四、激发中小企业创新活力

改善创新创业环境。加强中央对中小企业技术创新的支持。通过国家科技计划，加大对中小企业科技创新的支持力度，调整和完善科技计划审批、任务部署和组织管理模式，大幅度提高中小企业比重承担研发任务。鼓励大企业与中小企业开放共享资源，围绕创新链和产业链构建大中型企业协同发展创新网络。提升专业创客空间，提升服务能力，实现精准支撑创新创业。完善科技资源开放共享机制，鼓励科研机构和高等学校搭建网络管理平台，建立高效对接机制，推动大型科研仪器和实验设施向中小企业开放。鼓励中小企业参与国家重大科研基础设施建设。中央财政安排资金支持一批国家级和省级开发区建设大中型企业融资、专业资金集聚、科技资源支撑、高端人才引领等特色载体。

切实保护知识产权。利用互联网、大数据等手段，通过源头追踪、实时监控、在线识别等手段加强知识产权保护，加快建立侵权惩罚性赔偿制度，增加违法成本，保护中小企业创新研发成果。组织实施中小企业知识产权战略推进工程，开展专利导航，推进中小企业技术研发布局，推进知识产权咨询、预警、代理、托管等服务。

引导中小企业专精特新发展。支持推动中小企业转型升级，聚焦主业，增强核心竞争力，不断提高发展质量和水平，走专精特新发展道路。研究制定专精特新评价体系，建立动态企业库。以专精特新中小企业为基础，在核心基础零部件（元器件）、关键基础材料、先进基础工艺和产业技术基础等领域，培育一批主营业务突出、竞争力强、成长性好的专精特新"小巨人"企业。实施大中小企业融通发展专项工程，打造一批融通发展典型示范和新模式。围绕要素汇集、能力开放、模式创新、区域合作等领域分别培育一批制造业双创平台试点示范项目，引领制造业融通发展迈上新台阶。

为中小企业提供信息服务。推动"互联网＋中小企业"发展，鼓励大型企业和专业服务机构为中小企业搭建云制造平台和云服务平台，开发产品，适合中小企业智能制造需求的解决方案和工具包，完善中小企业智能制造支持服务体系。推动中小企业业务系统云部署，引导基础和有条件的中小企业推进生产线智能化改造，推动低成本、模块化智能制造设备和系统在中小企业的部署和应用。大力推进中西部地区中小企业宽带接入资费下调。

五、改进政府服务保障机制

完善公共服务体系。规范中介机构行为，从会计、律师、资产评估、信息等方面提高中介服务质量，优先提供优质高效的信息咨询、创业指导、技术支持、投融资、知识产权等服务，为中小企业提供财税、法律咨询等服务。加强中小企业公共服务示范平台建设和培育。建设中小企业政策信息跨部门互联网发布平台，及时收集法律法规、创新创业、金融、税收、金融、权利、政府等与中小企业有关的各类政策和政府服务信息利益保障，实现中小企业政策信息一站式服务。建立健全中小企业统计调查、监测分析和定期发布制度。

促进信用信息共享。进一步完善小微企业名录，积极推进银企合作。依托国家企业信用信息公示系统和小微企业名录，建立健全小微企业数据库。依托全国公共信用信息共享平台，建设全国中小企业融资综合信用服务平台，开展"信贷易贷"，与商业银行共享登记、行政许可、行政处罚、黑名单等信息，纳税、社保、水、电、气、仓储、物流，改善银行和企业的信息不对称，提高信用状况良好的中小企业的信用评分和贷款可得性。

重视企业家队伍的培养。继续做好中小企业管理领军人才培养工作，提高中小企业管理水平。完善人才待遇政策保障和分类评价体系。要建立亲清政商关系，推动企业家参与企业相关政策的制定，充分听取企业家的意见和建议。树立优秀企业家模式，大力弘扬创业精神。

支持对外合作与交流。优化海关手续，简化手续，降低通关成本。深化双边和多边合作，加强中小企业在促进政策、贸易投资、科技创新等领域的交流与合作。支持有条件的地方政府建设中小企业中外合作区。鼓励中小企业服务机构和协会在条件成熟的国家和地区探索建立"中小企业中心"。继续办好中国国际中小企业交易会，支持中小企业参加国内外展会和销售活动。

六、强化政府的服务职能意识

强化支持和统领作用。各级党委、政府要积极采取有针对性的措施，帮助企业解决政策、融资、经营环境等方面的实际困难。要加强对中小企业存在问题的调查，根据需求提出解决方案。分工合作，积极推广好经验。加强促进中小企业发展的组织结构和机制建设，充分发挥组织领导、政策协调、指导和监督作用，明确部门职责和分工，加强监督检查，促进政策落实。

强化工作监督评价职能。要加强对促进中小企业健康发展的监管，委托第三方机构定期开展中小企业发展环境评价，并向社会公布。根据实际情况，组织开展中小企业发展环境评价工作。

营造良好的舆论氛围。大力宣传促进中小企业发展的政策法规，强调中小企业在国民经济和社会发展中的重要地位和作用，表彰中小企业发展中涌现的先进典型和服务中小企业的工作，使企业有更多的获得感和荣誉感，形成有利于中小企业健康发展的良好舆论环境。

第四章

吉安苏区引导中小企业发展的相关措施

第一节　开发性金融支持返乡创业

吉安市以助推返乡创业、脱贫攻坚、乡村振兴为目标，按照"政府引导、金融支持、社会参与、市场运作"的机制，加强开发性金融的资金引领作用，缓解返乡创业融资难、融资贵问题，打造充满活力的返乡创业生态系统，激发经济发展内生动力。根据国家发展和改革委员会及国家开发银行的试点政策，国家开发银行江西省分行（以下简称"江西省开行"）明确吉安市返乡创业贷款的支持范围，是符合《中共中央　国务院关于打赢脱贫攻坚战的决定》、国务院印发的《"十三五"促进就业规划》、《国务院办公厅关于支持农民工等人员返乡创业的意见》明确支持的领域和范围，主要业务品种包括以下五大类：

返乡创业扶贫转贷款。由江西省开行向吉安区域内的村镇银行、农村商业银行、城市商业银行等中小银行业金融机构（以下简称"合作银行"）批发资金，合作银行再将资金转贷至企（事）业法人或国家规定可作为借款人的其他组织以及自然人（以下简称"用款人"），用于发展对返乡创业和建档立卡贫困人口扶贫具有带动作用的产业。

返乡创业示范基地贷款。支持各地返乡创业示范基地的开发建设和改造升级项目，包括标准厂房、物流仓储、实训基地、培训学校及配套基础设施建设等。该类贷款可借鉴江西省开行与吉州区、青原区、泰和县、新干县、安福县、吉水县等合作的农村基础设施提升工程项目，采用"统一授信，各县各自承贷偿还"的（PPP）模式合作开发。

创业企业贷款。支持返乡创业家庭农场、农民合作社、中小企业、其他各类市场主体的流动资金贷款，突出支持各地首位产业、主导产业返乡创业企业的流动资金贷款。贷款额度为家庭农场、农民合作社贷款额度不超过 300 万元，其他市场主体贷款额度不超过 3000 万元。该类贷款通过"四台一会"模式合作开发。

龙头企业贷款。支持各地符合国家产业政策，具有可持续发展能力、抗风险能力和产业引领作用的返乡创业大型企业集团，为其提供流动资金贷款和固定资产贷款。该类贷款在江西省发展和改革委员会（以下简称"江西省发改委"）统一部署下单独申报。

特色农产品开发贷款。以基地建设为单位，为地方特色农产品的生产加工、仓储物流、农资供应、品牌建设、市场营销、病虫害防治等提供统一组织实施的中长期贷款，形成连片成规模开发态势。特色农产品是指产自特定地域，具有特殊质量、声誉或其他特性本质的农产品，如粮食、油料、糖料、蔬果、中药、牧渔等。特色农产品的确定须经过国家有关部门审核、批准和公布。该类贷款在江西省发改委统一部署下单独申报。

具体实施办法由江西省开行负责选择合作银行并提供贷款和信贷技术支持，合作银行负责开发、评审、管理转贷款，并承担转贷款信用风险。

一、额度和期限

江西省开行向合作银行的贷款额度根据合作银行经营状况和资本充足程度等因素，在综合授信控制边界内确定。

合作银行向用款人的贷款额度原则上不超过 500 万元，其中农户单户贷款额度不超过 30 万元；农业专业大户、家庭农场单户不超过 300 万元；农民合作社、返乡创业企业单户不超过 500 万元。

江西省开行向合作银行的贷款期限原则上不超过 5 年，合作银行向用款人贷款期限不得超过江西省开行向合作银行贷款期限。

二、利率和信用结构

江西省开行向合作银行贷款原则上不高于人民银行同期同档次贷款基准利率。

江西省开行向合作银行的贷款可采取股东担保、以提供贷款或其他信用产生的债权所形成的应收账款质押等合格担保作为信用结构。在风险可控的前提下，对信用等级 A⁻ 及以上的合作银行，可给予免担保。

截至 2019 年 8 月，吉安全市城镇新增就业 3.94 万人，离校未就业高校毕业生实现就业 3890 人，城镇登记失业率控制在 3% 以下，全市就业局势稳定向好，百姓就业"金饭碗"端得更加平稳。2019 年以来，共开展招聘活动 595 场，为 734 家企业招工近 4 万人，引导 46% 的中职学校毕业生在市内就业。截至 2019 年 6 月底，全市园区企业达 1510 家，同比增长 10%；稳定就业 28.97 万人，同比增长 0.88%。

一方面，组织街道、乡镇等基层人力资源工作人员，深入城乡基层开展摸底调查，收集建立人力资源信息台账近 200 万条。另一方面，依托人社部失业动态监测系统，对全市各县（市、区）的 100 家重点用工企业开展用工情况监测，动态掌握企业用工及缺口状况，深入分析用工变化原因，研判全市人力资源供求形势。

同时落实"双创"战略，坚持"扶上马、送一程"理念，从技能、资金、场地、开办等方面为创业者提供"一条龙"支持。在创业技能上，开展创业培训班近 200 期，培训人员 5672 名，扎实推进"五型"政府建设发放创业培训补贴 100 多万元。在创业融资方面，将个人贷款额度提高到最高 20 万元，将小微企业贷款额度提高到 600 万元。2019 年上半年，全市共发放创业担保贷款 7.85 亿元，直接扶持创业 5867 人，带动就业 22597 人。在创业场地方面，出台了国家、省级、市级创业孵化基地分别奖补 200 万元、100 万元和 5 万元的激励政策，以及房租、水电等减免政策，推动建立创业孵化基地 22 个，入驻孵化创业实体 559 家，落实建设奖补以及房租、水电补贴 560 万元，带动就业 4000 人。在开办注册方面，实行企业网上注册登记，压缩企业注册开办时间至 4.5 个工作日，极大地激发了全民创业热情。2019 年上半年，全市新增私营企业 7879 家，同比增长 21%；新增个体工商户 16143 个，同比增长 16%；完成"个升企"129 家。

第二节　引导和促进民间资本参与本地经济建设

支持和促进民间投资、发展民营经济是坚持社会主义基本经济制度、坚决贯彻"两个毫不动摇"重大方针的重要体现，是推进结构性改革特别是供给侧结构性改革、促进新经济成长、推动发展升级的重要内容。有利于发挥市场在配置资源中的决定性作用；有利于激发吉安市经济发展的内生动力，促进投资主体多元、经济结构优化和质量效益提升，更好地发挥投资在稳增长、促改革、调结构、惠民生、补"短板"中的重要作用。

因此，吉安市在全面贯彻落实国家、江西省有关鼓励民间投资政策精神，进一步打破行业垄断和市场壁垒，进一步降低民间资本准入门槛，创新融资方式，推广政府与社会资本合作（PPP）模式，扩大社会资本投资途径，从而带动和促进社会投资结构进一步优化，更好地发挥好民间投资的主力军作用，把吉安市打造成江西省民间资本创新先行区。

一、放宽民间资本准入门槛

放宽民间资本准入门槛包括：一是全面消除民间投资准入显性和隐性门槛。打破阻碍民间投资的"隐形门""弹簧门"和"旋转门"，及时修订并公布政府核准的投资项目目录，建立市场准入负面清单制度，建立企业投资项目管理负面清单、权力清单、责任清单"三个清单"管理制度，清理和修订制约民间投资的政策措施，废除各种不合理规定，全面取消对民间资本单独设置的附加条件和歧视性条款，除国家明确规定投资主体为国有资本的外，其他一律不得对民间资本设立准入门槛，并优先向民间资本开放。二是合理界定政府性投资的范围。政府性投资的资金只能投向市场不能有效合理配置资源的社会公益服务、公共基础设施、重大科技进步、农业农村、社会管理、生态环境保护和修复、国家安全等公共领域的项目，主要以非经营性项目为主，原则上不支持经营性项目。三是扩大民间资本投资途径。落实国家、省相关的政策措施，根据不同领域项目的特点，积极探索通过产业基金、特许经营、股权转换、政府购买服务、投资补助等多种途径，鼓励和引导民间资本以独资、合资、联营、合作、租赁等方式参与新型城镇化、新型工业化、农业现代化建设和服务业、社会事业等领域的建设和运营。四是支持和促进民间资本参与区域重大发展战略。构建跨部门、跨区域的开放共享工作机制，积极支持民间资本参与原中央苏区振兴发展、吉泰走廊建设、生态文明先行示范区等区域发展。吸引大量的民间资本以直接投资、间接投资、参股、委托代建等方式参与高铁经济新区、井冈山机场临空经济区、井冈山出口加工区、桐坪航空产业园等新增长极

（点）建设。

二、放宽民间资本准入领域

基础设施领域。一是支持和促进民间资本进入交通基础设施领域。在城市总体规划和土地利用规划的前提下，通过公开招标、招股等办法，积极地吸引民间资本对城市轻轨（轨道交通）交通站点周边土地进行综合性开发，支持城市轨道交通建设。鼓励民间资本以独资、合资、控股、参股、BOT（建设—运营—移交）、BOO（建设—拥有—运营）、BOOT（建设—拥有—经营—转让）等方式参与地方负责的公路、航电枢纽、港口（码头）、内河航运、公共交通场站、综合运输枢纽、物流园区、通用机场及通用航空产业园区等交通基础设施建设、运营和管理。已建成的政府投资项目，具备条件的经过批准可以依法转让产权或经营权，回收资金用于滚动投资建设。二是支持和促进民间资本进入能源基础设施领域。在做好移民安置、生态环境保护等前提下，通过业主招标等竞争性方式，支持民间的资本投资以多种多样的形式参与常规水电站，并吸引社会资本参与抽水蓄能电站、风电、光伏发电、配电网工程和电动汽车充换点设施建设。向民间资本逐步开放售电业务，多途径培育售电侧市场竞争主体，积极支持民间资本进入工业园区余热发电等项目建设。积极推进民间资本参与新能源示范城市、绿色能源示范县和光伏扶贫工程建设，建设一批示范基地、示范小区。支持民间资本投资或参股建设城市配气管网和储气设施、原油、成品油商业储备库、汽车加气、加油站等储能装置建设。三是支持和促进民间性资本进入信息基础设施领域。大力推动民间资本以PPP模式参与吉安市智慧城市建设。放宽准入条件，推进基础设施的共建共享，积极推动和支持民间资本参与基础电信运营及基站机房、通信塔等基础设施的投资、建设和运营维护。支持民间性资本进入"三网融合"、"宽带中国"、通信普遍服务、信息惠民、云计算、物联网应用等各个领域。

社会事业领域。一是支持和促进民间资本进入教育体育领域。支持民间投资以独资、股份合作、委托经营等形式投资建设基础性教育、职业教育等各类教育形式、社会培训机构及公共实训基地。探索举办混合所有制学校，大力鼓励社会力量办学。到2020年，民间资本举办各类学校在校学生达到总量的25%以上。扩大体育社会组织承担公共服务的范围和内容。加快体育场馆管理体制和运营机制创新，为社会资本进入创造条件。各地调整、新增教育体育项目要优先考虑民间资本进入，涉及公共资源的项目实行竞争性配置。二是支持和促进民间资本创办各级医疗机构。鼓励社会办医，优先支持民营企业创办非营利性医疗机构，鼓励民间资本创办康复医院、老年病医院、护理院、临终关怀医院等，鼓励有资质有能力的高素质人才去开办中医诊所、中医门诊部。积极引导民间性资本参与政府公立医院改制试点。允许医疗机构医师按规定多点执业，将符合条件的社会资本创办的医疗机构纳入城镇职工、城乡居民基本医疗保险定点范围，执行与公立医疗机构同等的补偿政策。到 2020 年，社会办医疗机构床位数达到总量的 30% 以上。三是支持和促进民间资本进入文化领域。建立健全公共文化服务政府采购制度，采取政府采购、定向资助、项目补贴、贷款贴息等政策措施，鼓励民间性资本大力投资并兴建各类民间文化馆、图书馆、博物馆、美术馆等文化基础设施，丰富人民的文化生活。支持民间性资本通过招投标等方式，参与基础设施文化设施建设、公益性文化产品和服务供给、公共文化产品创作生产、文化惠民工程和其他公共文化服务。鼓励民间性资本大力投资传统村落、历史文化名镇村保护开发，挖掘文化旅游价值，刺激当地旅游经济。四是支持和促进民间资本参与养老机构建设。支持社会力量整合、盘活闲置的医院、学校、厂房、商业设施、农村集体用房及其他可利用的社会资源，兴办养（托）老服务机构；鼓励公办养老机构委托社会力量运营，实行"公建民营"。中央和地方养老服务优惠政策对各类投资主体同等对待。支持民间资本参与共同建设社区综合服务平台，开展保洁、维修、托幼、烹饪、月嫂等家政服务和居家养老（日间照料）等服务。到 2020 年，民办养老机构（含公建民营）床位数达到总量的 30%。

城镇化建设领域。一是支持和促进民间资本参与市政公用事业领域。国有投资适当退出市政基础设施特别是经营性市政基础设施领域，为民间资本提供发展空间。支持民间资本进入供排水、供气、污水、垃圾处理、市政道路、路灯照明、城市综合管廊等城市基础设施建设领域，鼓励民间资本进入城市绿化、市政公共设施管理维护、公园经营管理等领域。积极推进市政公用事业领域的市场化改革，大力推行市政公用事业的投资主体、运营主体招标制度，建立健全吉安市政公用事业特许经营制度。推进市县、乡镇和村级污水收集和处理、垃圾处理项目按行业"打包"投资和运营，鼓励实行城乡环卫、供水一体化、厂网一体投资运营。二是支持和促进民间资本参与各类产业园区基础设施投资、运营和管理。建立投资者合理回报的保障机制，积极推行面向社会的招标投标制度，使民间资本享受和国有企业同等政策。鼓励民间资本投资各类园区实施中小企业创业园和民营企业创新基地建设，带动民营企业入园聚集发展。三是鼓励民间性资本参与保障性安居工程项目的建设和运营。吸引民间资本通过直接投资、间接投资、参股、委托代建等多种方式参与保障性安居工程建设运营及棚户区改造，拓宽建设和运营资金渠道。民间资本建设政策性住房享受相关土地、税收、信贷等政策优惠。

新型工业化建设领域。一是支持和促进有条件的民营企业集团化发展。要发展和规范产权交易市场，引导和鼓励民营企业利用产权市场整合民间资本，促进产权合理流动，开展跨地区、跨行业兼并重组，在政策引导上给予帮助，信息交流和财政支持。支持有条件的民营企业通过联合重组等方式做大做强，着力培育和发展具有吉安市产业特色和市场竞争力强的集团公司，奖励有突出贡献的龙头企业和骨干企业。二是支持和促进民间资本参与新型工业化发展。支持民间资本开展技术创新，应用高新技术改造提升吉安市的酒业、烟叶、茶叶和食品加工业等传统产业。吸引民营企业参与吉安市电子信息国家新型工业化产业示范基地建设，加快 LED 智能照明、通信终端、计算机及外部设备、电子线路板、触控显示、数字视听六大细分产业集群发展。大力发展循环经济、绿色经济，积极支持和促进民间资本投资建设生物医药、先进装备制造、绿色食品、新能源、新材料等具有发展潜力的战略性新兴产业。三是支持和促进本地民营企业加强自主创新和转型升级。引导现有的企业加大科技研发创新投入，建立天使投资引导基金、创业投资引导基金和风险投资引导基金体系，引导企业依法自主联合设立投资基金，支持企业转型升级、技术改造、科技成果转化等。加快对接"中国制造 2025"，通过融资租赁、技改贴息贷款、订单组织等手段，支持企业更新设备，推进企业制造装备数字化、网络化、智能化，加快产业升级。支持民营企业开发和掌握具有自主知识产权的核心技术，通过购买、特许经营、补偿贸易等方式获得知识产权，参与重点领域技术（研发）中心、工程（技术）研究中心及重点实验室、产业技术创新战略联盟、产业孵化器等创新服务平台建设。鼓励民营企业实施品牌发展战略，加快技改和新产品开发。

农业现代化建设领域。一是支持和促进民间资本参与现代农业建设。坚持"政府搭台，企业唱戏"，整合涉农资金，引进和支持民营企业通过独立私建、公助私建等方式发展精致农业、设施农业、高效农业、休闲农业，引领示范带动农民发展产业。各县（市、区）要加快主体培育和产业发展，引进和培育新型农业经营主体，积极引导民间资本参与农业产业化发展，吸引民间资本参与农业产业化项目和农业标准化生产基地、井冈蜜柚基地、花卉苗木基地、无公害绿色有机产品基地建设，打造具有地方特色的现代农业示范园。二是支持和促进民间资本进入水利基础设施建设和运营领域。当地市县政府应及时公示管辖区内各类水利工程投资规模、收益预期等基本信息，积极支持民间性资本以特许经营、参股控股等多种形式参与具有一定收益的节水供水等水利工程建设运营。允许专业大户、专业合作社、农业企业等各类经营主体以特许经营、承包、租赁、股份合作、拍卖使用权及投工、投劳等方式参与农田水利和水土保持等工程的建设、运营、管理、科学研究与技术咨询、劳务服务。鼓励财政补助形成的小型农田水利和水土保持工程资产，通过公开招投标等形式交由民间资本投资主体代为运营管护。

现代服务业领域。一是支持和促进民间资本参与旅游发展。落实旅游市场准入政策，促进各类旅游要素和市场向民间资本全面放开。鼓励民间资本参与旅游"三权分离"改革试点。支持民间资本参与"三山一江一城"旅游发展战略，采取多种形式合理开发、可持续利用各类森林、风景名胜、水利、文物、城市公园、科教、工农业、湿地、湖泊等旅游资源以及其他具有旅游利用价值的各种物质和非物质资源。大力支持民间投资积极参与国家旅游扶贫试验区的开发建设，建设和运营星级酒店、景区景点、旅行社、旅游餐饮、旅游节庆、旅游产品。扶持民间资本兴办旅游研究、规划、设计和旅游教育、培训等旅游服务咨询机构。二是支持和促进民间资本进入商贸流通领域。支持民营资本建设区域性社会服务仓储配送中心，支持工业消费品短距离统一配送，鼓励民间资本参与城乡便利店和社区配套商业设施建设。鼓励和引导民间资本在中心城市、交通枢纽、经济开发区和工业园区建设现代物流基地和大宗生产资料园区，促进生产资料集中发展。加快物流业管理体制改革，完善物流企业信用管理制度，为物流市场创造公平规范的竞争环境，促进物流服务社会化和资源利用市场化。三是支持和促进民间资本进入金融服务领域。在严格监管和有效防范金融风险的前提下，支持符合条件的民间资本参与城市商业银行增资扩股；在农村商业银行增资扩股和建立新型农村金融机构时，合理设置提升股权结构，鼓励民间资本进入；鼓励民间资本发起或参与设立农村银行；支持民间资本从事保险代理业务；鼓励民间资本进入融资租赁领域。地方商业银行发起设立融资租赁公司时，可以安排一定份额引导民间资本进入；鼓励符合条件的民间资本发起或参与设立小额贷款公司、汽车金融公司，消费金融公司等新型金融机构和各类民间融资服务机构，鼓励小额贷款，资金筹集公司应当增加资本金，增加银行股份和融资；鼓励和支持民间资本发展互联网金融；支持混合所有制担保机构发展，鼓励县（市、区）整合资源，吸引民间资本注入，建立混合所有制担保机构。

生态环保领域。一是支持和促进推进生态建设主体多元化。深化集体林权制度改革，鼓励荒山荒地造林和退耕还林林地林权依法流转，引导民间资本参与林地健康有序流转，开展适度规模经营。在严格保护森林资源的前提下，鼓励社会资本积极参与生态建设和保护，鼓励农民合作社、家庭农场（林场）等新型经营主体，支持专业大户和林业企业投资生态建设项目。社会资本利用荒山荒地造林的，在保证生态效益和满足土地利用控制要求的前提下，允许发展林下经济、森林旅游等生态产业。二是支持和促进民间资本参与污染治理。大力推进环境污染第三方治理，择优选择民间资本主体与合作模式，进入水污染防治、大气污染防治、矿山修复与治理、土壤重金属整治、农村面源污染治理等领域。对符合条件的第三方治理项目申请中央、江西省专项资金支持。鼓励各地以市场为导向，支持民间资本以特许经营、参股控股等多元方式，投入污水处理、污泥处理、大气污染防治、生活垃圾分类收集转运处理、餐厨垃圾资源化利用等环保基础设施项目建设。以建设国家循环经济示范城市为契机，推动循环经济投资的市场化改革，鼓励重点领域企业通过股权、债券、基金等方式，加快企业循环化改造，拉长循环经济产业链。

三、完善和落实民间投资的配套政策

一是加大财政政策扶持。安排政府投资资金应当在明确各方权益的基础上平等对待各类投资主体，不得设置歧视性条件。设立政府出资的产业投资基金、基础设施建设基金、公共服务发展基金等各类引导基金或母基金，充分发挥政府资金的引导作用和放大效应，引导民间资本参与重大项目建设。加大对民营小微企业融资担保的风险补偿，加大贷款风险补偿和财政贴息扶持力度。对于民间投资的农业开发、技术创新和技术改造、资源节约和环境保护、社会福利、文化教育等项目，符合条件的，各县（市、区）政府应当以投资补助、贷款贴息、以奖代补等方式，择优给予相应支持。建立合理的政府补偿机制，对民间资本进入基础设施、公共服务等领域，为满足社会公众利益需要，民间资本收益低于成本，或为完成政府公益性目标而承担政府指令性任务，政府应给予相应的补贴。

二是落实税费优惠政策。全面落实固定资产加速折旧、小微企业税收优惠、阶段性降低"五险一金"费率，以及国家、江西省引导和鼓励民间投资相关税费优惠等政策。民间资本举办的非营利性社会事业机构实行税收优惠政策，并免征有关行政事业性收费；民间资本举办的营利性社会事业机构减半征收有关行政事业性收费；民间资本投资市政公用项目按外商投资、工业园区、开发区企业享受相关税收优惠政策，各项行政事业性收费按照有关规定实行减免，必须收取的一律按下限收取；民间资本投资节能减排、低碳、资源综合利用和公共基础设施建设，购置环境保护、节能节水和安全生产专用设备，自主创新等均按国家、省、市有关规定享受税收优惠。加大税收奖励力度，对于新迁入吉安市的总部企业，从获利年度起，按企业缴纳的年度所得税地方留成部分，由受益财政予以奖励，前 2 年给予 100% 的奖励，后 3 年给予 50% 的奖励。

三是加大对民营企业的金融扶持力度。加强对民营企业的信贷支持，通过奖励引导、监测落实等方式，推动银行业金融业加大对民间投资的金融支持。严格落实金融支持实体经济发展的各项政策措施，切实做到"三个不低于"，即对小微企业贷款增速不低于各项贷款平均增速、小微企业贷款户数不低于上年同期户数、小微企业申贷获得率不低于上年同期水平，坚决防止以各种方式变相提高贷款利率，有效解决小微企业融资难、融资贵问题。鼓励金融机构加快金融产品和服务方式创新，拓宽信贷抵押担保物范围，对前景较好、产权清晰的民间投资项目，要简化审批手续，增加信贷投入。金融机构要运用大数据等新技术，创新适合民营企业、小微企业的融资模式，推动商业银行扩大服务中小企业业务。县市区要继续完善农村金融机构体系，支持民间资本依法参股辖内法人金融机构和设立新型金融机构。

四是实施价格扶持政策。严禁继续收取或变相收取国家、省取消或停收的费用，新建行政事业性收费项目，严格执行国家各项收费政策的最低标准。对民间资本参与公用事业和新能源，价格政策与国有投资相同；对民间投资参与非营利性、恶性公共服务和社会福利事业，用水、用电、用气实行居民生活价格，有线电视、固定电话、互联网、水、电、气的安装费减半；民间资本按照保证合理收益的原则参与的，项目建成投产后，核定车辆通行费和处理单价，加快排污费改环境税改革试点工作。

五是多形式保障用地需求。民间投资项目所需用地，与其他所有制投资用地享有平等权利，统一纳入市县政府年度建设用地计划。推行工业用地"长期租赁、先租后让、租让结合"的供应方式，以及"弹性土地出让年限"的供地政策。对经省市调度的民间投资重点建设项目，确需使用新增建设用地计划的，积极争取在省级预留新增建设用地计划指标中优先予以解决。积极探索建立跨县（市、区）耕地异地占补平衡指标交易体制机制。支持工业园区标准厂房分幢分层办理产权分割登记手续。对现有工业用地，在符合规划、不改变用途的前提下，提高土地利用率和增加容积率的，不再增收土地出让金。鼓励民营企业"退城入园"，出台相关政策，鼓励淘汰关停企业存量建设用地的二次开发。

四、推动民间投融资体制改革创新

一是推广政府和社会资本合作模式（PPP）。各地、各部门可以通过特许经营、政府购买服务等方式，采取单个项目、组合项目、连片开发等多种形式，在公共服务、资源环境、生态建设、基础设施等领域，积极推广 PPP 模式，引入民间资本。各县（市、区）要根据经济社会发展需要及时筛选适用 PPP 模式的项目进行培育开发，每年集中力量向民间资本推出一批条件较为成熟、前期工作扎实的 PPP 示范项目。进一步细化相关政策措施，建立民间资本合理有效投资回报和推出机制，提高民间资本参与积极性，促进更多 PPP 项目落地。推动已发布的 PPP 项目与民间资本深入对接，加快落实。进一步做好 PPP 项目储备，做实项目前期工作，争取更多项目列入国家和江西省 PPP 项目库。

二是鼓励民间资本开展金融试点和创新。鼓励民间资本参与以互利共赢机制吸引民间资本发起或参与创建原中央苏区振兴产业发展基金、吉安市扶贫开发产业发展基金、井冈山电子信息产业创业投资基金等创业投资基金、风险投资基金、产业投资基金和成长型企业股权投资基金等股权投资基金，支持民间资本采取私募等方式发起设立公共服务、生态环保、基础设施、区域开发、战略性新兴产业、先进制造业等领域的产业投资基金。大力推进民间融资机构发展，扶持小额贷款公司、民间资本管理公司、互联网小额贷款公司、民间融资登记服务机构等新型金融业态发展壮大，争取实现民间资本管理公司、民间融资登记服务机构县域全覆盖。促进发展市县政策性担保机构，推动形成政府引导，银行、担保、再担保、中小企业为主体的新融资服务链。

三是支持民营企业采用多形式直接融资。鼓励具备了条件的民营企业通过上市及资产证券化方式向资本市场直接融资。大力推动企业进入主板、中小企业板、创业板、"新三板"公开发行股票融资，对拟上市企业按照《吉安市人民政府办公室关于进一步推动企业利用资本市场加快发展的意见》进行帮扶和支持，按照上市进程跟进兑现奖励政策，推动具有地方资源优势和产业优势的优秀民营企业赴境内外资本市场挂牌融资，推进一批高新技术企业和高成长型企业在创业板上市，引导和推动中小微企业在全国股转系统或区域性股权市场挂牌融资。设立政府引导、市场化运作的产业（股权）投资基金，积极吸引社会资本参加。支持符合条件的民营企业发行债券、短期融资券、中期票据，拓宽融资渠道。拓宽民营房地产企业融资渠道，支持部分信誉良好、资产优质的民营房地产开发企业开展房地产信托投资基金试点工作。

四是加快社会事业公立机构分类改革。积极稳妥推进医疗、养老、文化、旅游、体育等领域符合条件的事业单位改制，鼓励民间资本以控股方式参与政府举办的社会事业单位改制重组。支持机关、企事业单位将所属的度假村、培训中心、招待所、疗养院等转型为养老机构。加快推进教育、医疗、养老、体育健身、文化等领域的行业协会与行政机构脱钩。

第三节　推进政务服务促进中小企业发展

吉安市坚持以习近平新时代中国特色社会主义思想和党的十九大精神为指引，坚持以人民为中心，按照群众和企业到政府部门办事高效、便捷的理念，突出"一次不跑"和"只跑一次"的工作目标，从与群众和企业生产生活关系最紧密的领域和事项做起，充分运用"互联网＋政务服务"和大数据，深入推进政务服务改革，倒逼政府部门简政放权、放管结合、优化服务，促进体制机制创新，不断激发市场活力，增强经济社会发展动力。

因此，吉安市着眼群众和企业到政府部门办事更加便捷、高效，坚持让"跑得少"成为底线、"跑得快"成为必须、"跑得近"成为应当、"不用跑"成为最终目标，着力打造事项透明、审批环节少、办事流程优、服务效率高的行政服务体系，努力争取在推进"一次不跑"事项扩量提质走上江西省前列，营造更为优质的政务环境和营商环境，不断增强群众和企业的获得感、幸福感。为达到目标提出推进政务服务的几项原则：一是坚持问题导向。针对群众和企业到政府部门办事跑多次的问题，全面梳理政务服务事项，实事求是制订清单，因地因事制宜、分类分步施策，分批制定"一次不跑""只跑一次"事项清单，对外发布实施，接受社会监督。二是坚持需求导向。从与群众和企业生产生活关系最紧密的领域和事项做起，围绕"一次不跑""一次办好"改革目标，创新体制机制，破解企业、群众办事难点、痛点、堵点，为社会提供高效、便捷的政务服务产品。三是坚持科技导向。全面深化"互联网＋政务服务"，推动各级实体办事大厅和江西政务服务网融合发展，提高政务服务事项网上全流程办理率，通过让数据、物流、政府"多跑路"，换取群众和企业"少跑腿"乃至"不跑腿"。四是坚持效果导向。鼓励职能部门勇于担当、率先垂范，在政务服务改革的重点领域和关键环节先行突破；支持基层政府不等不靠，上下联动，加快推进政务服务改革落地生根，切实增强群众和企业获得感，并以此检验和评价改革的成效。

一、力促"集中办"

一是深化相对集中行政许可权改革试点。认真总结巩固吉州区相对集中行政许可权改革试点经验，提升完善运行机制和工作机制，并适时在吉安市范围内稳步推开"一枚印章管审批"模式。

二是进一步深化"三集中三到位"改革。优化部门内部审批流程和内设机构设置，推动行政审批职能向行政服务科（股）室集中，行政服务科（股）室整建制进驻行政服务中心、审批事项网上办理集中；做到授权到位、人员到位、电子监察到位，实现"一站式"审批，形成"大厅之外无审批"的审批机制，杜绝事项"体外循环"、申请人"两头跑"。

三是加快推进"一窗受理、集成服务"改革。优化实体政务大厅窗口设置，推行"一窗式"综合受理模式；在江西政务服务网部署"一窗式"综合服务平台，推动线上（江西政务服务网）、线下（各级政务服务大厅）服务窗口统一使用"一窗式"综合服务平台收出件，确保实现政务服务网作为江西省政务服务的统一收出件口，有效提升政务服务效率。

四是推进吉安市网上中介服务超市建设。建设市、县一体的投资审批网上中介服务超市，以市场为导向，取消各地各部门自行设定的中介服务机构准入限制，培育开放、透明、规范的中介服务市场，切实解决中介服务环节多、耗时长、收费乱等问题。

五是建设统一的政务咨询投诉举报平台。整合各地各部门现有非紧急警务类政务服务热线资源，建设"吉安 12345"吉安统一政务服务热线平台。同时，充分运用大数据资源，认真汇聚分析服务类数据，及时准确了解群众期盼，推动相关问题解决，为各级党委、政府科学决策提供有力支撑。

二、力促"精简办"

一是压缩企业注册、开户办理时限。优化企业办理从"企业名称预先核准登记""企业（含集团）的核准登记""行政机关、社会团体、企事业单位公章制作审批备案""增值税专用发票最高限额许可""银行开户"五个环节的流程，最大程度地提高企业注册、开户审核效率，实现办理时间压缩一半以上。

二是推行"证照联办"。依托"一窗集成服务"，积极推行企业、社会组织设立时，一并告知辅导申请人办理相关前后置生产经营许可、开展活动资格审批，通过实施"一次告知、一表申请、一窗收件、内部流转、一窗发证"的工作流程，努力使企业和群众实现"一次办好"。

三是压缩施工许可前办理时限。推动相近相似事项合并办理，实行联合审批运行机制，压缩审批时限，优化简化办事流程，实现施工许可证办理时限压缩一半以上。

四是实施建设项目"多评合一""多测合一"。①切实简化备案手续，实现告知性、全程在线备案。按照并联办理、联合评审的要求，探索建立多评合一、统一评审的新模式。②加快改革一个项目由多个部门牵头、多家测绘单位多次测绘的现行测绘体制，将规划建设、国土、房管等部门所需的规划核实竣工测绘、不动产测绘、房管面积测绘等多项测绘业务，合并为一个综合性联合测量项目，逐步推行"多测合一"，年内完成建设项目房管面积测绘、规划核实竣工测绘"两测合一"。

五是推行企业设立和投资项目"预审代办制"。在井冈山经开区、各类工业园区、乡镇（街道）普遍建立代办制度，为办事企业提供咨询、指导、无偿代办服务；在行政服务中心设立审批辅导保障中心，为办事企业提供咨询、指导、无偿代办服务。

六是推进施工图联合审查。按照"统一标准、集中服务、依法监管"的思路，依托"互联网＋图审"，大力整合建设、人防和消防等相关部门施工图审查环节，推进施工图联合审查，切实健全事中事后监管机制，进一步提升施工图审查服务效率并实现勘察设计质量把关功能。

七是开展"区域能评＋区块能耗标准"改革试点。选择地理空间确定、产业定位清晰、能源"双控"目标可落实、监管能力有保证的1~2个县（市、区）开展"区域能评＋区块能耗标准"改革试点，以审查通过的区域节能报告取代一般企业项目节能报告，并依法全过程监管，实现固定资产投资项目节能审查环节简化、流程优化。

八是探索"区域环评＋环境标准"管理模式。选取部分开发区和产业集聚区，通过加强规划宏观管理、制定项目环境准入标准、编制环评审批负面清单等方式，加强规划环评与项目环评联动，以"区域环评＋环境标准"模式创新环评审批验收管理方式，不断深化环评制度改革。

九是推行容缺受理审批服务制度。申请人申办事项时，在基本条件具备、主要申报材料齐全且符合法定条件前提下，审批（服务）部门对缺少或存在缺陷与瑕疵的非关键性材料，在申请人做出规定时间内补正或撤换的书面承诺基础上，必须先行受理，并进入审核程序。同时，需现场踏勘的项目，在现场主体建筑物达标的前提下，对暂未达标的非关键性建筑物，在申请人做出规定时间内补建的书面承诺基础上，先行受理，进入审核程序。

十是优化高频多发事项办理流程。重点围绕企业群众办理次数多、社会反映强烈、与日常工作生活联系密切的事项，从方便企业群众办事的角度出发，认真梳理事项办理流程，清理简化事项办理过程中的非必要程序、环节和材料，最大限度优化办事流程、精简办事材料，进一步缩短办理时限，切实增强企业群众获得感。

三、力促"就近办"

一是编制省级以上开发区赋权清单。进一步发挥省级以上开发区作为改革开放排头兵的作用，系统梳理发展需求，下放权力，实现企业办事不出区，打造最优营商环境，给予最大创新发展空间，增强开发区发展动力和企业活力。

二是建设市、县（市、区）、乡镇（街道）、村（社区）四级联动政务服务体系。确保县级行政服务中心场所面积5000平方米以上；推动政务服务平台向基层拓展延伸，乡镇（街道）便民服务中心场所不低于300平方米且功能不断完善，村（社区）便民代办点逐步实现全覆盖；规范基层政务服务管理，不断提升便民服务质量。

四、力促"网上办"

一是加快建设政务服务系统支撑平台。加快完成实名认证系统、电子证照共享服务系统、网上统一支付系统、政务服务管理平台（一窗式服务平台）、政务数据共享和开放平台、电子政务共享数据统一交换平台等配套系统的建设、对接和应用。

二是积极创新跨部门信息数据共享应用机制。推进政务服务网上网下整合，全面打通"事前网上申请、事中在线办理、事后快递送达"的全流程服务链，积极做好接入衔接工作，市级层面开发的业务办公系统和办公网络无条件全部接入江西政务服务网，打破"信息孤岛"。

三是推进更多政务服务事项网上办理。除公文、资料涉密的审批事项和需要专家论证、技术评审、公开听证的复杂事项外，一般审批事项均应依托江西政务服务网实现在线办理，做到政务服务事项"应上尽上、全程在线"。同时，建设移动客户端、自助终端等多渠道多形式便民服务平台，将吉安市便民服务事项向手机 APP 和自助终端设备上延伸，全面推行网上并联审批，实行证明类事项移动端 APP 办理或网上申报，通过快递送达的方式，以实现"掌上办"和异地"零现场"办理。

四是推行审批（服务）结果快递送达。加快与邮政 EMS 战略合作，推动快递送达服务普遍落实。推行审批服务结果网上推送、代办送达等服务模式，努力实现办事企业和群众"零跑动"。

五、力促"规范办"

一是有序公布吉安县"一次不跑"和"只跑一次"办理事项。各有关部门按照分批推进的要求，结合部门职能和实际，通过优化流程、网上办理、上门服务、邮递送达等方式，对有可能实现"一次不跑"的政务服务事项，进行全面梳理，科学制定分批次执行事项清单，统一向社会公布。对必须到现场办理的事项，要深入推进"一次办好""一次办结"等改革，创新工作方式，及时破解难点，积极创造条件，分批次梳理出"只跑一次"事项清单并向社会公布，力争实现企业群众"只进一扇门""最多跑一次"。

二是加快推进政务服务事项标准化工作。全面厘清办事要素，制定统一的办事指南，编制标准操作规程，列明依据条件、流程时限、收费标准、注意事项等，并提供规范表格、填写说明和示范文本。做到吉安市同一事项、同一名称、同一标准，以标准化促进规范化，营造"谁来办都一样、谁来审都一样"的办事氛围。

第五章

吉安苏区促进中小企业发展的思路剖析

第一节　构筑中小企业"21字"发展要诀

随着经济发展进入新常态，发展条件发生深刻变化，传统的规模速度型粗放增长已难以为继，培育发展新经济，有利于推动战略性新兴产业加速成长和传统产业转型升级，实现量质齐升，是引领经济发展新常态的必然要求。虽然近几年吉安市工业经济转型步伐加快，但是创新能力与智能化水平不高、产业链中高端产品不多，发展动能不足等问题制约吉安市工业发展，培育发展新经济，有利于加快发展新技术、新产业、新业态、新模式，培育新动能，是补齐工业发展"短板"的必然选择。因此，吉安市提出"众创业、个升企、企入规、规转股、扶上市、育龙头、聚集群"21字助推企业发展要诀，具体来说包括以下七大方面：

一、众创业

深入推进"大众创业、万众创新"，集众智、汇众力。拓宽创业领域，市场准入能低则低、产业方向能宽则宽、业态模式能新则新，推动大众创业向各个领域延伸覆盖。完善市场准入，探索建立市场准入负面清单制度，进一步放宽新产品、新业态准入限制；建立健全企业投资项目负面清单、权力清单和责任清单制度。培育创业主体，深化"回归家园、奉献家乡"专项行动，实施农民工"引凤还巢"行动计划，大力吸引吉安籍在外人员带项目、带资金、带技术返乡创业；支持企业、高校和科研院所通过科技咨询、技术合作、技术入股、合作经营、投资举办实业等合作方式，以年薪工资、协议工资、项目工资等薪酬方式，柔性引进一批科技创新人才、高水平经营型管理人才。优化创业平台，依托园区、城区和大学等，通过市场化和资本化运作，兴办一批"创客空间""创业咖啡"和"创新工场"等众创空间；发展工业设计中心，在井冈山经开区和新干县分别建立灯具产品和箱包产品设计中心；推进协同创新，力争每个县（市、区）建立一个以上产业技术创新联盟，每个工业园区建成一个生产力促进中心；依托木林森、合力泰、瑞鹏飞、广源化工、先歌音响等行业领军企业，组建"江西省 LED 封装智能制造创新中心""江西省移动通信终端制造业创新中心""江西省智能制造产业化创新中心"，探索构建"创新中心—产业联盟—实训中心"五个三位一体的服务整个产业甚至跨产业的开放性平台。

二、个升企

宣传引导个体工商户转型为企业（公司）。开展全面摸查，组织市场监管、工信等部门对辖区内有望转为企业的个体工商户进行一次全面摸排，建立拟实施"个升企"个体工商户名单目录。加强宣传引导，每个园区设立一个以上"个升企"孵化中心，在租金、水电等方面予以减免优惠，重点加强对城区店面车间、郊区手工场、农村手工院落等适合进园升级的个体工商户的宣传，吸引自愿进园的个体工商户入驻生产。实施转企登记流程再造，个体工商户申请转型为企业的，直接办理变更登记；保留原企业名称字号，最大限度地保留原转企前名称中的字号和行业特点；保留原企业经营项目、著名商标、"守合同重信用"企业和消费者满意单位等各种荣誉称号。开辟"绿色通道"，市行政服务中心工商窗口设立专门窗口提供转型升级咨询、指导及业务办理，并指定专人负责预审资料，帮助企业一次性提交所需的全部资料，对符合条件且有意转型为企业的个体工商户实行跟踪服务制度。加大奖补力度，按照"成本零增加"的原则，对申请转为企业的个体工商户实行税费奖补，鼓励个体工商户积极申报转为企业。力争每年实现工业企业"个升企"200 家以上。

三、企入规

积极培育中小企业升格为规模企业。围绕培育"单项冠军"和"小巨人"

企业的目标，大力实施中小企业培育计划，每个县（市、区）挑选 20 家左右成长性较好的规模以下企业进行重点培育，促进小微企业增资扩产，提升水平，力争每年新增规模以上企业 100 户。重点抓好"三优化"。优化产业结构，围绕电子信息、生物医药和先进装备制造等主导产业，大力发展创新型、创业型小微企业，引导小微企业向专业化、精细化、特色化方向发展；加快组建 LED 智能照明、移动通信终端（触控显示）等小微企业联盟，加强与龙头企业的配套链接，实现集约、集群发展，形成产业集群，增强竞争力。优化小微企业公共服务体系，逐步建立资源共享、服务协同、覆盖吉安市的中小企业公共服务平台网络，为小微企业提供信息、技术、创业、培训、融资等全方面的服务，力争每年培育认定省级中小企业公共服务示范平台 1~2 个。优化小型微型企业创新创业示范基地建设。在产业园区规划部分区域用于建设小型微型企业创新创业示范基地，建设标准厂房并减免租金，引导小微企业集聚发展，力争每年新增省级小型微型企业创新创业示范基地 1 家以上。

四、规转股

大力引导大型企业开展股份制改造。协调推进，整合注册、商标、广告、市场合同、公平交易等部门职能，为企业股改提供建议，并"量身定制"相应的服务措施；每年确定股改重点企业的数量和名单，实行股改企业抄报制度，确保上市企业各项工作的落实。层层提升，对符合国家产业政策、主导产业突出、资产规模大、盈利水平高、竞争力强、有发展潜力、尚未进行股份制改造的企业，通过新的重组、债转股等形式和方式，尽快成立股份有限公司上市；对新技术企业成长性好、技术含量高、主营业务突出的，鼓励和支持企业引进战略投资伙伴，做大做强优质资产，成立股份有限公司，尽快具备上市条件；对目前不具备重组条件，但产品技术含量高或在行业中占有较大份额、成长性强的企业，设立股份有限公司，鼓励和支持其新项目，迅速扩大生产经营规模，积极创造上市融资条件，或通过与上市企业联合重组间接上市融资。综合施策，凡涉及无证土地、房产的权证办理及转换土地、房产权属性质的，按照"尊重历史、依法合规"的原则，指导和帮助企业完善相关产权确认程序和变更登记手续，并办理相关权证；企业兼并重组涉及土地、房产等资产变更、过户所缴纳的流转税、契税、土地增值税对地方贡献部分，企业审计或评估中出现的净资产增值所缴纳的企业所得税对地方贡献部分，将未分配利润、资本公积、盈余公积等转化为股份所缴纳的个人所得税对地方贡献部分，由财政给予适当奖励。力争每年实现企业股改 50 家以上。

五、扶上市

鼓励支持企业上市。强化对接帮扶，建立拟上市企业项目库，加强与企业、证券机构的沟通联系，开展一对一结对帮扶，帮助企业开展股份制改造。加大培训力度，广泛开展多形式、多层次的资本市场知识的宣传和培训，不断提高各级领导干部发展资本市场的意识和能力。加大上市奖励力度，市财政每年设立发展专项资金，对在主板成功上市的企业，由市财政一次性给予 300 万元奖励，其中完成股份制改造奖励 20 万元，向中国证券监督管理委员会江西监管局（以下简称"江西证监局"）提交辅导备案奖励 30 万元，完成辅导验收并向中国证监会提交上市申请奖励 50 万元，通过中国证券监督管理委员会（以下简称"中国证监会"）审核并成功上市奖励 200 万元；在"新三板"成功挂牌的企业，由市财政一次性给予 50 万元奖励，其中完成股份制改造奖励 20 万元，通过全国中小企业股份转让系统验收并挂牌奖励 30 万元。2017 年，力争实现主板上市企业 2 家、"新三板"挂牌 10 家；2020 年，力争实现"115 工程"，即每个贫困县有 1 家主板上市企业，吉安实现主板上市企业 10 家和"新三板"挂牌企业 50 家。

六、育龙头

全力培育龙头企业。实施"制造业 50 强培育计划"，筛选合力泰、木林森、红板、博硕等 50 户带动能力强、科技含量高、市场前景好的骨干企业，制定"一企一策"定向培育计划，在土地、电力、基础设施、融资、人才等方面予以重点倾斜。大力发展总部经济，充分利用证监会支持欠发达地方企业上市的契机，建立税源分配协商机制；大力开展总部招商，对异地迁移的总部企业所产生的搬迁费用，由受益财政根据企业固定资产投资、设备购买调试以及管理、技术人员入驻等情况，分阶段、分步骤给予补助，从获利年度起按企业缴纳的年度所得税地方留成部分前三年和后三年分别给予 100% 和 50% 的奖励。到 2020 年，力争主营业务收入过百亿元企业 6 家、50 亿~100 亿元企业 10 家以上、20 亿~50 亿元企业 30 家以上。实施企业家高端培训计划。财政安排 200 万元专项培训经费，搭建学习交流对接大平台，选择市内龙头企业、行业发展领先企业、先进示范企业及有发展潜力、能够代表吉安市未来产业发展方向的企业主参加培训，力争开阔企业家视野、提升综合素养。

七、聚集群

加快"1+4"产业集聚集群发展。聚焦首位产业，围绕电子信息首位产业千亿元级发展目标，构建产业链体系，重点抓好 LED 智能照明和移动通信终端（触控显示）两大产业集群延链、补链发展，引导吉安市 LED 智能照明产业集群加强与江西省硅衬底 LED 技术的对接应用，加快向下游照明显示、背光源拓展，逐步向硅衬底材料、外延片、晶圆制造等上游产业延伸；移动通信终端（触控显示）产业集群巩固扩大触控模组、显示模组规模，加快引进智能识别、TFT-LCD 面板、驱动芯片及嵌入式软件等中游核心功能部件，快速壮大手机、平板电脑、智能穿戴设备等智能终端。加快电子线路板、高端数据线、视听音响等产业集聚，充实产业体系，推动电子信息产业"点、线、面、体"全面发展。2020 年，力争吉安市电子信息产业主营业务收入过 1200 亿元。聚集绿色食品产业，做大做强泰和乌鸡、安福火腿、遂川板鸭、带皮牛肉等传统特色肉制食品的规模和品牌，积极开发井冈蜜柚、葡萄、金橘、杨梅、竹篙薯等地方特色果蔬的深加工产品，扩大燕京、百威啤酒的生产规模和市场占有率，提升赣酒、"井冈"红米酒、乌鸡酒等地方特色酒的品牌知名度。聚集先进装备制造业，改造提升液压件、汽车零部件、电线电缆、机电设备等传统装备制造业，开展重大装备和关键配套项目的研制攻关，促进传统装备制造业产品的升级换代，引导装备制造企业应用物联网等新一代信息技术手段向"制造＋服务"转型。聚集生物医药产业，大力推行"企业＋合作社＋基地＋农户"的产业化运作模式，建立辐射江西省乃至全国的大宗道地药材规范化种植和深加工基地，将吉安建设成为产业集群明显、特色优势突出、服务平台完善、配套中药标准化基地健全的国内有影响力的中医药药谷基地。大力开发生产系列保健品，壮大医药工业制造业，尽快把已获国家批文但未进入批量生产的中医药和保健品品种转变为经济优势。聚集新能源新材料产业。重点发展锂离子动力电池、光伏产品，积极推进核能、风能和生物质能源项目建设，突出抓好高纯稀贵金属及键合线功能材料、碳酸钙深加工、铜及铜合金精深加工、特种玻璃、改性树脂、高端含氟聚合物等新材料产品的研发、生产，培育一批在国内有较强竞争力和话语权的新材料产业集群。

通过以上七大方面的"21字"要诀，在当前及今后一段时期，对推动吉安苏区中小企业的繁荣发展起到了良好的带动作用，对于培育发展新经济，有利于保持工业经济实现稳中有升的中高速发展，促进产业迈上中高端水平都起到了重要的促进作用，是决胜全面小康、绿色崛起的强力支撑。

第二节 "放管服"改革优化营商环境

吉安市认真贯彻落实党中央、国务院和江西省委、省政府有关"放管服"改革决策部署，进一步深化重点领域和关键环节改革攻坚，深入推进"五型"政府建设，努力营造"四最"发展环境，以更好的政务服务保障企业的高质量跨越式发展提速提质提效。

一、提升"放"的有效性

集中动态调整行政权力和责任清单。明确权力清单和责任清单管理职责，建立健全权力清单和责任清单动态调整管理制度，以法律、法规和规章，政府职能转变和机构改革方案，改革后的部门"三定方案"等为依据，对各地、各部门行政权力和责任清单进行动态调整更新和公开公示，确保"清单之外无权力"。同时，编制收费项目、办理时限、多部门联审项目等清单。开展权力下放"回头看"。本着实事求是的原则，以效果为导向，对行政权力事项下放办理情况进行全面摸底清理，回收基层接不住、用不好的权力事项。以需求为导向，积极征求企业群众意见，力争在全链条精简下放一批含金量高的行政权力事项，推动更多事项"就近办理"。对于县级上报、市级转报、省级审定的事项，无须市级统筹审查的，一律取消市级转报程序，由县级直接报省级审批。继续开展"减证便民"改革行动，2019年底企业和群众到政府办事提供证明材料在现有基础上再减少60%以上。推行企业注销便利化改革。进一步精简文书材料、优化流程，强化部门信息共享和业务协同，建立企业注销网上服务专区，实现企业注销"一网"服务。

二、增强"管"的针对性

推进监管信息"一网通享"。全面梳理融合各类监管平台，依托"信用吉安"网站和国家企业信用信息公示系统（江西），积极推进跨部门"双随机、一公开"监管信息共享，推进事中事后监管信息与政务服务深度融合，整合市场监管相关数据资源，加强对市场环境的大数据监测分析和预测预警，推进线上线下一体化监管，切实加强事中事后监管。建设"互联网＋监管"系统，强化对地方和部门监管工作的监督。加快建设社会信用体系。按照《江西省人民政府办公厅关于推进企业信用监管制度改革的意见》（赣府厅发〔2017〕92 号）要求，继续完善企业信用信息公示工作，加强市场主体信用信息归集、存储和应用，并与政府部门许可、处罚和监管工作有效衔接。深化网络化监管改革，创新完善基层网格化治理体系和治理机制，实现"多网合一、一员多能"。

三、提高"服"的满意度

建设四级联动政务服务体系和网络。①完善四级政务服务体系。加快建设改造市级智能化政务服务大厅；加大县级政务服务平台建设力度，为群众提供"一站式"服务，确保县（市、区）服务大厅面积 3000 平方米以上，除因安全等特殊原因外，原则上不再保留部门单独设立的政务大厅；大力推进乡镇（街道）和村（社区）便民服务场所建设和升级改造，加强乡、村两级政务服务队伍建设，提升基层便民服务平台服务功能，确保乡镇（街道）便民服务中心面积分别不低于 150 平方米，实现村（社区）便民服务点"全覆盖"。②完善四级政务服务网络。加快推动"互联网＋政务服务"向基层延伸，以政务服务网为依托，统筹推进市县乡村四级网上政务服务平台建设，2019 年底前实现政务服务网全覆盖；努力提升网上办事比例，2020 年底前达到 75%。

推动事项集中办理。①推行"一窗式"办理。采取"全科综合"或"分类综合"的方式，在市县乡三级全面推行"一窗受理"，2019 年底前，市县"一窗"受理率要达到 90% 以上；2020 年底前，达到 100%。乡镇（街道）要集聚便民服务资源，直接面向群众办理的社保、医保、民政、计生、农民建房审批等事项要全部进驻便民服务中心，并尽可能采取"前台综合受理、后台分类审批、综合窗口出件"模式办理相关事项。有条件的乡镇（街道），除班子成员外，其余人员全部进驻便民服务中心办公。②实现"一门式"服务。进一步深化"三集中三到位"改革，强化"一窗式"改革的窗口后台支撑，2019年底前，除对场地有特殊要求的事项外，市县两级政务服务事项进驻综合性实体政务大厅基本实现"应进必进"。③完善"一章式"机制。按照"谁审批、谁负责，谁主管、谁监管"原则，明确行政审批局与有关主管部门职责，健全审管衔接运行机制。加强行政审批局运行风险防控，上级业务主管部门要加强业务指导，在发布政策、开展培训、证照使用等方面同步覆盖行政审批局。④实现"一园式"审批。加强国家级和省级经开区、高新区以及省级工业园区赋权事项落地落实，确保赋权事项办理不出园区。

深入开展"一次不跑""只跑一次""一链办理"改革。坚持"扩面"和"提质"并重，2019年，市、县要继续梳理公布"一次不跑""只跑一次"事项，年内市、县"最多跑一次"政务服务事项实现"全覆盖"，除有特殊要求的外，凡法律法规没有规定必须到现场办理的事项一律做到"一次不跑"，凡法律法规明确要求必须到现场办理的事项也要做到"只跑一次"，办理结果免费邮寄。对已公布的"一次不跑""只跑一次"事项要真正兑现承诺并实现高质量办理。完成100个高频多发事项的流程再造，实现"一次不跑""只跑一次"，并力争高频多发事项即来即办、当场办结，有法定办结时限要求的进一步压缩办理时限。年内在吉安市范围内实现老年公交卡年审"一次不跑"。结合"一窗式"改革，以办件量较多的企业开办（含后续证照）、不动产登记交易（含水、电、气、网）、投资项目审批等高频多发事项为突破口，梳理优化办事全流程，编制"一链办理"事项目录清单和办事指南，做到一次性提交一套材料，变过去企业群众到不同部门"办几件事"为全链条办理"一件事"，2019年底前，市县两级分别实现5项和10项以上多部门办理事项"一链办理"。其中，2019年底前，①吉安市企业注册开办压缩至3个工作日完成；②不动产一般登记业务5个工作日内办结，抵押登记业务2个工作日内办结，实现与水、电、气、网络、有线电视过户等业务联动办理；③供电企业办理电力用户用电业务平均时间压减到45个工作日以内。

优化完善延时错时服务，深化"证照分离"改革。在全面实行延时错时预约服务的基础上，进一步创新务实举措，以完成标准为基础，从收货、办理到发货，全链条开展延误和错时服务，办理结果的发布实现了延误服务，不断提高延误和错时服务水平和企业群众的经验。根据延迟错时预约服务的经验，根据不同时段企业群众的积极性，科学设计延迟错时预约服务项目，规范服务时间，提高服务的针对性和有效性。按照国家规划，对所有经营许可事项实行"证照分离"

改革，使企业更方便地取得正常经营的营业执照，坚决克服"无经营准入"现象。2019年底前，实现吉安市事项清单编制全覆盖，超出清单的事件不得作为制约企业业务发展的依据。按照直接取消审批、改审批为备案、落实通知承诺、优化准入服务4种方式，稳步推进改革，杜绝暗箱操作，让企业和群众办事清楚。

全面推行"区域评估"，推行"六多合一"，推进工程建设审批提质增效，规范中介服务和年检年审改革。以区域评估评价代替项目逐个办理评估评价；以告知承诺制、容缺受理制代替审批制度，切实解决工业投资项目落地难、落地慢问题。2019年6月底前，出台"区域评估"改革试点实施方案；2019年底前，吉安市省级以上经济技术开发区（园区）、省级以上高新技术产业开发区（园区）、省级产业集聚区、省级特色小镇等重点区域新批工业用地按照"区域评估"制度供地比例不得少于35%，切实压缩工业投资项目审批时间20%以上。创新"六多合一"集成审批模式（多证合一、多规合一、多介合一、多评合一、多审合一、多测合一），实施"四个联合"改革（联合图审、联合测绘、联合踏勘、联合竣工验收），待江西省"六多合一"改革方案出台后再全面推开。全面开展工程建设项目审批制度全流程、全覆盖改革，形成统一的审批流程、统一的信息数据平台、统一的审批管理体系和统一的监管方式。2019年6月前，实现政府投资和企业投资全流程办理时限（从立项到竣工验收，含评估、评审和中介服务时间）分别压缩为120个和90个工作日（不包括特殊工程和重大工程）。按照必要性和简便性原则，全面清理中介服务，取消对更多高价值中介服务的调整，防止行政审批过度依赖中介服务。探索由设计单位负责工程设计图纸的审批和投资项目的评审，强化设计单位的主体责任，逐步取消第三方评审。积极推动建立中介机构联合体。中介机构结合相关中介机构，提供多种中介服务，将多种中介报告转化为综合报告。启动吉安市统一网上中介服务超市建设，加快形成吉安市统一、开放、有序、高效、便捷的中介服务市场。全面梳理年检、年审项目，取消无法律法规依据的年检、年审项目；有依据的，取消日常监督等方式可以替代的年检、年审项目。科学设置和适当延长年检周期，加快联合年检和网上年检，压缩年检材料，切实减轻企业群众负担。

推进系统整合数据共享，加快建设"赣服通"政务服务平台，深入推进自助服务。依托政务服务网和吉安电子政务共享数据统一交换平台（吉安市大数据中心），推动各地、各部门做到系统平台无条件对接，信息资源无条件共享，线上线下无条件使用"一窗式"综合服务平台收出件，确保2019年5月底前完成市本级自有业务系统对接；2019年8月底前，各县（市、区）完成本地自有业务系统对接；2019 年 9 月底前，市、县两级所有业务只通过"一窗式"综合服务平台统一受理，彻底杜绝"二次录入"，实现"单点登录、一网通办"。加快建设"赣服通"市、县分厅，高质量推动更多高频多发事项实现掌上办理。2019 年 5 月底前，市本级实现 50 个以上本地事项"掌上办理"，创新 2 个以上特色便民利企服务事项部署至"赣服通"吉安分厅；2019 年 9 月底前，各县（市、区）实现 20 个以上本地事项"掌上办理"，创新 1~2 个特色便民利企服务事项部署至"赣服通"本地分厅。2019 年底前，市县两级高频事项掌上可办率分别达到 50%；2020 年底前达到 70%。积极推广使用涉及审批服务、公共服务、生活服务以及常见证照证明打印等自助服务终端，将与群众日常生活密切相关事项通过自助办理，身份证明、税收证明、社保证明等常用证明材料通过自助打印方式实现。切实推进实体大厅服务与网上、掌上、自助服务终端相结合。2019 年底前，各地政务服务大厅要设置自助服务专区，并积极推行在商场、银行、车站和村（居）等场所设置自助设备，方便企业群众就近办事。

第三节　创新供应链助推中小企业繁荣发展

吉安市深入贯彻落实习近平新时代中国特色社会主义新思想和党的十九大精神。以供给侧结构性改革为主线，以市场需求为导向，以高质量发展为导向，以供应链与互联网、物联网深度融合为路径，以农业和劳动力为重点，有效整合各种资源和要素，提升产业整合协调水平。在工业、流通、金融、外贸等领域，构建大数据支撑、网络共享、智能合作的智能供应链体系，同时着力构建全过程的绿色供应链体系。围绕电子信息、农业等吉安市首位产业及行业重点龙头企业，培育一批供应链核心企业、服务企业、终端企业在内的供应链骨干企业，到 2020 年，力争 1~2 家企业进入全国供应链试点企业，首位产业的供应链竞争力进入江西省先进行列，初步形成覆盖吉安市重点产业的智慧供应链体系。

一、农业领域

创新农业产业组织体系，提高农业生产科学化水平。鼓励和支持农业种养殖业，以井冈蜜柚、绿色大米、茶叶、泰和乌鸡、油茶等特色优势产业为重点，大力发展新型农业经营主体，积极培育农业产业化联合体，建立集农产品生产、加工、流通和服务等于一体的农业供应链体系。鼓励承包农户采用土地流转、股份合作、农业生产托管等方式融入农业供应链体系。深入开展农村一二三产业融合发展试点示范，推进农业与旅游、文化、教育、康养等产业深度融合，着力构建农业与二三产业交叉融合的现代产业体系。大力实施"信息进村入户"和"智慧农场"工程，重点引导省级以上重点农业龙头企业、"百县百园"现代农业示范园区逐步应用物联网技术，共用江西农业物联网云平台。大力发展农村电子商务，推进农村电商公共服务平台建设，建设省、市、县三级农产品电商运营中心，推进益农信息社等农村电商模式覆盖全省大部分行政村。鼓励农业生产性服务业同银行保险业金融机构合作，开拓农业供应链金融服务。支持融资担保机构开发供应链担保业务，支持供应链农户参加政策性农业保险和当地特色农业保险。

弥补冷链物流发展的"短板"，提高质量安全的可追溯性。鼓励企业和社会团体建立健全冷链物流标准体系，规范信息数据和接口，加快推进基于全球统一编码识别（GSI）的商品条码系统，促进托盘条码与商品条码的对接，案例代码和物流单元代码，实现商品源信息和集装箱单元信息的绑定，并沿供应链流动。结合吉安市特色优势农产品冷链需求，科学规划建设一批冷链物流园区、基地和中心，构建覆盖吉安主要农产品产区和消费区的冷链物流基础设施网络将逐步建立。建立基于供应链的重要农产品质量安全追溯机制，将供应链上下游企业纳入追溯体系，构建源头可追溯、目的地可追溯、责任可追溯的全链条追溯体系，完善消费者安全水平。重点指导吉安市"三品一标"优势农产品品牌可追溯标准化的实施及其制度工作。

二、工业领域

推进供应链协同制造，发展服务型制造，促进制造供应链的可视化和智能化。依托龙头企业带动供应链上下游企业协同发展，构建网络化协同制造平台，建立健全从研发设计、生产制造到售后服务的全链供应链体系，推进协同设计、协同采购、协同制造、协同物流，促进大中型企业专业化分工与合作，实现上下游产业对客户需求的快速反应，缩短新产品的生产周期和上市时间，提高制造企业网络合作程度，降低生产经营和交易成本。培育壮大一批基于供应链的生产服务企业、项目和平台，重点支持生产服务企业构建供应链综合服务平台，鼓励和支持综合实力强、行业影响力强的企业积极申请省级服务型制造示范企业，推动制造业供应链向产业服务供应链转型，促进供应链高效协调、质量提升和效率提升，提升制造业价值链。推动感知技术在制造业供应链关键节点的应用，促进全链信息共享，实现供应链可视化。推进吉安市电子、食品、医药等行业智能供应链体系建设，加快人机智能交互、工业机器人、智能工厂、智能物流等技术装备的应用，提高敏捷制造能力。

三、流通领域

首先，推进流通创新和转型。推进城市核心商务区和大型批发市场建设，构建客户、信息等资源互联的体验式智慧商务区线上线下融合。支持传统实物商品交易市场转型升级，构建线上线下一体化的供应链交易平台。鼓励住宿、餐饮、养老、文化、体育、旅游等行业建设综合供应链服务贸易平台，完善供应链体系，提高服务供应质量和效率。其次，推进流通与生产深度融合。支持流通企业、供应商、生产商的系统对接，构建流通与生产联动的供应链协调平台。推动物流业与制造业融合发展，建设与制造业紧密匹配的仓储配送设施和物流信息平台，支持第三方物流企业提供供应链规划等综合服务，采购物流、入口物流、配送物流、回收物流、供应链财务和制造企业信息追溯，提高供应链信息化水平。结合江西省，实施国内外产品"同线、同标、同质量"等一批示范工程，提高供应质量。最后，提高供应链的服务水平。引导传统批发市场、物流企业和物流园区向供应链服务企业转型，鼓励大型流通企业整合现有薄弱分散的供应链资源，培育一批具有先进技术的新型供应链服务企业；主营业务突出，核心竞争力强。推动建立全面的供应链服务平台，提供研发设计、集中采购、组织生产、物流配送、终端管理、品牌营销等供应链服务，整合物流、业务流、信息流、资金流，实现采购实施、物流服务、配送实施、融资结算、商检报关服务一体化。通过平台直接服务需求终端，减少流通环节和成本。

四、金融领域

一是推动供应链金融服务向实体经济发展。鼓励金融机构为产业集群、产业园区和供应链核心企业提供有针对性的信贷、信托、基金等综合系统解决方案。鼓励供应链核心企业和金融机构与中国人民银行征信中心建设的应收账款融资服务平台对接，积极推动上下游企业加入平台，确认信息，发展网上应收账款融资等供应链金融模式，拓展中小企业融资渠道。二是有效防范供应链财务风险。推动金融机构和供应链核心企业建立供应链金融合作模式，进一步建立审慎严谨的债务评级和主体评级相结合的风险控制体系，确保贷款资金以真实交易为基础。鼓励中国人民银行征信中心建立的动产融资统一登记制度，开展应收账款等动产融资质押转让登记，完善供应链金融担保、抵押、质押机制，促进保险机构服务供应链金融。

五、外贸领域

积极融入全球供应链网络，提高全球供应链安全水平。加快高铁新区建设，完善连接"一带一路"的铁路通道网络。深化电子信息、绿色农业、服务业、特色产品等产业对外合作，加快与"一带一路"沿线有关国家的经贸对接。稳定运行吉安市至厦门市、吉安市至深圳市盐田港铁海联运、快速班列，吉安市至莫斯科中（赣）欧班列，打造高效便捷的国际货运走廊。鼓励企业到境外设立产品生产和销售基地，加快建设公共海外仓，为吉安市跨境电商及外贸企业提供商品集货、通关、分拨等一系列配套服务，建立产能协调的本地化供应链体系。实施国家供应链安全规划，支持企业建立全球重要资源和产品供应链风险预警体系，鼓励建立大型外商投资项目国际绿色供应链物资装备推荐目录，推进绿色采购，实施绿色信用评价，建立外商投资环境风险管理标准，引导企业利用两个市场两种资源，有效对冲和规避风险。

第四节　激发商贸消费潜力带动中小企业发展

吉安市全面实施商贸消费升级三年攻坚行动，推动城乡消费环境明显改善，优质商品和服务供给显著增强，现代化流通市场体系基本建立，消费总量、结构、品质跃上新台阶，助力中小企业快速发展。计划一年强基础、两年上规模、三年大发展的工作战略。到2019年底，城乡消费基础设施较大改善，消费市场体系逐步完善，消费氛围不断浓厚，完成吉安市社会消费品零售总额 570 亿元，力争突破 580 亿元。到 2020 年，新的消费点进一步巩固，消费环境进一步优化，消费水平进一步提升。完成吉安市社会消费品零售总额 630 亿元，力争突破 640 亿元。到 2021 年，吉安市社会消费品零售总额突破 700 亿元，力争最终消费对经济增长贡献率达 50% 以上，网络零售突破 150 亿元，餐饮业营业额突破 100 亿元，限额以上商贸企业突破 700 家。具体做法包括以下几点。

一、实施市场基础夯实工程

完善社区商业消费设施。以县（市、区）为主体，2019 年内完成商业服务设施及布点规划编制，科学布局县域商业网点规划。新建居住区和居住小区按照《居住区规划设计标准》有关商业配套的规定执行。加快社区便利店、社区菜市场建设，支持重点商贸企业发展便利店；完善社区生活"一站式"服务功能，打造 15 分钟便民生活服务圈，满足居民日常消费需求。

加快商品交易市场转型升级。2019 年，重点推进吉州区吉安城南市场、吉安市农副产品物流中心、城北汽车综合市场、青原区城东汽车文化产业园、吉安贸易广场、金鑫未来港、吉安县亿都家居城、泰和国兴农机汽车建材综合产业城、新干县箱包城、吉安县王府井商贸综合体等一批现有大型综合（专业）市场后期基础设施建设投入和转型升级。进一步推进十类专业市场转型升级，完善提升古玩、艺术品、二手车、旧货、电子专业市场等交易市场。

打造高品位特色商业街区。2019~2021 年，吉安市中心城区、各县（市、区）至少规划建设或提升改造 1 条以上商业步行街或特色商业街、1 个大型城市商业综合体，在市中心城区高铁新区规划建设吉安市会展中心。中心城区重点打造文山步行街、吉安特色美食城等各种集合业态；井冈山经开区建成夜间务工人员消费街区，适合各年龄段的高品质大型综合业态集群和夜间消费街区；各县（市、区）打造 1 条以上高品质夜间消费街区，鼓励发展 24 小时不打烊餐饮店、便利店、娱乐场所；重点培育中心城区广场商圈（启动原白鹭宾馆地块开发）、城南铜锣湾商业街、庐陵老街、滨江娱乐一条街、韶山路音乐教育一条街、庐陵特色餐饮一条街（西餐、咖啡、育婴、24 小时书店等）、鹭洲东路与北门路电脑电子一条街、鹭洲西路特色餐饮夜宵一条街、吉安名特优产品一条街、庐陵乐街、儒林里特色古街等特色商业街区，规划并启动中心城区书城项目，培育文化消费新热点。把井冈山天街打造成为国家级商旅文融合发展示范区；遂川县汤湖镇、井冈山市大陇镇和青原区渼陂、东固畲族乡、万安县高陂镇田北农民画村建设成为全省商旅文融合发展示范区；泰和县重点打造蜀口生态岛和中国泰和乌鸡特色小镇、泰和县中山路特色餐饮一条街；将泰和县国兴城申报省级现代服务业集聚区。

二、实施地方品牌创建工程

加大特色产品销售力度。发挥吉安市生态环境优势，着力打造井冈蜜柚、井冈大米、井冈茶油、井冈茶叶等品牌，以及金橘（红橘）、板鸭、火腿、腐竹、米粉、乌鸡系列、红米酒、黄桃、黄菊等一系列特色农产品，实施"两上三进"（上高铁、上飞机、进机场、进车站、进服务区）和进京、进沪、进深活动，拓展地方农产品销售渠道。

加大老字号品牌创建力度。振兴老字号品牌，推进老字号企业名称、字号、商标"三统一"，持续开展老字号认定工作，力争 2021 年前新增"中华老字号"3~4 家、"江西老字号"8~10 家。安福县火腿、江西大井冈科技实业有限公司、江西白凤酒业有限公司、江西井冈山茶厂等力争评选"中华老字号"；吉州薄酥饼、永新酱制品、峡江米粉、新干赣酒、安福桃酥饼等力争评选"江西老字号"。

加大庐陵菜系影响力度。围绕发展地方特色菜，进一步挖掘庐陵文化内涵的菜品，开展"十佳"菜品评选活动，打造 1~2 个全国全省性优质食材基地、3~5 家全国全省性优质食材企业。推进吉安市特色小吃产业化经营，争创名宴、名店、名菜、名小吃、名酒店、名厨等荣誉，加大庐陵菜谱推介力度，争创庐陵菜系品牌。

三、实施消费市场提升工程

实施乡村商贸振兴工程。2019~2021 年，每个县（市、区）至少在 4~5 个中心乡镇各规划建设一个综合型商贸中心项目，综合商贸中心包括建设电影院、商场、饮食、儿童乐园、休闲娱乐场所等。各县（市、区）结合自身乡村特点，打造一系列以游玩、观光、采摘、民俗、民宿、品尝为主题的特色小村。到 2021 年，吉安市重点打造工贸型、农贸型、电商型和商旅文型特色商贸小镇 10 个，各县（市、区）至少要打造 4~5 个特色村。

　　持续做好农贸市场建设改造。继续将中心城区菜市场建设改造和管理双提升工作列入政府民生工程。引导鼓励各县（市、区）加大对县乡农贸市场建设改造力度，特别是加快乡镇农贸市场建设的改造，实现每个乡镇建成一个规范性农贸市场。每个县选择 1~2 个有基础的乡镇建设一批乡镇微商圈和生活综合服务中心，提升乡镇商贸集聚水平。同时加大财政支持力度，除省级财政改造资金外，县级财政给予每个菜市场一定的配套资金。2018 年已全面启动中心城区菜市场建设改造和管理双提升工作；2019 年，完成新建开工或改造提升 25 处菜市场；至 2020 年，中心城区全面完成计划建设改造的 49 处菜市场。

　　培育和挖掘消费潜力。大力发展服务消费，促进康复保健、医疗保险、健康咨询、中医保健、健身、高端医疗、生物医学、森林保健等健康消费产业发展，提高生活照料质量和精神慰藉水平，临终关怀、养老用品等养老消费行业。扩大职业技能培训、文化艺术培训等教育培训消费。推动创意设计、互动新媒体、动漫游戏、文博展览、数字出版、艺术品等新型文化产业消费升级，开拓文化体育旅游、邮轮游艇旅游、森林湿地旅游、自驾游等新型旅游市场，健康旅游、工业旅游和研学旅游等新兴旅游市场，加速打造井冈山、武功山、羊狮慕、嵘源温泉、汤湖温泉、钓源古村、青原山、渼陂、万花世界、夏木塘、桃花岛、吉州窑、玉笥山养生谷等"红绿古"特色旅游景点，包装融参观、体验、康养、禅修等相融合的精品旅游线路，加快旅游工艺品、特色产品的发展，积极培育旅游商品连锁经营，推动旅游产品销售。大力发展时尚消费，顺应时尚消费群体由高收入群体向中等收入群体、年轻群体延伸的新特点，积极发展体验消费、个性化设计等个性化、差异化、时尚化消费，柔性制造和个性化定制服务。加快汽车旅馆、自驾房车营地、充电站、文化体育产业园、广告创意产业园、艺术街区、国际品牌街等建设，继续扩大通用航空、房车、航模等高端消费，重点打造武功山帐篷露营和桐坪通用机场航空运动、航空旅游等基地。积极发展新兴业态，鼓励发展无人售货超市，三年内在中心城区开设无人售货超市 10 家。做好工业园区、高铁新区和校园的消费升级和新兴业态的谋划，加强建设一批园区文化娱乐运动综合服务设施，高铁新区的快速消费、地方特色的商业设施、学校周边的创意休闲、文化图书设施等，进一步激发消费潜力。充分发挥乡村资源、生态和文化优势，发展适应城乡居民需求的休闲旅游、餐饮民宿、文化体验、健康养生、养老服务等产业。在 2021 年前，中心城区引进 2 家健康养老服务产业经营企业，每个县（市、区）力争引进 1 家专业性企业，以满足市场日益增长的康养、照料需求。

促进节假日消费。围绕消费热点和重要节假日，采取政府引导、市场运作的方式，市、县（市、区）每年举办 1~2 次不同类型的农民丰收节、采摘节、民俗节、旅游节、文化节、啤酒节、美食节、庙会、汽车展销、农产品进北京活动等各类主题节会，做到"月月有活动、每季有节会"。市里每年举办 2 次大型促消费活动，各县（市、区）每季度举办 1 次促消费活动，持续营造浓厚的扩内需、促消费氛围。

四、实施龙头企业培育工程

培养商贸龙头企业。支持商贸企业跨区域兼并、重组、整合资源，对引入大型连锁商超给予政策优惠。加快品牌建设，培育江西国光商业连锁有限公司等年销售额过 10 亿元的大型商贸龙头企业 1~2 家。2020 年，力争江西国光商业连锁有限公司在主板上市。

引进大型商贸集团。各县（市、区）每年至少引进 1 家国际国内知名零售品牌企业，打造大型商贸企业集团。加大引进国内外酒店管理公司、知名连锁品牌酒店力度，力争到 2021 年井冈山市、吉州区、青原区至少各新引进 1 家五星级酒店，培育一批适应消费升级要求、特色鲜明的酒店集团。获评为五星级酒店的，由财税受益政府给予一次性奖励或每年给予床位补贴。

推动传统企业创新转型。引导实体企业转变经营理念，调整优化商品种类，丰富娱乐、影院、健身、美容、儿童游乐、健康食品等体验业态，推动"商品＋服务"转型，到 2021 年，创建 4~5 家实体零售创新转型示范企业。推动传统餐饮住宿向新业态转变，积极培育"绿色酒店""智慧餐厅"，引导井冈山市、遂川县、万安县、吉州区、青原区等地大力发展乡村民宿。推行智能订单、刷脸支付、用完就走，提升消费体验。

五、实施电商拓展升级工程

积极发展跨境电商。争取获批国家跨境电商综合试验区，借力阿里巴巴国际站、全球贸易通等国际平台开拓国际市场。井冈山经开区、各县（市、区）每年要引进 1 家跨境电商公共服务平台、培育 3~5 家跨境电商主体。

推进线上线下互动。深入实施"互联网＋商贸流通"行动，推进电子商务与快递物流协同发展，推动吃住行游娱购等生活服务业在线化，建立线上服务、线下体验与现代物流紧密结合的新模式。推广"网订店取""网订店送"等新模式，完善社区智能快件箱等末端服务设施，到2021年吉安市城市住宅小区智能快件箱覆盖率达到85%，县城住宅小区覆盖率达到70%。整合商务、交通、邮政、供销等部门现有资源，鼓励配送企业、电子商务企业与社区便利店、行政村电商服务站、乡村客运点、快递揽货点、邮政寄递网点、供销合作社基层网点合作，完善城乡末端网点体系，降低快递等中间流通成本，打通农产品上行、工业品下乡"最后一公里"。

推动示范创建。全面开展农村电子商务示范建设，到2020年实现吉安原苏区县全覆盖，力争到2021年实现吉安市全覆盖。完善"工业品下乡、农产品进城"双向流通渠道。开展"精品在线旅游"活动，拓宽吉安产品营销渠道，提高精品在线销售比例。农村电商发展每年新增30个精品站点，到2021年打造100个精品站点。推广新干箱包皮具产业、井冈山陶瓷产业"赣品网上行"经验，积极推进各县（市、区）参加"赣品网上行"活动，力争实现"每县一品"，到2021年交易额突破10亿元。

加快电商集聚。推动县（市、区）现有电商产业园提质升级，优化创新服务，推动当地电商聚集抱团发展。在高铁新区科创中心内高起点规划建设以数字商务为核心的吉安市电商产业园，加快引进云计算、大数据、物联网、人工智能、虚拟现实等新技术。着力打造立足园区、服务吉安、辐射赣中、连接全国、走向世界的大型物流生态聚集区。推动万佶物流信息平台交易额达100亿元。

六、实施商贸物流创新工程

推进城乡高效配送。提高商贸物流配送效率，全力落实城乡高效配送行动计划，积极争创国家城乡高效配送试点城市。着力构建市、县级共同配送中心和镇村级城乡公共配送服务站等城乡高效配送网络体系，积极向国家、省级申报城乡高效配送骨干企业4家。整合现有配送线路和站点，将包裹统一投放到服务站。稳定开行中欧班列和吉安至厦门、深圳铁海联运。

推广带盘运输。以托盘及周转箱（筐）标准化循环共用为突破口，引导大型物流企业、商业连锁企业实施推广应用1200mm×1000mm标准托盘，建立标准托盘循环共用体系，在吉安快速消费品、快递等行业全面开展全链条、跨区域的"带托运输"作业，推动商贸物流重点企业开展托盘标准化运作，实现"物流提速、成本减速、效益增速"。到 2021 年吉安标准拖盘占托盘总量比率将达 40%，标准托盘租赁率达 30%。

突破冷链物流短板。加快冷链物流基础设施建设，在井冈山国家农业科技园建设国家储备库。打造冷链物流产业园，集聚一批冷链物流企业。在井冈蜜柚、茶叶、乌鸡、有机蔬菜等主产区泰和县、吉安县、遂川县、永丰县、吉州区、井冈山市等地布局建设冷链物流基地或中心，推动市内生鲜特色农产品走出吉安、走出江西、走向世界。

第五节　对接粤港澳大湾区拓展中小企业发展边界

以习近平新时代中国特色社会主义思想为指导，全面贯彻党的十九大精神，抓住粤港澳建设世界一流城市和国际一流湾区的溢出机遇。依托交通走廊、开放平台、重大项目和重要工作机制建设，融入大湾区交通网络，承接高端产业转移，对接技术创新资源。结合国际营商环境，吉安将建成产业转移首选区、改革创新经验复制首选区、公共生活休闲旅游共享区。

区位对接，示范引领。充分挖掘吉安作为粤港澳大湾区的"内地前沿、沿海腹地"区位优势，聚焦重点地区、优先领域，打造一批对接合作的示范工程，引领带动吉安提升经济活力和开放合作水平，推进吉安高质量跨越式发展。

交通互联，产业互补。全面对接粤港澳大湾区的铁路、公路、航空、水运、港口等建设，形成通达便捷的互联互通体系。瞄准大湾区世界级制造业产业集群、战略性新兴产业集群和国际金融枢纽建设，积极布局承接产业基地和配套体系建设，促进产业互补联动发展。

消费共促，民生共享。积极对接粤港澳优质生活圈和国际科技创新中心建设，加强生态、康养、旅游等产品供需合作，加大优质公共产品和服务供给，提高保障和改善民生水平，共同促进消费升级，让改革发展成果更多惠及群众。

政府引导，市场主体。充分发挥市场主体作用，借助香港特区和澳门特区的"一国两制"制度和广东在改革开放中的先试优势，积极融入国际市场化、便利的投资和经营环境;深化与广东、香港特区、澳门特区等大海湾地区的投资和经贸往来。更好地发挥政府的引导作用,加强政策支持、环境建设和道路建设。

到 2020 年,立体化互联互通主骨架基本形成,经贸往来更加高效便捷;产业联动成效明显,新兴产业和制造业竞争力不断增强,金融、商贸、物流等服务业加快发展;创新要素加快集聚,科技创新能力和科技成果转化能力有效提升;绿色生态优势充分发挥,粤港澳大湾区居民入吉游大幅增长;教育、卫生、就业等公共服务合作更加紧密,人文交流活动更加活跃。

到 2025 年,全面建成立体化互联互通体系,各类资源要素高效便捷流动;重点产业紧密联动发展,产业发展综合实力、科技创新能力大幅跃升,基本形成以创新为主要支撑的现代产业体系;生态环境优势进一步巩固提升,公共服务保障水平大幅增强,成为粤港澳大湾区居民健康休闲旅游的后花园;全面融入粤港澳大湾区产业分工和市场体系,把吉安打造成为内陆双向开放高地,建设成为中原与东南沿海往来的现代“黄金走廊”。

具体思路包括以下七个方面:

一是构建立体化对接通道。加快交通基础设施建设,无缝对接粤港澳大湾区现代化交通运输体系。积极推进昌吉赣客专、长赣铁路、咸宜(新)吉等铁路项目建设,规划研究吉安至厦门客运专线,争取多开通直达香港特区、深圳、广州等地列车,打通对接粤港澳大湾区的南下主通道。积极推进阳新(赣鄂界)—武宁—靖安—高安—樟树—新干—永丰—兴国高速公路、宜春—井冈山高速公路、井冈山—崇义—大余高速公路规划建设,实施樟吉高速扩容、大广高速吉安—南康段扩容工程,完善京九通道、咸井韶通道,增强与粤港澳大湾区高速路网的对接。推动吉安—安福—莲花—邵阳高速公路、兴国—万安—遂川—湖南桂东(湘赣界)高速公路规划建设,构建更加快捷、紧密对接粤港澳大湾区的国家公路运输枢纽城市。完成井冈山机场扩建,加密井冈山至广州、深圳、珠海航班,开工建设安福武功山、吉安县桐坪机场二期、遂川砂子岭等通航机场。推进赣江高等级航道建设,实现 2020 年赣江高等级航道全线贯通。推进吉安口岸建设,稳定运行吉安至深圳盐田港班列,加快吉安南站国际集装箱办理站建设,力争开通井冈山机场货物转关运输,加快建设物流信息服务平台,增强铁路、公路、水路、航空各种运输方式及物流节点之间的有效衔接,充分发挥吉安市“水陆空”交通便捷的优势,加快融入粤港澳大湾区经济圈。

二是建设高端产业合作区。瞄准粤港澳大湾区先进标准提高吉安制造业发展水平，促进产业优势互补、联动发展。聚焦电子信息首位产业，突出发展 LED 智能照明和通信终端两大产业集群，高位对接粤港澳大湾区产业集群建设，加快细分产业建链、延链、补链、强链，着力建设国家电子信息产业基地，形成配套粤港澳大湾区电子信息产业集群的重要基地和延伸带。大力发展先进装备制造、绿色食品、新能源新材料、生物医药大健康等主导产业，积极承接大湾区产业集群配套能力建设，打造一批有影响力的产业基地。依托井开区、吉安高新区、农高区、特色产业园区等优质载体，总结复制吉安深圳产业园建设经验，大力吸引大湾区企业、资本参与开发建设，构建互利共赢的产业合作示范区。以全国普惠金融改革试验区和井冈山经开区金融产业园为依托，加强绿色金融、金融科技、金融开放等方面合作，吸引粤港澳大湾区金融机构来吉设立分支机构，推动吉安企业赴港上市，加快建设多层次资本市场。

三是建设科技成果转化基地。积极对接粤港澳大湾区国际科技创新中心建设，提高科技创新能力。认真实施省创新驱动"5511"项目倍增计划，借助泛珠三角区域科技合作平台，促进国家和省级重点实验室、试点基地等试验平台相互开放，联合建立科技管理信息数据库，充分衔接广东、香港、澳门科技创新基础平台共享系统。围绕"六富民""1+4"等重点产业的关键技术，加强与广东、香港特区、澳门特区等高校和科研机构的合作，支持吉安建立科研机构，建立合作创新平台；联合组建一批重点产业技术创新联盟，共同开展重大科技攻关。大力实施"芦岭人才"计划，完善人才双向流动机制，为跨区域、跨行业、跨系统人才流动提供便利条件，吸引更多广东、香港特区、澳门特区科技创新人才和创新团队。实施"吉商归来"和"吉才返乡"的计划，与承接产业转移相适应，促进粤港澳大湾区人才与吉安的供需对接。

四是打造科技成果转化基地。积极对接粤港澳大湾区国际科技创新中心建设，提升科技创新能力。认真落实省创新驱动"5511"工程倍增计划，借助泛珠三角区域科技合作平台，推动相互开放国家级和省级重点实验室、试点基地等试验平台相互开放，共同构建科技管理信息数据库，全面对接粤港澳大湾区科技创新基础平台共享体系。围绕"六大富民""1+4"等重点产业关键技术，加强与粤港澳等地院校和科研机构产学研合作，支持在吉安设立研究机构，共建协同创新平台，共同组建一批重点产业技术创新联盟，联合开展重大科技攻关。大力实施"庐陵英才"计划，健全人才双向流动机制，为人才跨地区、跨行业、跨体制流动提供便利条件，吸引粤港澳大湾区更多的科技领军人才、创新团队落地。实施"吉商回归""吉才返乡"计划，与承接产业转移相适应，促进粤港澳大湾区人才与吉安的供需对接。

五是建设生态康养旅游后花园。大力推广与深圳市"3+2"对接合作模式，将绿色生态优势与粤港澳大湾区有效需求相结合，促进吉安绿色产业的发展和生态环境的改善。加强吉安有机农产品与粤港澳大湾区市场对接，支持粤港澳大湾区等大型连锁企业和批发市场，建立吉安直销基地、加工基地、发展订单农业；通过农产品展销、电子商务平台合作开发销售渠道，为粤港澳大湾区建设绿色有机农产品供应基地。依托吉安红色、绿色、古文化旅游资源，加强与粤港澳大湾区的研学交流游、海上丝绸考察旅游、健康养生游等高质量旅游线路的连接，有效拓展旅游资源。推动"旅游+"在线联合营销，共享旅游资源、旅游商品、旅游线路等信息，共同开发国际旅游市场，促进旅游业共赢发展。

六是加强公共服务合作交流。深化与粤港澳大湾区在教育、文化、就业等领域的合作，提升吉安公共服务水平。支持粤港澳大湾区高等院校、职业学校、技工院校与吉安开展合作办学，鼓励建立结对子关系，促进教育资源、老师队伍互动交流，提升高校办学水平。推动吉安中小学与香港特区、澳门特区中小学缔结"姊妹学校"，鼓励开展青少年研学游合作，共建一批研学游示范基地。充分利用中国（深圳）国际文化产业博览会等平台，宣传推介吉州窑陶瓷、茶道、根雕等特色文化，借助粤港澳大湾区向世界展示庐陵文化影响力。加强吉安与粤港澳大湾区非遗交流合作，举办传统工艺、民俗节庆等跨区域专题性非遗活动。鼓励粤港澳大湾区社会力量在吉安兴办医疗机构，建立卫生人才培养交流长效机制，支持吉安公立医疗机构骨干医师赴广东三甲医院进修，对接落实好广东省三甲医院对口帮扶吉安公立医院工作，提升医院学科建设水平。建立与粤港澳大湾区就业合作机制，搭建高校毕业生就业见习平台，共享毕业生就业信息，吸引更多优秀毕业生来吉安就业。

七是增创开放合作新态势。以"一带一路"建设为牵引，推进投资便利化、贸易自由化、人员货物往来便利化。深化"放管服"改革，实行外商投资准入前国民待遇加负面清单管理模式，加强事中事后监管，进一步吸引粤港澳大湾区企业投资吉安。复制推广广东自贸区改革试点经验，深化投资贸易体制改革，谋划建设适应国际跨境电子商务平台设施，推动自贸区投资、金融、贸易、监管等领域制度创新措施在吉安落地。深入推进关检全面融合，推动吉安与广州、深圳、珠海等地通关一体化建设，实现与粤港澳大湾区主要城市货物一次通关、一次查验、一次放行。全面推行国际贸易"单一窗口"各项主要业务功能应用，实现口岸信息互联互通。以高铁新区、吉安南站、赣江吉安港为支点，建设具有承接大物流集散、大产业集聚、大商贸活动功能的开放平台。充分利用香港特区作为内地与世界"超级联系人"作用和澳门特区作为葡语国家联系纽带作用，借助香港特区在法律、会计、商务等方面的优势，以及澳门特区的会展业、中医药国际化等优势，支持吉安企业依托香港特区、澳门特区走出去，全面参与国际经济技术合作，开拓"一带一路"国际市场。

第六章

吉安苏区产业结构与发展成效分析

2018年，吉安市积极应对国内外经济形势的诸多风险和挑战，深入实施工业强市核心战略，狠抓项目建设，强化运行分析，提质、增效，推动工业经济高质量跨越式发展。全年工业经济继续保持稳中有进、结构继续优化升级、新动能持续成长，稳中向好的态势持续发展。全市1319家规模以上企业工业总产值同比增长14.7%，规模以上工业增加值同比增长9.4%，增速比2017年提升0.1个百分点。高出全省平均值0.5个百分点，并列全省第三，连续7年居全省前三。全市规模以上工业生产继续保持稳中向好的态势。从主要工业品看，吉安市重点监测的103种主要工业品中53种产品实现了不同程度增长，增长面为51.5%；其中，43种产品实现了两位数以上增长，占比41.7%：电子元件增长21.5%，服装增长32.3%，半导体分立器件增长50.2%。产品产销率达99.5%，同比提高1.2个百分点，实现产销两旺。从重点工业企业看，吉安市影响靠前的10家重点企业增加值同比增长19.8%。其中，江西合力泰科技有限公司、吉安市木林森电子科技有限公司、博硕科技（江西）有限公司分别拉动全市工业增长1.7个、0.4个、0.4个百分点。

第一节　吉安苏区经济运行的总体情况分析

从2019年上半年的统计数据来看，吉安高质量发展势头良好，发展实力、发展后劲、发展活力不断显现，转型升级步伐加快，质效趋优态势明显。从监测的19个主要经济指标来看，排名前三的指标有7个，分别是GDP第二、第一产业增加值第二、第三产业增加值第三、规模工业增加值第一、社会消费品零售总额第一、农村居民人均可支配收入第二、金融机构人民币贷款余额第三；第四和第五的分别有 5 个和 2 个。总体特点概括为"三平稳、三增强、三巩固、三提升"。

一、高质量发展势头持续平稳增长

生产总值、财政收入增长平稳。2019 年上半年，吉安完成地区生产总值 860.91 亿元，增长 9.0%，环比第一季度提高 0.2 个百分点，高出全省平均增幅 0.4 个百分点，增幅列全省第二，较第一季度前进一位。1~6 月，吉安完成财政总收入 179.53 亿元，增长 7.9%，比全省增速高 1.7 个百分点，其中一般公共预算收入 107.78 亿元，增长 6.7%。在财政总收入中，税收收入完成 138.67 亿元，增长 6.6%，税收占比为 77.2%。在一般公共预算收入中，地方税收收入完成 66.92 亿元，增长 3.4%，税收占比为 62.1%。

就业、收入、物价基本平稳。截至 2019 年 6 月底，吉安城镇新增就业 3.94 万人，失业人员再就业 0.71 人，就业困难人员就业 0.25 万人，新增转移农村劳动力 5.31 万人，城镇登记失业率为 2.96%。2019 年上半年，吉安城镇居民人均可支配收入 18424 元，增长 8.1%；农村居民人均可支配收入 5852 元，增长 10.0%，城乡居民人均收入倍差 3.15，比 2018 年同期缩小 0.05。2019 年上半年，吉安居民消费价格指数累计为 102.1%，较第一季度涨幅扩大 0.6 个百分点，低于全省平均水平 0.2 个百分点，在 103% 的控制目标内；6 月上涨 2.2%，较 5 月回落 0.9 个百分点。

物量指标支撑平稳。2019 年上半年，反映实体经济社会发展的物量指标继续保持平稳增长。全社会用电量 54.98 亿度，同比增长 9.5%，其中，工业用电 32.15 亿度，同比增长 7.3%，较 1~5 月提高 2.7 个百分点；航空旅客吞吐量 39.96 万人次，增长 33.6%；吉安公路客货运周转量 231.84 亿吨千米，增长 8.0%，较 1~5 月提高 0.1 个百分点。吉安邮政行业业务收入达 5.77 亿元，增长 9.3%。

二、高质量发展实力持续稳定增强

农业生产基本稳定。2019 年上半年，吉安实现农林牧渔业总产值 135.5 亿元，同比增幅 3.5%。春粮作物播种面积 22.7 万亩，增长 0.6%；春粮总产量 4.2 万吨，同比下降 1.6%。油菜籽播种面积 135.3 万亩，同比增长 0.7%；产量 10.4 万吨，同比增长 1.7%。生猪出栏 212.4 万头、牛出栏 26.4 万头、羊出栏 3.1 万只，分别同比增长 –0.02%、–4.1% 和 8.6%。水产品总量 10.9 万吨，同比增长 0.9%。六大富民产业稳步推进，种植面积稳步增长，井冈蜜柚新增 2.1 万亩、绿色蔬菜新增 1 万亩、茶园新增 3.1 万亩、中药材新增 3.2 万亩、特色竹木新增 7.5 万亩，绿色水稻基地面积达 50 万亩。

工业经济保持领先。2019 年 1~6 月，吉安规模以上工业增加值同比增长 9.6%，增速列全省第一，较全省平均增速高 0.5 个百分点。2019 年上半年吉安主导产业工业增加值增长 12.6%，增幅高于吉安规模以上工业 3 个百分点，占吉安的比重达 74.1%，拉动吉安规模以上工业增长 9.2 个百分点。其中，机械制造、计算机、通信和其他电子设备制造业及医药化工产业表现突出，工业增加值增速分别为 41.8%、23.5% 和 19.1%，较吉安平均增幅分别高 32.2 个、13.9 个和 9.5 个百分点。吉安影响靠前的 10 家重点企业可比价增加值同比增长 21.4%，较吉安平均增速高 11.8 个百分点，拉动工业增长 3.2 个百分点。吉安重点监测的 130 种工业品中，实现正增长的 94 种，增长面达到 72.3%；其中实现两位数增长的 52 种，占比达 40%。

现代服务业持续繁荣。2019 年上半年吉安实现服务业增加值 380.93 亿元，环比增长 10.6%，较第一季度提高 0.8 个百分点，全省排位第三，较第一季度前进两位；服务业对经济增长的贡献率达到 46.9%，环比第一季度提高 2.5 个百分点。吉安快递业务收入累计完成 2.07 亿元，同比增长 28.8%。吉安旅游总人数 5112.31 万人次，增长 19.3%；实现旅游总收入 547.08 亿元，增长 24.2%。1~5 月，吉安规模以上服务业完成主营业务收入 81.24 亿元，其中营利性服务业 12 小项增长 24.0%。

三、高质量发展后劲持续巩固提升

固定资产投资有所回升。2019 年上半年，吉安固定资产投资增长 6.3%，较 1~5 月有所回升，提高 2.2 个百分点。第一、第二、第三产业同比分别增长 4.7%、5.2% 和 7.9%；投资占比分别为 3.4∶54.6∶42.0。从经济类型看，吉安国有投资完成同比增长 7.9%；非国有投资同比增长 5.7%。从建设性质看，新建投资同比增长 0.9%，占全部投资的 81.2%，是投资的绝对主体；扩建投资同比增长 41.9%，占全部投资的 7.4%；改建和技术改造投资同比增长为 35.1%，占全部投资的 10.8%。

市场消费快速扩大。2019 年上半年吉安实现消费品零售总额 262.43 亿元，增幅列全省第一，同比增长 11.9%，高于全省平均水平 0.7 个百分点。其中，批发业实现零售额 155.96 亿元，同比增长 8.9%；零售业实现零售额 322.92 亿元，同比增长 16.8%；住宿业实现营业额 9.67 亿元，同比增长 7.1%，餐饮业实现营业额 34.28 亿元，同比增长 16.0%。重要商品销售增速加快。限额以上粮油、食品类商品实现零售额 11.38 亿元，增长 48.5%；日用品类实现零售额 2.89 亿元，增长 30.3%；文化办公用品类商品实现零售额 1.38 亿元，同比增长 25.4%；建筑及装潢材料类商品实现零售额 1.57 亿元，同比增长 29.1%。

招商引资成效显著。2019 年以来，深入实施"大干项目年"活动，聚焦重大平台、重大基础设施和重大产业项目招商。上半年吉安实际利用外资 7.36 亿美元，增长 8.0%，列全省第五，其中现汇进资 0.62 亿美元，下降 23.9%。利用省外项目资金新引进合同项目 154 个，在建项目实际进资 405.92 亿元，增长 10.0%，列全省第四。

金融信贷继续增加。截至 2019 年 6 月末，吉安金融机构人民币各项存款余额为 3075.24 亿元，同比增长 12.6%，贷款余额为 2026.21 亿元，同比增长 19.8%，高于存款增速 7.2 个百分点，存贷比达到 65.9%，同比提高 4.0 个百分点。

四、高质量发展活力持续稳步改善

非公经济保持活跃。2019 年上半年，吉安固定资产投资中非国有投资占比达 69.9%，其中民间投资占非国有投资比重达 94.5%。6 月末，吉安个体工商户和私营企业总数分别达 16.03 万户和 5.38 万户，本年新登记分别为 16143 户和 7525 户。2019 年第一季度，吉安完成非公有制经济增加值 248.49 亿元，增长 9.0%，列全省第五，增速快于同期 GDP 0.2 个百分点。

企业效益继续改善。2019 年 1~5 月，吉安规模以上工业企业实现营业收入 989.7 亿元，同比增长 8.8%，增速比第一季度上升 2.2 个百分点。吉安规模以上工业企业实现利润总额 73.78 亿元，同比增长 8.9%，升幅比 1~4 月收窄 0.7 个百分点；其中 5 月规模以上工业企业实现利润增长 6.8%，而 4 月同比增长 8.1%。规模以上工业企业营业收入利润率为 7.5%，比 1~4 月提高 0.3 个百分点。

动能转换逐步加快。2019 年上半年，吉安工业技改投资增长 65.5%，比全部工业投资增速高出 60.3 个百分点，比 2018 年提高 12.4 个百分点；高新技术产业投资增长 26.2%，占吉安投资比重达 25.5%，比 2018 年提高 4 个百分点；高耗能产业投资下降 9.5%，占吉安投资比重达 9.8%，比 2018 年下降 1.7 个百分点。在投资结构不断改善和优化的带动下，生产端成效逐步显现。高新技术产业增加值增长 21.5%，快于规模以上工业增加值增速 11.9 个百分点，占规模以上工业的 45.0%，同比提高 3.3 个百分点；战略性新兴产业增加值增长 20.7%，同比加快 2.1 个百分点，快于规模以上工业增加值增速 11.1 个百分点，占规模以上工业的 20.0%，同比提高 2.1 个百分点。

此外，吉安市还在不断创新招商引资方式，动员全市各界力量，合力推进招商引资、招才引智。聚焦招大引强，实行党政"一把手"负责制，开展"百家百强企业对接"活动，2019 年以来，新签约投资超 20 亿元重大项目 22 个，实现了县（市、区）全覆盖，其中，投资百亿项目 1 个、50 亿元项目 2 个，实现了 50 亿元以上项目国家级开发区全覆盖。发挥行业职能，实行行业招商部门担纲制度，开展"十四大重点领域"履职招商，推进一二三产业及社会事业、民生领域对外开放。推进专业招商，组建 4 支市直区域招商工作队，开展驻点脱岗招商，2019 年以来对接意向项目 23 个，推动 4 个项目签约落户，投资总额达 15 亿元。做实重大招商活动平台，市、县两级共举办重大招商活动 71 场，签约项目 237 个，签约金额 1601.98 亿元。聚力"三请三回"，加强与外地商会及在外"乡友、校友、战友"联系对接，市本级先后在京津冀、粤港澳大湾区、长三角地区召开"三请三回"专题座谈会，县（市、区）举办活动 50 场，签约引进"三友"投资项目 126 个，签约金额 519.25 亿元。

为推进签约项目落地，着力破解项目建设过程的问题和困难，吉安对重点项目实行县级领导挂点帮扶责任制和全程跟踪督查制，在市级层面开展"一月一调度"，强化从项目签约到投产全过程调度，对 20 亿元以上产业项目推行"专报制"，截至 2019 年 8 月，新签约的 22 个 20 亿元以上项目，已注册项目 16 个，开工 10 个，开工率达 45.5%，累计完成进资 36.05 亿元。同时在全市推行重大工业项目"擂台赛、巡回赛"双赛制，每季度选择在项目投资大、推进快、效益好的县（市、区）开展重大项目开工竣工活动，目前全市新签约的 237 个项目中，已开工项目 75 个，已投产项目 25 个。2019 年 1~7 月利用省外资金项目实际进资 441.37 亿元，同比增长 9.75%，位居全省第四；新签约的 16 个外资项目，已开工 6 个，累计完成投资 2612 万美元。

为优化服务，营商环境精准有力。2019 年以来，吉安全面落实准入前国民待遇加负面清单管理制度，对负面清单之外的领域，实行非禁即入，推行外商投资企业设立商务备案与工商登记"一口办理"，1~7 月全市新设外商投资企业 63 家，名列全省第一。同时大力推进自贸区改革试点经验落地落实，提高投资贸易自由化便利化程度，着力压缩进出口整体通关时间，1~7 月，进口整体通关时间为 4.07 小时，较全省平均水平压缩了 33.08 小时，时效位居全省第一，出口整体通关时间为 1.61 小时，较全省平均水平压缩了 1.04 小时。深化商务领域"放管服"改革，4 项政务服务事项实现"一次不跑"，3 项政务服务事项实现"只跑一次"，依法将市商务局所有审批权限全部下放至县（市、区）商务主管部门，备案时限压缩到 1 个工作日。

第二节　吉安市各县（市、区）产业发展结构分析

2018 年，吉安市企业规模以上效益不断提升，转型升级步伐加快、新动能加快成长，主要得益于供给侧结构性改革的深入推进，去产能、降成本等政策措施有效落实，企业生产经营环境得到明显改善，稳步实现工业经济从高速发展向高质量发展的转变。一是盈利水平明显提高。2018 年，吉安市规模工业完成主营业务收入同比增长 12.1%；盈亏相抵后，整个规模以上工业实现利润总额同比增长 14.4%，增幅比主营业务收入高 2.3 个百分点。规模以上工业主营业务收入利润率为 7.7%，高于 2017 年 0.2 个百分点。二是降本增效成效明显。降低企业成本是缓解企业生产经营困难，振兴实体经济，提升企业市场竞争的必要手段。2018 年，吉安市规模以上工业每百元主营业务收入中的成本为 85.9 元，同比下降 0.3 元；成本费用利润率为 8.3%，高于全省 1.1 个百分点；资产负债率为 42.8%，全年均在较为合理区间运行。三是新经济汇聚新动能。2018 年，吉安市新产业持续较快发展，全市新增高新技术和战略性新兴企业分别为 115 家和 116 家。全市战略性新兴产业完成主营业务收入 623.6 亿元，同比增长 20.7%。其中，新一代信息技术产业、节能环保产业、新能源产业、生物产业发展较快，分别实现主营业务收入 330.34 亿元、34.9 亿元、23.63 亿元、141.9 亿元，同比分别增长 34.9%、31.1%、25.5%、7.1%，这四大产业主营业务收入占全市战略性新兴产业的比重超过八成。

2018 年，吉安苏区的电子信息产业地位实现从"主导"到"首位"转变。2018 年，电子信息产业全年实现主营业务突破 1100 亿元，占规模以上工业比重为 36.2%，同比增长 32.2%，增幅高于规模以上工业 20 个百分点，实现千亿元目标，成为全市产业发展的"领跑者"和工业升级的"强引擎"。龙头企业实现从"散弱杂乱"到"优强集群"转变。2018 年，合力泰成为全市首个百亿元企业，投资 100 亿元的益丰泰 TFT 项目正式落地，实现了电子信息龙头企业和重大项目百亿元双突破，构筑了龙头企业＋骨干企业＋配套企业的企业集聚格局；部分主导产品具有较大市场份额和话语权，合力泰公司生产科技触摸屏、盖板、液晶模组三大产品出货量居国内首位；木林森照明 LED 发光二极管国内市场占有率达 70%。工业经济实现从提高"贡献度"到当好"主力军"转变。得益于电子信息首位产业的支撑引领，首位产业已成为吉安经济高质量发展的主动力，在践行"三个走在前列""两大战略任务"，谱写新时代中国特色社会主义吉安篇章中担当了"主力军"。

一、吉州区优势产业及发展成效

2000 年 8 月，吉州区由原县级吉安市撤市设区成立，是吉安市的政治、经济、文化中心，总面积 425 平方公里，建成区面积 43.5 平方公里。辖 4 个镇、7 个街道、89 个行政村、46 个社区，总人口 36.8 万人。全区耕地 1 万公顷，林地 1.57 万公顷，森林覆盖率 31.1%。吉州建城史 1670 多年，为历代郡、路、道、府治所，素有"金庐陵""江南望郡""文章节义之邦"的美誉。吉州碧水傍城，名胜遍布，"红、绿、古"旅游资源交相辉映，不仅拥有白鹭洲书院、钟鼓楼、吉安古榕树和钓源、卢家洲古村等名胜古迹，更以"红色名城"闻名天下，"十万工农下吉安"的壮举，毛泽东、朱德旧居，"九打吉安"遗址，记载了中国革命历史的辉煌。吉州四季分明，自然气候宜人，水质和空气质量均为全国最好的城市之一，是一个宜居宜业宜游的城市。

2018 年吉州区实现生产总值 178.5 亿元、增长 9.3%，增幅居全市第三，三次产业结构优化为 4.8∶38.7∶56.5，三产占 GDP 比重提高 1.5 个百分点；完成财政总收入 17.69 亿元、增长 11.7%，税占比达 80.8%；规模以上工业增加值增长 9.5%；固定资产投资增长 11.6%，居全市第一；社会消费品零售总额 70.4 亿元、增长 10.9%；引进内资 43.65 亿元、利用外资 8027 万美元，分别增长 11.2% 和 9.5%，增幅均居全市第三；出口总额 3.61 亿美元、增长

10.1%；城镇和农村居民人均可支配收入达 37290 元和 16836 元，分别增长 8.7% 和 10.2%。主要经济指标增幅保持在全市第一方阵，荣获全市高质量发展综合考评先进，尤其令人振奋的是，自 2014 年起，连续四年荣获全省科学发展综合考评一类先进县（市、区）。

吉州区大力实施"工业强区"战略，规划建设的电子信息产业园、食品医药产业园、机械装备制造产业园"一园三区"框架已初步形成。工业园区已开发面积近万亩，并纳入井开区"一区四园"一体化发展，综合实力跨入全省开发区第一方阵，为全省首批扩区调区园区、全省电子信息产业科技兴贸创新基地、全省电子信息产业生产出口基地、省级战略性新兴产业基地。引进了住友电装、摩比通讯、华立源锂能科技、宏瑞兴科技等 100 多个项目，电子信息、机械装备制造、食品医药"三大百亿"产业发展势头强劲，其中，新赣江药业公司在"新三板"成功挂牌。

（1）电子信息产业方面。电子信息产业是吉州最具特色、最具规模、最有影响力，也是"十三五"期间将要举全区之力重点发展的首位产业，现已聚集电子信息骨干企业 60 多家，世界 500 强日本住友电装、全球 IT 百强深圳中兴维先通、液晶及触控显示领先企业合力泰、上市企业深圳立讯电子、锂电池龙头企业深圳华立源和惠州铭记光学仪器等知名企业在吉州区相继落户投产，形成了通信终端、触控显示、电子元器件、高端线路板等细分产业集群及集铜箔、覆铜板、线路板为一体的上中下游完整产业链，其中通信终端被列为江西省 60 个重点工业产业集群之一。2018 年吉州区电子信息首位产业产值突破 160 亿元，2019 年江西省重点布局京九（江西）电子信息产业带，全力推动九江、南昌、吉安、赣州"四城"电子信息产业集群集聚发展。

产业集聚。世界 500 强日本住友电装、全球"IT 百强"企业深圳中兴维先通、触控屏知名企业合力泰科技、上市企业立讯精密、锂电池龙头企业华邦福科技、覆铜板铝基板先进制造宏瑞兴科技、HDI 技术领先企业宝得电子、日本赛科显示器、台湾京麟电子、香港天腾国际、北京国英腾岳和总部在中关村的同为科技等 40 余家投资规模大、技术含量高、发展前景好的电子信息类企业纷纷聚集工业园区。产品覆盖卫星导航仪、微波天线、超宽带高速无线电通信系统、光电通信设备、液晶显示器、触控式显示屏、汽车电子线束、动漫软件、计算机配套产品、新能源锂电池、各类电子元器件等。

研发团队集聚。飞信光纤传感器有限公司董事长黄章勇先生享受国家政府特殊津贴，是中国光电子器件研发的科技带头人，北京邮电大学博士生导师，拥有 10 余名博士、硕士的研发团队随公司总部已由深圳整体内迁至吉州区发展。华立源科技股份有限公司由国内锂电池龙头企业深圳市华邦福能源科技有限公司投资兴办，公司技术团队由具有 10 余年现代企业管理经验的 EMBA 研究生为首的行业精英和技术专家组成，公司总部将转移至吉州并力争 5 年内实现上市交易。江西固得宝电子由美国专家提供技术支持，其高端线路板产品可以压合到 24 层，HDI 生产技术在全国同行业中领先。摩比通讯、住友电装、吉泰环保、快点科技、同为科技、银驼铃科技等一批高科技企业，为实现人才聚集进行项目研发提供广阔平台。

配套企业集聚。金鹏电子材料、宏达纸业、金诺塑胶等电子材料、印刷包装、注塑、模具、五金加工类的配套企业加速聚集，吉州已成为江西省电子信息产业科技兴贸创新基地和出口基地。

倾力打造赣中电子城。近年，吉州区将重点发展和培育电子信息产业，落实产业政策，抓好产业招商和服务，重点招引电子通信终端和通信传输设备，计算机及配套产品，覆铜板、线路板及 SMT 贴片等新型电子元器件产业，LCD、LED 新型显示及触控器件，新能源锂电池上下游及新材料产业，软件及信息服务业等。同时发展注塑件、电子元器件、新能源材料、五金、机械加工、彩印包装、模具等电子信息配套企业。不断强化产业集聚，延伸产业链，进一步加快省级电子信息产业园建设，努力将吉州打造成中部地区乃至全国具备核心竞争力的新兴电子城。

（2）机械装备产业历史悠久。机械装备制造产业是吉州区传统的优势产业之一，目前已形成了以江西电缆、杰克机床、吉安电机等为骨干，具有高新技术水平和较强竞争实力的产业体系。吉州区独立规划建设了 1000 亩的机械装备产业园，将依托现有吉安城南市场 5 万平方米的汽配专业市场，积极推动形成汽车配件产供销一条龙配套、一体化发展的格局。

骨干企业支撑。原江西电缆厂由中国第一机械工业部于 1969 年创建，是国内最早从事电线电缆制造的专业品牌企业之一，位居中国 500 家最大电气机械及器材制造企业前列，中国机械工业企业电线电缆 20 强，是中共中央组织部井冈山干部学院实践基地。原江西省吉安机床厂是江西省机械工业重点企业，机械工业部定点生产曲轴磨床的大中型企业。原江西曲轴连杆厂创建于 1970 年，是江西省机械行业重点企业，全国重点生产汽车曲轴连杆的专业厂。江西电缆有限公司投资 5.6 亿元，引进世界最先进的 500kV 超高压交联电缆项目，打破我国长期以来 500kV 超高压交联电缆依赖进口的局面。吉安电机制造有限公司研制的水轮发电机、变压器产品获江西省科技成果奖和优秀新产品奖，成为中国电力工业协会和中国农村水电及电气化信息协会成员单位。海利集团于 2014 年签约引进，是"广东省名牌产品"企业，"广东省著名商标"企业，是国内不锈钢制品领域内的龙头企业，在中国不锈钢行业品牌 2014 年网络投票评比中获第一名。

总部基地形成。江西杰克机床有限公司近年已有多项技术填补国内及省内空白，经国家人力资源和社会保障部批准设立博士后科研工作站，并成功控股浙江、湖南机床子公司，机床产业基地总部落户吉州区。吉州区重点招引汽车配件制造的品牌企业，形成高端汽配产业集聚，与城南专业市场中的汽车配件市场形成产销一体化集群发展模式。同时还将大力引进数控机床、磨床及功能部件生产企业，规划建设城南机械设备产业特色园区，使机械装备制造业成为吉州区提升核心竞争力的重要一极。

（3）食品医药产业。食品医药产业是吉州区一个新的经济增长点，现已集聚知名白酒企业堆花酒业、医药龙头新赣江药业等各类企业 40 余家，吉州区按照传统食品的集聚区、中小企业的孵化区、都市休闲的观光区、高铁经济的拓展区等发展定位，规划建设了占地 1300 亩的绿色食品产业园。

二、永新县优势产业及发展成效

永新县位于江西西部、罗霄山脉中部，毗邻湘东，南接井冈山市，西邻湖南省茶陵县，西北与萍乡市莲花县接壤，北毗安福县、东连吉安县、东南邻泰和县，古称楚尾吴头，是全国著名的将军大县、全国书法之乡、中国绿色名县，辖 25 个乡镇场、238 个行政村，全县面积 2195 平方千米，总人口 52 万，其中农村人口 42.3 万，东汉建安九年（公元 204 年）建县，至今有 1800 多年历史，县名来源于《大学·礼记》，寓意为"日永月新"。

第二次国内革命战争时期，全县有近 10 万人参军，大约占当时全县人口的一半，有名可循的革命烈士达 8000 多人，是井冈山革命根据地的重要组成部分、湘赣革命根据地的中心，原湘赣省委所在地，"三湾改编""龙源口大捷"的发生地。全县森林覆盖率达到 70.8%，高于全省 7 个以上百分点，拥有三湾国家森林公园、七溪岭省级自然保护区等绿色名片，被科学家发现的一种动物——瘰螈，疑似一种新物种，100 多亩连片穗花杉群落面积居亚洲前列；永新是全国生态农业建设示范县、江西省重点生态功能县，三湾乡、象形乡被评为国家级生态乡镇。

永新目前基本实现了企业集中向产业集聚的转变，产业配套能力逐步增强，铜制品（电子）产业、皮制品产业、化工产业、纺织服装（茧丝绸）产业、机械制造产业蓬勃发展，特别是铜制品（电子）产业、皮制品产业年产值占园区总产值的比重达到80%以上。

（1）铜制品（电子）产业方面。聚集了宏源铜业、赣粤恒兴、西村电子、华邦铜业、富利科技、江友电线、鑫力华科技数码、佳鑫铜业、鸿讯通电子、联富精密、康隆电线、亿发精密等企业。同时推进年产20万吨出口高档铜制品项目及电镀集控中心建设。依托电镀污水处理厂和年产20万吨出口高档铜制品项目批文以及在建的铜制品标准厂房，将重点招引铜质水暖器材、铜质阀门、餐厨具、卫浴设备及配件、家电配件、汽车配件、电线电缆、建筑五金、电子元器件、电器等项目，全力打造"铜板—铜线（铜杆）—电线电缆、电子元器件、电器及铜质卫浴、锁具产品"产业链。县内各企业每年可提供铜丝10万吨、铜杆10万吨、铜锭15万吨，各系列漆包圆铜线15万吨，以及电线电缆、微电机配件、漆包机、电脑接插件、连接线、连接器、小型电子变压器、周边配件等产品。

（2）皮制品产业方面。发挥传统皮革产业优势，聚集了挺苏皮革、迦南皮革、鑫阳光制革、创欣制革、大德利皮革、福兴皮革、亚泰皮革、永恒裘皮服装、翔龙皮具、赣龙鞋业、龙门皮鞋、鹃花皮箱、万霖鞋业、骏江鞋面等企业，拥有"赣龙"皮鞋、"鹃花"皮具等全省知名品牌。依托正常运营的皮革污水处理厂和6家年产100万张牛皮革生产线项目批文，将重点招引实行清洁生产、采用先进的生产设备和生产工艺的制革项目，年加工牛皮革100万张（折牛皮标张）以上的制革项目，高档皮革（沙发革、汽车坐垫革、箱包鞋面革）的加工项目，皮鞋服装、皮具箱包等皮革制品项目，超细纤维等合成革加工项目，皮革机械制造及维修项目，全力打造"蓝皮—皮革—皮制品"产业链。县内企业每年可提供真皮坐垫革、沙发革、箱包革、腰带革、鞋面革等300万标张。皮革加工过程的剖层、削匀、修边、量革、分级等工序所产生的边角边料，可做手套、手机套、精美饰品等皮件，或者拼接成驳皮做手袋或其他皮件，有的可搅碎制作合成皮二次使用。

（3）药化产业方面。加大对肯特化学（飞翔药业）、海天药业、紫晶化学、天科化工、林产化工等现有药化企业帮扶力度，逐步延伸产业链。同时遵循"立足基础、发展特色、节约资源、保护环境"的原则，以化工产业园为载体，主攻生物化工、基础化工、林产化工、日用化工和现代医药。

（4）纺织服装（茧丝）方面。积极扶持新锦茧丝、润硕丝绸、赣翔茧丝、特和康真丝发展，整合宏基服装、华亿服装、协兴制衣、冠威制衣、雅威服装、惠盛服装及达胜棉纺织、利丰纺织、龙盛纺织、顺兴纺织、鸿祥纺织、和顺纺织等企业，促使尽快达产达标。同时，发挥劳动力资源优势，积极承接产业转移，通过运用高新技术和先进适用技术改造轻纺工业技术装备水平，实施品牌经营、差别化经营和成品服装鞋帽出口战略，打响轻纺工业产品品牌。

三、井冈山市优势产业及发展成效

井冈山，位于江西省西南部，地处湘赣两省交界的罗霄山脉中段，古有"郴衡湘赣之交，千里罗霄之腹"之称。中华人民共和国成立后，在党中央、国务院的亲切关怀下，于 1950 年设立井冈山特别区，1959 年成立省辖井冈山管理局，1981 年撤局设县，1984 年撤县设市，2000 年 5 月，原井冈山市与原宁冈县合并组建新的井冈山市。2005 年 7 月，成立井冈山管理局。井冈山市辖 21 个乡镇场、街道办事处、106 个村民委员会。现有人口 16.3 万人，国土面积 1297.5 平方公里，其中耕地 15.26 万亩，林地 168 万亩。

井冈山的革命历史辉煌，自然风光绚烂，红绿辉映，融为一体，是全国著名的革命圣地和 AAAAA 级旅游景区。井冈山，以其辉煌灿烂的革命历史，铸就了蜚声中外的"红色摇篮"。20 世纪 20 年代末，毛泽东、朱德等老一辈无产阶级革命家率领中国工农红军来到这里开展了艰苦卓绝的井冈山斗争，创建了中国第一个农村革命根据地，点燃了中国革命的星星之火，开辟了"农村包围城市，武装夺取政权"具有中国特色的革命道路，中国革命从这里走向胜利；孕育了伟大的井冈山精神，激励无数英雄儿女前赴后继。从此，鲜为人知的井冈山被载入中国革命历史的光辉史册，被誉为"中国革命的摇篮"和"中华人民共和国的奠基石"。井冈山，以其绚丽多姿的自然风光，被世人赞叹为"绿色宝库"。大自然的鬼斧神工，使井冈山享有"天然动植物园"的美誉。这里千峰竞秀，万壑争流，苍茫林海，飞瀑流泉，融雄、险、幽、奇、秀为一体。春天，群山叠翠，郁郁葱葱，杜鹃花开，艳丽多姿，尽显秀美景色；夏天，山高气温低，林茂而风起，故盛夏虽热而无酷暑；秋天，满目黄杉红枫，漫山遍野，层林尽染，宛如一幅色彩斑斓的图画；冬天，银装素裹，冰晶似玉，一派北国风光。井冈山森林覆盖率达到 86% 以上，这里环境优美，空气清新，每立方厘米空气中含负氧离子数超过 80000 个，人称"天然氧吧"，是理想的旅游避暑休闲疗养胜地。井冈山，以其深邃的红色文化底蕴，成为人们心中的"精神家园"。巍巍五百里井冈，100 多处革命旧址遗迹散落其间，已经成为一个没有围墙的革命历史博物馆，成为人们陶冶情操、净化心灵、提升境界、坚定信念的生动课堂，成为进行爱国主义教育和革命传统教育的重要基地。

近年来，井冈山先后获得了国家 AAAAA 级旅游景区、全国文明风景旅游区、国家卫生城、全国园林绿化先进城市、全国造林绿化百佳县（市）、全国社会治安综合治理先进单位、全国征兵工作先进单位、全国体育先进市、全国创建文明城市工作先进城市、全国双拥模范城、国家生态文明建设示范市、全国四好农村路示范县等国家级荣誉称号。2018 年全市 GDP 为 764503 万元，环比增长 9.4%。分产业看：第一产业增加值 53755 万元，环比增长 3.9%；第二产业增加值 192656 万元，环比增长 7.2%；第三产业增加值 518092 万元，环比增长 11.3%。分结构看，第一产业增加值占生产总值比重为 7.03%；第二产业增加值比重为 25.20%；第三产业增加值比重为 67.77%。三次产业结构由 2010 年的 8.9∶31.5∶59.6 调整到 2018 年的 7.03∶25.20∶67.77。人均生产总值达到 48082 元，增长 8.4%。

（1）现代服务业。井冈山是全国优秀旅游城市，旅游业和现代服务业发展潜力巨大。充分利用井冈山 AAAAA 级旅游景区和得天独厚的自然环境条件，重点引进景区景点开发、乡村旅游、养老养生等特色旅游项目，着力做好桐木岭茶博园、草坪文化广场、红博广场商业配套项目；统筹推进罗浮片区大开发项目，积极做好华润希望小镇、温泉开发、长牯岭文化旅游等项目建设。创新发展文体教育产业。结合井冈山的品牌优势，重点引进高等院校、大型培训机构、体育运动等项目；进一步加大红色培训、国际山地自行车赛道、户外拓展等项目帮扶力度，促进项目发展壮大。

（2）陶瓷产业。加强与江西陶瓷工艺美术职业技术学院等院校合作，充分发挥"井冈山陶瓷研发中心"的平台作用，积极引导企业加快陶瓷技术革新，着力提升陶瓷产业附加值。重点发展建筑陶瓷、艺术陶瓷和特种陶瓷等新兴陶瓷产业，推动形成陶瓷产业集群。

（3）战略性新兴产业。以电子信息、新材料、轻型装备、生物制药等战略性新兴产业为重点，加快推进诺亚信息产业园等项目建成投产，着力扶持井冈山电器、大圣光纤、玉捷消防等企业做大做强，实施产业链补链招商，积极培育上下游配套企业，加速形成产业集群。

（4）旅游产品产业。围绕打造"江西省旅游产品产业基地"的目标，高标准编制好旅游产品产业规划，组建"井冈山旅游产品研发中心"，做好旅游食品、竹木工艺品等产业招商，逐步培育成集旅游产品生产、加工、展示、销售为一体的综合性区域集散中心。

（5）现代农业。以井冈山国家农业科技园八角楼园区为载体，积极引进"接二连三"的农业产业化龙头企业。大力引进以竹产业、茶产业、绿色食品等农产品深加工类项目，逐步培育壮大农业龙头企业。着力引进观光休闲农业、品牌农业及产、学、研一体的循环农业经济项目，提升井冈山农业科技水平，以公司＋农户模式带动农民致富。

四、吉水县优势产业及发展成效介绍

吉水县位于江西省中部，赣江中游，吉泰盆地东北部，京九铁路中南段。东邻永丰县，北接峡江县，西界吉安县，南连青原区。赣江与恩江合行洲渚间，形若"吉"字，吉水由此得名。赣江把全县分成东西两部分，境内长约55千米，乘船可直达吉安、赣州、南昌、九江，吉水赣江大桥将水东水西连为一体。境内赣粤高速公路、京九铁路、105国道、赣江水道四条大动脉纵贯而过。县城位于天文峰镇，居赣江与恩江交汇处，常住人口10余万人，北距南昌196千米、距北京1650千米，南离广州640千米、深圳720千米，距离吉安市区23千米、井冈山机场30千米。上赣粤高速到以上海为中心的长江三角洲，以广州、深圳为中心的珠江三角洲，以厦门、泉州为中心的闽南经济圈和华中工商重地武汉、长沙等地区，10小时内均可轻松抵达。县内114条公路纵横交错，基本实现乡乡镇镇通油路，村村通公路，水、陆、空运输极为便利。同时，吉水县还是全省重点林业县。2015年全县拥有林业用地16.9万公顷，森林覆盖率63.4%。全县活立木总蓄积量558.4万立方米；乔木林面积14.9万公顷（除竹林），蓄积量538.7万立方米；用材林面积11.6万公顷，蓄积量453.4万立方米；速丰用材林面积0.6万公顷，蓄积量38.6万立方米；一般用材林面积11万公顷，蓄积量41万立方米。在全县经济林面积中，食用原料林3123公顷，果木林1463.1公顷，药用经济林156.3公顷，其他经济林2.1公顷，林化原料林19.3公顷。

（1）电子电镀产业。吉水县地处江西省首个电子信息产业基地——吉泰走廊腹地。近年来，吉水县委、县政府坚持把电子信息、电镀产业作为首要支柱产业予以重点扶持和发展。吉水县电镀集控区项目是江西省首个通过环评、全省电子电镀唯一集控区，主要从事技术含量高、产品附加值高的电子信息和五金、塑胶等行业的电镀。电镀废水处理近期最大生产能力为日处理 1 万吨，远期为日处理 2 万吨。吉水县以嘉泰电子、吉西电子、永盛电子等企业为龙头，突出上游原材料、中游 LCD 面板制造及 LCD 模块、下游应用企业的招商；以景旺电子落户为契机，重点发展高密度互联电路板、刚挠结合柔性板、双面多层铝基板等技术含量高、附加值高的产品；加大对数字视听、通信产品、半导体照明（LED）类企业的跟踪洽谈力度，实现新突破。

（2）林化香料产业。吉水县是全国知名的药用香料油集散地，其"水南香料"是国内外驰名传统优质品牌，荆芥油在中国香港、东南亚市场享有极高知名度，在医药界有"香料油不到吉水不齐"的说法。目前，全县有湿地松近 100 万亩，可采脂面积 10 万亩，年可采脂近 7000 吨，生产松节油近 1500 吨，加上本市其他县的松节油生产可达 3 万吨，原材料十分丰富。重大项目主要有金林化工、兴达香料、水南香料、康盛堂药业、嘉源香料、赫信化学等。吉水县将重点打造 2000 亩林化香料产业园，通过不断加大对产业链企业招商力度，吸引更多生物医药产业链类企业落户，促进产业优化升级。

（3）绿色食品产业。吉水县盛产稻谷、油料，绿色食品产业是全县的支柱产业之一。近年来，吉水县实施招大扶强的产业政策，培育大龙头企业，依据县内企业现有的资源优势，大力推动同行业、同类型、同产业链的产、供、销龙头企业进行优化重组，形成大型企业集团，整体提升企业加工水平和市场竞争力。全县现有食品加工企业 62 户，其中米业 42 户，油料 5 户，酒业 5 户，其他企业 10 户，重大落户企业有金田粮油、吉海粮油、八都板鸭以及萧翔禽业。

（4）冶金建材产业。吉水县境内地下资源较丰富，经地质调查发现矿种有：铁、锰、铅、锌、铜、钼、钨、金、银、耐火黏土、硅石、煤炭、油页岩、石灰岩、水泥配料用页岩、瓷土、陶土、砖瓦黏土、河砂、块石、花岗岩石材、矿泉水、地下水和地下热水等。吉水县现有冶金建材产业企业 19 家，其中铜加工企业 3 家，铁矿企业 10 家，合金钢制品企业 1 家，水泥制品企业 5 家。主要企业有泰极铜业、科华水泥、南方水泥、吉龙建材等。

（5）箱包皮具产业。箱包皮具产业是吉水县传统支柱产业之一，生产规模大、品种多，已成为继广东高州、江苏如皋之后第三大皮革手套生产基地。如今，吉水县以优化升级为目标，以箱包皮具产业园建设为抓手，以裕兴鞋业、远健鞋业为龙头，进一步加快项目建设步伐，引导制鞋企业及配套企业集聚集群发展；以银狐皮具、威帝佳琪皮具为龙头，引导劳保手套类产业优化升级，努力创品牌、创名牌。

（6）物流产业。吉水县地处江西省中部，区位优势非常明显，距"珠三角""长三角""海西经济圈"均可在 8 小时以内抵达。境内由京九铁路、赣粤高速、抚吉高速、105 国道、吉泰走廊快速通道、赣江水运等构成的交通网四通八达，交通运输十分便捷。吉水县现有货运物流企业 32 家，货运车辆有8870 辆 /57327 吨位，货运物流从业人员 2 万余人，拥有江西省唯一一家国家一级资质货运企业——文峰物流。目前，吉水县货运物流发展基础设施"三园一场"（城西物流产业园、城南货运物流园、金鸿马现代物流园、城南停车场）规划布局已形成。

五、吉安县优势产业及发展成效

吉安县古称庐陵，地处江西省中部，面积 2117 平方千米，现辖 13 镇 6 乡、307 个村委会、29 个社区居委会，总人口 50 万。在革命战争年代，吉安县是井冈山革命根据地的重要组成部分、赣西南革命斗争的中心，被誉为"赣水那边红一角"。这里奔涌过"十万工农下吉安"的钢铁长流，走出了余秋里、肖望东等 46 位共和国开国将军和曾山等 180 多位地师级以上老红军，有名有姓的烈士达 10049 人，为中国革命做出了巨大贡献，是全国著名的革命老区和将军县。

县境内"红、绿、古"资源交相辉映，奇丽秀美的自然风光和源远流长的人文景观融为一体。县内空气质量保持国家Ⅱ级以上标准，境内主要河流水质保持国家Ⅱ类标准。县城建有 6 个公园，1000 米以内有一个公园、500 米以内有一个休闲园林，全县森林覆盖率达到 63.2%。吉安县城处于吉泰走廊中心，是大吉安"一城三片、两江三岸"的重要组成部分，吉安高新区成功升级为国家级高新技术产业开发区，基本形成了以"一个机场（井冈山机场距县城 20公里）、一条水道（赣江航道）、两条铁路（京九、吉衡）、四条高速（大广、武吉、泰井、吉莲）"为构架的辐射珠三角、长三角、海峡西岸经济区的 6~8小时经济圈。

改革开放以来，吉安县大力实施"开放兴县、工业强县"的主体战略，通过招商引资为吉安县经济社会发展做出了积极贡献。先后获得全国文明县、国家园林县、国家卫生县、国家绿色示范县、全国社会治安综合治理先进县、全国粮食生产先进县，国家扶贫工作先进集体等荣誉。在推进工业强县中，吉安县紧紧围绕"在全省第一方阵位次前移"、经济发展领头羊、社会建设排头兵、科学发展示范县"的要求，主攻中心城区融入工程、吉泰走廊崛起工程、科学发展示范工程三大工程，集中力量打造电子信息、食品加工、陶瓷文化三大主导产业。改造和提升园区冶金建材、林产化工等传统产业、大力培育新能源新材料和高端线缆等新兴产业，建设成为吉泰走廊核心增长极，全国中部地区重要电子信息产业基地。2018年实现地区生产总值1823710万元，按可比价计算同比增长8.6%，较全省、全市平均增幅分别低0.1个百分点和0.3个百分点，总量居全市第一，增速列全市第十。其中，第一产业增加值完成256205万元，增长3.7%；第二产业增加值917455万元，增长9.3%；第三产业增加值650050万元，增长10.3%。全年人均生产总值达38167元，比2017年增加2403元，同比增长6.7%。三次产业结构调整为14.1：50.3：35.6，一产下降2个百分点，二产下降0.3个百分点，三产提高2.3个百分点。全县经济发展步调放缓，有升有降，结构进一步优化。2018年，全县财政总收入完成279510万元，同比增长9.1%，收入总量居全市第一，列全省第26位。其中，税收收入完成203855万元，增长9.1%，税收总量居全市第一，占财政总收入比重为72.9%，列全市第13位。一般公共财政预算收入完成188109万元，总量居全市第一，同比增长1.6%。

（1）电子信息产业。吉安县按照打造中国中部"声谷"的主体要求，着力打造电子信息主导产业集群。2014年，全县辖区内电子信息企业100余家，规模以上27家。台湾的协讯集团、联基实业、忆声电子集团、先歌国际音响集团、全汉电子集团，香港的宝景电器有限公司、立讯精密电子有限公司，内地新近崛起的深圳航盛电子有限公司、深圳凯隆电子有限公司、江西璐琪电子有限公司、吉安县同益电子有限公司、吉安市瑞声电子有限公司、吉安市嘉昱实业有限公司、吉安高创电子有限公司、江西嘉和成光电科技有限公司、吉安宏鑫通讯有限公司等一批具有产业带动的重大项目纷纷落户吉安县。

（2）食品加工产业。充分发挥资源与区位优势，按照"项目化、基地化、产业化"的发展思路打造食品加工优势产业集群。力促燕京啤酒退城入园，娃哈哈新上第六条生产线、福圆食品投产；加快久晟茶油、奕方科技、小毛台等项目建设；鼓励和支持锅丰米业等在新三板上市。

（3）陶瓷文化产业。以传承、保护、开发、利用庐陵文化、陶瓷文化、古镇文化为宗旨，以创建中国历史文化名镇、国家考古遗址公园、国家 AAAAA 级景区、庐陵文化集中展示区和申报世界文化遗产为目标，深度挖掘庐陵文化、吉州窑陶瓷文化的精髓，推进吉州窑二期、三期建设，目前向荣陶瓷已签约落户吉安县，陶瓷大师一条街和陶瓷文化产业园正在兴建中。

六、峡江县优势产业及发展成效介绍

峡江地处赣中腹地，位于吉安市之北，东北邻新干县，南毗永丰、吉水，西靠吉安县，北与西北和新余市接壤。因巴邱镇玉峡两岸群峰夹赣水，江面狭窄而得名。南北长约 39.5 千米，位于北纬 2727′ 50″ ~2745′ 20″，东西宽约 64.5 千米，位于东经 11453′ 21″ ~11531′ 57″。全县总面积 1287.43 平方千米。赣江由南向北在腹地穿流而过，将峡江分为河东河西两部分，2004 年 7 月建成的峡江赣江大桥将河东河西连为一体。县治于 1997 年 7 月 1 日由巴邱镇迁往水边镇，北距省会南昌 147 公里，南至吉安市 74 公里，西北离新余 75 公里，是全县政治、经济、文化中心。赣粤高速公路、105 国道、京九铁路、赣江水道 4 条水陆交通大动脉纵横县境南北，交通十分便捷。

2018 年，峡江县国内生产总值实现 712999 万元，可比增长 9.0%。其中，第一产业实现增加值 109481 万元，增长 3.5%，第二产业实现增加值 314530 亿元，增长 9.3%，第三产业实现增加值 288988 万元，增长 11.6%。三次产业结构比由 2017 年同期的 17.4：44.4：38.2 调整为 15.4：44.1：40.5，第三产业占 GDP 比重比 2017 年同期提高 2.3 个百分点。按户籍人口计算，人均地方生产总值为 37526 元。非公有制经济增加值 433309 万元，占 GDP 的比重 60.8%，比 2017 年提高 3.7 个百分点。2018 年，全县实现工业总产值 160.23 亿元，同比增长 11.7%，其中，规模以上工业总产值 118.93 亿元，同比增长 9.9%。实现规模工业增加值 21.6 亿元，同比增长 9.4%；年末规模以上工业企业 83 家，2018 年新增规模工业企业 30 家。全年规模以上工业企业主营业务收入 114.99 亿元，同比增长 6.4%；规模以上企业产品销售率达到 95%；规模工业上交税收 1.5 亿元，占全县工业上交税收的 60.5%。

（1）生物医药。生物医药是峡江县的传统支柱产业，该产业龙头企业有普正药业、三力制药、驰邦药业、益普生医药等，形成了覆盖生物制药、医药中间体、化学原料药及制剂、中药提取及中成药、医疗器械等多门类、多品种的产业体系。2014年获批"江西省医药化工产业基地",目前已规划1600亩土地用于建设"生物医药产业园"。重点发展生物医药,中西药,保健品,延伸配套药用辅料、医疗器械、药品包装材料等产业链条,积极发展林化产品加工产业和其他新型化工产业。

（2）机械制造。机械制造是峡江县经济总量占比最大的主导产业,相继配套引进了智兴金属、安昌铝业、源江特钢、丰源铜业、唯诺机械等50家生产铜、铝、铁、银、钯等金属加工及机械制造企业。为配套发展机电制造及产业链集群,峡江县启动机电产业园建设,总共建造3层楼标准厂房12栋,面积10万平方米,分二期建设,目前,一期5万平方米已基本竣工,二期建设已全面启动。重点发展金属压延项目和机械制造项目。

（3）新型纸业。新型纸业是峡江产业改造升级的"主打动作",主要产品有薄型纸、涂布白板纸、瓦楞纸等,产能70万吨,龙头企业有富兴纸业、大华纸业、金威纸业等。重点发展再生纸、包装纸、生活纸等环保纸品。

（4）绿色食品。绿色食品是峡江县传统产业,为做大做强这一产业,峡江县将在河西建设绿色食品园,将峡江米粉、青池蒿菜、峡江杨梅、山茶油等生产企业统一入园,规范管理、延伸产业链,做出特色,做响品牌,增加产品附加值。

（5）货运物流。近年来,峡江县围绕加快建设江西省物流强县的目标,大力推进物流产业的发展。物流基础设施建设、货运物流资源整合、运输能力优势保持、物流市场拓展、产业环境优化、企业扩张等有效促进了货运物流产业健康有序发展。全县货运物流企业总数达110家,货车总量达7000辆,总运力达8.9万吨。

七、青原区优势产业及发展成效

青原区是在2000年9月吉安撤地设市时经国务院批准组建的县级行政区,由原县级吉安市、吉水县、吉安县所属的10个乡镇场组成,面积915平方千米,人口22万,现辖6个建制镇1个畲族乡1个城市街道1个垦殖场,为吉安市中心城区和吉泰走廊核心区。这里红色革命历史厚重,是第二次国内革命战争时期第一、第二、第三次反围剿的主战场,有"东井冈"的美誉。李文林式东固革命根据地是中央苏区的重要根基和出发点,与"朱毛式"井冈山根据地等并称为最具特色的根据地之一,毛泽东、朱德、陈毅等老一辈无产阶级革命家在此成就了红色经典。从"东井冈"走出了 20 位本土籍的共和国开国将军，现为全国爱国主义教育示范基地，被纳入国务院原中央苏区振兴规划和全省重点扶贫县市区范围。

青原区拥有国家 AAAA 级景区 4 个，AAA 级景区 1 个，以富水河生态景观带和青东休闲观光路"一带一路"为主轴，将"山川第一江西景"青原山景区、"庐陵文化第一村"渼陂旅游集聚区、"文山故里"富田景区、"红色畲乡"东固景区一线串珠。这里生态完好，东固山、天玉山葱郁含烟，富水河、潇泷河风光旖旎，白云湖、螺滩水碧波荡漾，是全国休闲农业和乡村旅游示范区、首批国家全域旅游示范区创建单位、第四批全国旅游标准化试点单位、全省第三批生态文明示范县、江西旅游强县，正着力打造环境优美、文化厚重、业态丰富、配套完善的美丽中国全域旅游示范样板。

近年来，获得国务院支持原中央苏区振兴、省政府打造吉泰走廊重要增长带、全省统筹城乡发展试验区等政策支撑，吉安火车站和华能井冈山电厂建于青原区内。省河东经济开发区已形成以电子信息产业集群为主体的新型工业园区和以循环经济为主导的福田工业园区，入驻企业 280 余家。发展了商贸广场、汽车文化商贸城等专业市场，青原山对接组团城市板块和金融服务、电子商务、楼宇经济等现代服务业快速发展。2018 年，全区生产总值 86.07 亿元（不含华能），财政总收入 10.32 亿元，固定资产投资 44.48 亿元，规模以上工业增加值 38.28 亿元（不含华能），城镇和农村居民人均收入分别增长 8.7% 和 9.6%。青原区正朝着全面推进新景区、新产业升级园区、新文明宜居城区、美好生活新社区建设的方向迈进。

（1）电子信息。青原区以电子工业城为龙头，规划了面积 5000 亩的电子信息产业区。目前引进了一批投资规模较大、科技含量较高、产业带动能力较强的电子企业落户。同时一批配套企业也有序入区，与电子信息产业链的上下游企业成功实现对接，开发区的电子信息产业聚集效应日益凸显，初步形成了以德同科技园、德同电子、德同实业、同业科技、精诚仪表、明辉光电科技、一键通电子、英佳电子、瑞盈电子等一批投产和在建企业为主的电子信息产业基础。

（2）节能照明。青原区规划了面积 2000 亩的 LED 节能照明产业区，重点发展 LED 半导体照明、新型电子材料及元器件，通过实施"145 工程"（即"打造一个基地、培育四个专项、实施五大工程"），建设成为吉安市节能照明产业先导区。目前，低碳节能照明产业雏形初步形成，集聚效应进一步扩大，先后落户 LED 节能照明产业企业有江西量一光电科技有限公司、翊富新能源科技有限公司、江西美光科技有限公司、吉安市瓦朗汀光电科技有限公司、天之源光电科技有限公司、吉安艾吉特光电科技有限公司等一批节能照明企业，逐步形成了以江西量一光电科技有限公司为龙头带动、其他企业配套跟进的良好态势。

（3）生物医药、精细化工。青原区的发展坚持科学的开发理念和可持续发展战略，按照"一次科学规划、分布适时实施"的原则，充分发挥资源优势，合理规划，科学布局。按照"产品项目一体化，供、产、销、研一体化，环境保护一体化，公用工程一体化，物流传输一体化"的六个"一体化"理念，采取项目集约、专业集成、投资集中、统一治理和统一排放的建设和管理模式，把园区建设成为一个生产与生态平衡、发展与环境和谐的工业园区，发展成为省内乃至国内重点的先进生物医药、精细化工示范基地。目前已引进了吉瑞生物科技、荣威生物、海州医药、思瑞再生铜、鑫旺金属、明盛纸业、邦威家居制品等 50 余家企业落户，形成了生物医药、精细化工为主导，再生资源循环利用为辅的循环经济产业聚群。

（4）现代农业。青原地处吉泰盆地核心区，气候特征四季分明，温和思润，日照充足，雨量充沛，年均气温 18.5℃~16℃，交通便利，气候适宜。近年来，从中央到地方都在不断加大对农业的支持力度。农村、农业基础设施和生产条件得到明显改善，基于此，青原区抓住机遇积极建设现代农业发展进程，在离城区不到 10 千米的富滩，沿青东公路主干道两侧，规划 50 万亩建设高标准现代农业科技示范园。2014 年，青原区现代农业示范园成为全省 5 个重点支持的示范园之一，正全力打造国家级休闲旅游农业示范区而奋斗。按照规划，园区建有生态种植区、标准养殖区、产品展示区、加工配送区、科技培训区、观光采摘区、休闲度假区、管理服务区八大功能。目前，园区先后引进从玉青原农业、山宝菌业、金丰蔬菜、富荣生态吉丰蔬菜、富吉粮油、明盛现代生态农业、联大水蜜桃、熙龙生态休闲农庄等农业企业，并组建合作社 15 家。建成以从玉青原农业和炉下蔬菜专业合作社为依托，以设施蔬菜栽培为核心，进行标准化生产模式，形成"产加销一条龙、农工贸一体化"，利益共享、风险共担的经济共同体。

（5）现代旅游开发。青原是江西省古镇古村以及 AAAA 级景区最多的县（市、区）之一，区内的东固畲族乡被誉为"东井冈"，被纳入国家红色旅游景区范畴。富田镇是文天祥的故里、中国历史文化名镇，镇内有保存完好的文天祥陵园及中国历史文化名村陂下村。渼陂古村是中国历史文化名村、国家AAAA级旅游风景区，被誉为"庐陵文化第一村"，有近千年历史，著名的"二七会议"在此召开。青原山风景区是国家AAAA级旅游风景区，省级森林公园，有"山川第一江西美景"之美誉，为江南佛教圣地。天玉临江古窑被誉为"南窑瑰宝"，为目前国内发掘的最大最完整的制瓷作坊遗址。

八、永丰县优势产业及发展成效介绍

永丰县位于江西省中部、吉泰盆地东沿，东邻乐安、宁都县，南接兴国县，西与吉水、青原区毗连，北和峡江、新干县接壤。面积2695平方千米（404万亩），辖8个镇、13个乡（其中1个民族乡）、3个国有场，总人口48万。在第二次国内革命战争时期，永丰县是中央苏区的全红县，诞生了原中央军委纪委书记郭林祥上将等9位共和国将军，是"庐陵文化"的发源地之一。

永丰县资源丰富，物产丰饶，精美的石头"唱响"国内外。永丰县已探明的矿产有38种，其中石灰石、萤石质地优良，储量分别达110亿吨和400万吨，碳酸钙系列粉体材料品种齐全，被评为"全国碳酸钙产业基地县"，萤石精选粉出口美国、日本、加拿大等国家；天然菊花石为石中珍品，被誉为"仙人花石"，列为全国历代收藏石精品百件之一，储量达2500万吨；还有酸、甜、麻、辣、涩五味俱全，日流量达144吨的天然矿泉水，国内罕见，可与法国的维希矿泉水媲美。"药业强县"誉满江南，拥有美媛春、诚志、地威、京通等11家制药企业，创造了"美媛春"等闻名遐迩的品牌。绿色蔬菜"绿"遍全国，是全国绿色食品（蔬菜）标准化生产基地县、全国首批"无公害蔬菜生产示范基地县"，全县商品蔬菜总面积达23万亩，被农业部命名为"中国辣椒之乡""中国鲜活农产品定点批发市场"和"中国菜篮子工程信息采集点"。茫茫林海绿波荡漾，是"全国林业百佳县"，森林覆盖率达71.4%，林地面积304万亩，活立木蓄积量达780万立方米。永丰县先后建成了省内外知名的绿色蔬菜、商品粮、用材林、油茶、白茶等农业产业基地，石头经济、食品医药、资源循环利用三大主导特色产业不断发展壮大。2018年，全县实现生产总值152亿元，增长9.5%；财政总收入17.96亿元，增长11%；税收收入14.58亿元，增长12.1%，税收占比81.2%；固定资产投资218亿元，增长14%；规模以上工业增加值49.7亿元、增长9.2%；社会消费品零售总额40亿元、增长13%；农村居民人均可支配收入达到14748元、增长10.5%；城镇居民人均可支配收入达到 28845 元、增长 9.5%。

（1）石头经济产业。全县石头经济企业 70 余家，其中规模以上企业 24 家，涌现了南方水泥、广源化工、科越科技、广润化工、九峰纳米钙等一大批规模大、技术新、实力强的企业，全国重钙企业十强占三席。产品广泛应用于造纸、塑料、化纤、日用化工、建材、涂料、油漆、油墨、食品等。雅高石材（江西）有限公司是吉安第二家本土上市企业。

（2）医药食品产业。现有医药生产企业（含消杀剂）60 多家，规模以上药业企业有美媛春、诚志药业、地威药业、源生狼和、海川药业等，拥有国家药品批准文号 85 个，主要产品有药品、保健食品、医疗器械、消杀剂等 30 余个。销售网络完善，从业人员近 12000 人。维莱营健高科公司进入"2013 年中国民营科技企业 500 强"。

（3）循环经济产业。规划建设了 3000 亩的循环经济产业园，形成白银、氧化锌、电解铅、铜、金等几十种金属加工产品，努力打造国家城市矿山基地。现有有色金属回收企业 5 家，生产加工企业 6 家，龙天勇有色金属有限公司是吉安首家本土上市企业，源丰金属是国内 500 强企业豫光金铅投资的项目。

（4）电子信息产业。规划建设占地数百亩的电子信息产业园，依托深圳航盛电子集团等企业在永丰的投资。以及既有的强大产业基础，着力打造亚洲最大的汽车电声基地。

（5）现代农业产业。全县农业产业化企业 162 家，家庭农场 753 多家。江西绿海油脂有限公司是国内茶油行业唯一获得"农业产业化国家级重点龙头企业"认证的专业生产加工企业，"绿海""永叔公"入选商务部"中华老字号"，"永丰蔬菜"获得江西省著名商标称号。

（6）电子商务产业。实施"电商换市"工程，积极创建全国农村商务信息服务试点县。全县 300 多家农民专业合作社、600 多家家庭农场，绝大多数大型商家正在积极开设各自的网店；永丰牌蔬菜正在周边大城市布局电商配送网点，全县电子商务发展势头正朝着稳健、快速方向迈进。

九、新干县优势产业及发展成效

新干县是吉安市的"北大门"，全县辖 7 镇 6 乡和 2 个国有农林场，134 个行政村，20 个居委会，总面积 1248 平方千米，人口 35 万。县治金川镇，北距南昌 127 千米，南距吉安 94 千米。新干县交通便利，京九铁路、105 国道、赣江水道呈"川"字形纵贯县境南北，县城到赣粤高速公路通车里程仅为10千米。京九铁路在新干县境内设有一个货站和一个县级客站，新干港河西综合码头为国家交通部重点建设项目。境内乡乡镇镇通（水泥）油路，形成了县内"半小时经济圈"；与周边城市形成了"一小时经济圈"；在全省境内形成了"三小时经济圈"，与"长珠闽"地区主要城市形成了"八小时经济圈"。

近几年来，新干县先后荣获全国生猪调出大县、中国稻米加工强县、全国平安建设先进县、全国社会治安综合治理先进县、全国卫生县城、全国文明县城、全国食品强县、江西省投资环境最佳县、江西省安全感调查公众满意县、国家园林县城、全国文化先进县等称号。2007年列入比照实施西部大开发有关政策县，2009年纳入了鄱阳湖生态经济区，2012年列入原中央苏区振兴发展县，2017年夺得全国社会治安综合治理领域最高奖项"长安杯"，2018年国家卫生县城通过复审获得第三次授牌，国家森林城市获得创建提名，荣获全国电商示范百佳县。2018年，全县实现生产总值135.2亿元、增长8.9%；财政总收入19.01亿元、增长17.5%，连续跨过17亿元、18亿元、19亿元三个台阶，总量在全省排名前移两位；完成全社会固定资产投资100.08亿元、增长10.8%；实现社会消费品零售总额39.8亿元、增长11.1%。

（1）盐化产业。新干县拥有得天独厚的盐卤和萤石等资源优势，现已探明盐岩总储量23亿吨、萤石资源储量500余万吨、硅石资源储量1000万吨以上。依托这些资源优势，已逐步构建以两碱（氢氧化钠、碳酸钠）为基础，氢气氯气高效利用，氟硅新材料、农药及医药化工为特色的新型化工产业体系。为更好地发展盐卤药化产业，新干县委、县政府高标准规划建设了总面积2.8万亩的盐化工业城，截至2019年4月，已征地面积达1.5万亩，已开发面积9000多亩。新干县盐化工业城现有入驻企业36家，其中投试产企业28家，在建企业6家，签约落户正开展项目前期工作企业2家，共吸引投资近135亿元。

（2）机械机电产业。机械机电产业是新干的传统产业，在20世纪五六十年代，新干县就创办有农机厂、机械厂、电机厂、砂轮厂等相关企业，这为新干县机械机电产业发展储备了大量技术人才并建立了较为顺畅的销售网络，机械机电产业已成为新干历史较长、基础较好的产业之一。近年来，县委、县政府坚持"工业强县"的发展战略，大力推进了机械机电产业发展，机械机电产业成为了新干经济增长的新亮点。截至2019年4月，全县机械机电产业共有企业67家（其中规模以上企业25家）。

（3）玻璃灯饰产业。玻璃灯饰产业是新干县传统产业，至今已有40多年发展历史。20世纪90年代初新干县玻璃工业从日用玻璃转型为玻璃灯饰。2012年，为引导传统产业向国家主导产业发展，该县将传统的玻璃灯饰产业调整和提升为灯饰照明产业，并列为该县工业经济"4+2"产业格局中的富民产业之一。新干县是江西省唯一的玻璃灯饰制品产销县，县内外从事灯饰照明及相关配件企业有70多家，从业人员2万多人，在中国灯都——广东中山古镇形成了"新干玻璃灯饰一条街"，年销售额约268亿元。目前，新干县灯饰照明产业已经形成了"市场＋基地＋物流＋电子商务"相互促进的良好格局，产业链正不断完善，产业集群效益进一步呈现，产业已初具规模。

（4）箱包皮具产业。新干县箱包皮具产业具有良好的发展基础。改革开放以来，新干县有一大批人员在外从事箱包皮具生产经营。2006年5月，成功吸引了新干籍在外从事箱包皮具产业创业人员抱团回乡"二次"创业，创建了占地面积200亩的中国·新干（国际）箱包皮具城。2008~2010年，在城东规划占地3000亩中国·新干（国际）箱包皮具产业园。中国·新干（国际）箱包皮具城建筑面积近21万平方米，有商铺1100多间，经营面积7万多平方米，配有箱包成品区、原辅料交易区和四星级宾馆，经营的箱包类商品上万种。一期市场于2009年12月成功开业，以箱包成品交易为主；二期市场于2011年10月开业，以箱包原辅料交易为主，可为新干箱包皮具企业提供各类配件，极大地方便了箱包皮具企业原材料采购。中国新干（国际）箱包皮革产业园位于新干县东部经济开发区，总规划面积3000亩，总投资50多亿元，被确定为江西省"十二五"期间重点建设项目。工业园区坚持高标准、高起点的设计，将建成世界领先、国际领先的新型箱包产业基地。园区功能齐全，分为产品研发区、生产区和生活配套区，涵盖箱包、皮革、五金塑料、印刷包装等12个产业门类。项目建成后，可容纳1000多家企业。

近年来，新干箱包产业静悄悄地急行军，箱包从国内走向国外，卖向全球。2019年上半年，新干县15家外贸自营出口企业出口达685.37万美元；电商交易额突破20亿元，跨境交易额突破3000万美元。江西百诺箱包有限公司董事长刘昊坦言，新干箱包不仅有得天独厚的区位发展优势，还有着多重产业政策红利，随着全国箱包产业结构调整，新干箱包产业将迎来历史发展最好时期，新干箱包一定能抢占全球更大市场份额。

（5）粮油食品产业。新干县素有"粮仓"之美誉，粮食资源丰富。近年来，新干县充分利用粮食资源优势，加快推进粮食产业化经营，不断完善粮油食品产业发展平台，做大做强粮油食品产业，呈现总量扩张、速度加快、效益提升的发展态势。2005年，按照产业集群发展的思路，新干县开始在城南工业园区规划建设占地1500亩的赣中绿色粮油工业城，加大投入，进行了工业城的道路、水、电、通信等多项基础配套设施建设。目前，工业城全面建设完成，形成了布局合理、设施齐全、条件优越的粮食加工业基地，为新干县粮食加工业的迅速壮大创造了良好的条件。为鼓励、支持和引导全县粮食生产加工企业做大做强，壮大产业规模，新干县专门制定出台了《发展粮油食品工业的意见》和《新干县赣中绿色粮油工业城建设实施意见》，实施产业扶持优惠政策。在组织协调力量上，实行"一名县级领导、一支队伍"的措施，由一名县级领导牵头协调产业发展，并专门成立粮油产业促进办，负责日常组织协调工作。在资金扶持上，对进驻工业城的民营粮食加工企业竣工投产后，由县政府按日产100吨规模每年奖励2万元、日产200吨规模每年奖励4万元的标准给予两年奖励扶持。在信贷扶持上，帮助粮食企业解决信贷难题，先后帮助企业获得6000多万元建厂和购粮贷款。在品牌争创上，对获得各类品牌的粮食加工企业给予一定的现金奖励。同时，在政策允许的范围内，给予粮食加工企业在土地、税费、林木用材指标、运输等方面的优惠措施，大大增加了产业发展活力。

（6）建材包装产业。新干县建材包装产业是依托现有的产业发展基础与资源优势逐步发展壮大，主要从事石材、水泥等建筑材料及水泥（盐化、粮油）塑料编织袋、纸箱等包装产品的生产和销售为主。目前，全县共有建材包装产业投产企业66家（含规模以上企业10家）：其中建材生产企业有43家（包括水泥企业3家、石材企业25家、其他建材企业15家）；生产塑编袋、纸箱等包装企业23家。

十、安福县优势产业及发展成效介绍

安福县位于江西省中部偏西、吉安市的西北部。地处东经114°~114°47′、北纬27°4′~27°36′。东邻吉安，南接永新，西与莲花、萍乡交界，北和宜春、分宜接壤。全县东西长76千米，南北宽59千米，总面积2793.15平方千米。总人口38.2万人，其中非农业人口8.2万人。县人民政府驻平都镇，距省会南昌市278千米，距吉安市区59千米。全县森林覆盖率达70.5%，位居全省前列，是闻名遐迩的樟树之乡、竹子之乡，陈山红心杉原产地。全县有国家级生态乡镇3个、省级生态乡（镇）11个、国家级生态村1个。安福县香樟奇多，现有400年以上的古樟1万多棵，被誉为"中国香樟之乡"，素有"有村

皆有樟，无樟不成村"的说法。全县明清古村落众多，洲湖镇塘边村列为省级
历史文化名村。境内绿意盎然，环境秀美。良好的生态环境使安福县成为省级
重点生态功能区、国家生态红线保护范围、全国生态建设县试点单位、江西重
点林业县、国家木材战略储备基地、南方商品材基地县、全国竹子之乡，先后
荣获"全国绿化模范县""全国退耕还林先进县""江西创建绿色生态先进县""全
省森林生态保护十佳县""全省首届生态文明建设十佳县""全国首批生态文明
典范城市"等称号。

　　截至 2019 年上半年，安福县实现财政总收入 12.6243 亿元，同比增长
13.7%，位列全市第三，比 2018 年同期增长 1.4 个百分点、同比前进 9 位；其
中税收收入 9.9351 亿元，同比增长 13%，列全市第四；一般公共预算收入
7.4053 亿元，同比增长 1.3%，比 2018 年同期有所下降。财政民生八项支出
26.6774 亿元，同比增长 27.07%，位于全市中上游，但比 2018 年同期也有所
下降。2019 年以来，园区几大企业开足马力生产，全县工业用电量大幅攀升，
工业税收增势较好，2019 年上半年，安福县实现规模以上工业增加值 18.78 亿
元，增长 8.5%，位列全市中游；完成规模以上总产值 73.3 亿元，增长 4.9%。
其中，股份制企业增长强劲，占据全部工业产值的近一半，电子信息首位产业
贡献度不断提升。

　　（1）电子信息产业。电子信息产业是安福工业园区三大主导产业之一，截
至 2015 年底共有 20 余家电子信息企业在工业园区投资设厂，涌现出安福县海能
实业股份有限公司、吉安鸿呈电子有限公司、安福烨翔精密电子有限公司、安福
永钜科技有限公司、江西立时科技有限公司等一大批发展潜力大、带动能力强的
企业，特别是总部设在安福的海能实业股份有限公司，已列入上海主板上市候选
系列，有望成为吉安市本地第一家上市企业。工业园着力打造电子信息产业，通
过以商招商、产业招商，招大引强，集聚全国知名电子信息企业落户园区，促成
电子信息产业集群发展，将安福打造成江西省电子信息产业重要发展基地。

　　（2）先进装备制造业。安福工业园区大力发展以机电制造业为主的先进
装备制造业（见图 6.1）。2012 年，安福县分别被省工业和信息化委员会和省
发改委确定为"江西机电（液压件）工业基地"和"江西安福液压机电产业基
地"。2015 年底，共有 41 家先进装备制造企业落户工业园区，培育了江西液
压件有限公司、安福唯冠油压机械有限公司、江西星杰金属科技有限公司、江
西唯欣高科精密五金有限公司、江西左山机电有限公司、江西亿通机电有限公
司、江西广工重工装载机有限公司等一批高效优质企业，形成铸造—热处理—

缸—泵—阀—液压元件—总装一条完整的产业链，具有显著的产业集群效应。安福工业园区着力打造先进装备制造产业，高标准、高起点规划装备制造产业园，推出最优政策，最佳服务，是全国先进装备制造企业最佳选择。

图 6.1 安福县制造企业生产车间一角

图片来源：课题组拍摄。

十一、万安县优势产业及发展成效

万安县位于罗霄山脉东麓，江西省中南部，吉安地区南缘，居赣江上游东西两岸，东经 114° 30′ 27.3″ ~115° 5′ 37.6″，北纬 26° 8′ 45.4″ ~26° 43′ 53.5″。东接兴国，南邻赣县南康，西界遂川，北靠泰和。县人民政府驻芙蓉镇。距江西省会南昌市 317 千米，距江西省吉安市 95 千米。万安县自古属水陆要冲，105 国道、赣江水道和赣粤高速公路成"川"字形直通县境。距井冈山机场 50 千米，距赣州机场 60 千米，距南昌昌北国际机场 300 千米。

2018 年，万安县完成生产总值 77.37 亿元，同比增长 8.6%；完成财政总收入 12.86 亿元，同比增长 10%；固定资产投资同比增长 10.7%；社会消费品零售总额 19.8 亿元，同比增长 11.2%；城镇居民人均可支配收入 26910 元，同比增长 8.8%；农村居民人均可支配收入 10585 元，同比增长 11.1%。2018 年新增规模以上工业企业 18 家，全年规模以上工业增加值同比增长 9.8%，实现主营业务收入 62 亿元，同比增长 25%；实际利用省外 5000 万元以上项目资金完成 39.54 亿元，同比增长 10.66%；实际利用外资完成 6689 万美元，同比增长9.3%。

万安县主导产业主要有电子信息、生物医药、矿产品加工、富硒绿色食品加工、智能装备制造、乡村文化旅游、电子商务等。

（1）电子信息产业。万安打造了金泰源电子信息产业园和中信华电子电路板工业城，年产720万平方米印制线路板产能得到批复，形成了较为完善的产业配套。目前有60余家电子类企业入驻工业园，龙头企业有合力泰、中兴新宇、联创宏声、长兴科技、协讯电子等；下一步将力促联创宏声科技园、合力泰FPC部品件产业园的建设，充分发挥其集聚带动效应，重点引进手机、网络通信设备、计算机、LED绿色照明、数码家电、汽车电子等电子信息类终端产品生产企业入驻，延伸产业链，逐步形成较为完整的产业链及产业集群。

（2）生物医药产业。万安县生物医药产业园占地1800亩，实行全产业园集中供汽供热。有伯美制药、富之源生物科技、宇亿中药材等超亿元的龙头企业3家企业入驻。下一步，万安将重点引进生物制药、现代中药、医疗器械、医药物流、生物医药服务外包等医药企业及研发机构，努力打造集研发、生产、物流为一体，具有较强创新和辐射能力的医药产业特色园区。

（3）矿产品加工产业。万安依托丰富的矿产资源，大力发展特色矿产品加工产业，布局钕、钨、硼等矿产品精深加工项目。年处理1.2万吨稀土废料的矿产品加工龙头企业——江西万弘科技新材料有限公司靠大联强，成功与上市公司深圳盛屯集团"联姻"并正式投产，带动了万安县矿产品加工业的快速发展。目前万安县共有规模以上企业7家，龙头企业主要有万弘高新技术、鑫盛粉末、氯酸盐公司等。

（4）富硒绿色食品加工产业。万安50多万亩土地中富含"抗癌之王"的硒元素，富硒产品开发具有良好的基础和广阔的前景。万安富硒大米、脐橙、绿色蔬菜、井冈蜜柚、赣泉水产、生态猪生六大产业扬优成势。共有40余家企业入驻万安，主要龙头企业有赣泉啤酒、一江秋粮油、佳达油脂、万安水产、好景农业、伊禾农产品、丰达农业等。万安县下一步将重点引进富硒绿色有机农产品精深加工项目，做大做强富硒食品加工产业，唱响"富硒"品牌。

（5）智能装备制造产业。目前，共有科霖环保装备、衡源智能装备、智能家居3家拟上市的智能装备产业类企业入驻万安工业园。万安县下一步将整合优质要素资源，抓好智能装备制造标准厂房建设，扶持拟上市企业加快项目建设、投产进度，加速上市进程，带动配套企业聚集落户，推进智能装备制造产业的壮大。

（6）乡村文化旅游业。万安旅游资源丰富，拥有全省仅存的宋代古城墙，唐代舍利塔，国家森林公园——万安湖。万安田北农民画村连续两年成功举办全国农民画展，荣膺"中国农民画之乡"美誉和"中国农民画精品展示馆"殊荣；花花世界观光园已开园；红豆杉养生谷、黄金时代休闲观光园等郊野旅游精品点即将开园。万安县大力招引有实力有前景的文化旅游公司从事旅游项目开发，进行文化产业创意经营，发展餐饮以及现代休闲观光农业。

（7）电子商务。万安县搭建了"一园四中心"电商发展平台，阿里巴巴、京东、新华网等 60 多家电商企业先后入驻县电子商务创业孵化园，设立了 53 个农村淘宝村级服务站点、52 个农村 e 邮网点，150 个村级电商服务点，实现全县农村电子商务全覆盖。万安县电子商务孵化园被评选为吉安市第一批电子商务示范基地。万安县下一步重点引进电子商务运营商，着力打造"互联网＋产业孵化基地"发展模式。

十二、泰和县优势产业及发展成效

江西泰和位于江西省中南吉泰盆地腹地，是江西省县域经济改革与发展的试点县。2012 年纳入原中央苏区振兴发展范围，2013 年被列为国家可持续发展试验区。全县总面积 2667 平方千米，总人口 58 万，辖 24 个乡镇农场和 290 个行政村。

泰和是全国首批商品粮、商品牛基地县，也是世界珍禽——中国泰和乌鸡的发源地，主要盛产花生、红瓜子、百合、竹篙薯、车前子等经济作物，境内已发现钨、石灰石、瓷土、型砂和石膏等 20 余种矿种。全县气候温和，光照充足，雨量充沛，四季分明。森林覆盖率达 61.6%，森林蓄积量达 630 万立方米，国家一、二级保护动植物 30 余种。境内旅游资源丰富，白口城春秋遗址是全国重点文物保护单位，槎滩陂被誉为南方"都江堰"，快阁因北宋黄庭坚作《登快阁》而闻名遐迩。乡村休闲游典范国家 AAA 级景区蜀口古村、群山环抱白鹭湖国家森林公园、万亩高山草甸天湖山、摄影创作基地金滩古林等熠熠生辉。

泰和是开放包容的移民聚居地，现有 11 万广东籍移民在泰和居住。交通区位优势明显，千里赣江傍城而过，赣江石虎塘航电枢纽工程正式投入运行。京九、衡茶吉铁路，105、319 国道，大广、泰井、泉南高速公路纵横立交，昌吉赣高铁客运专线正在开工建设。坐落在境内的井冈山机场距县城 15 千米，开通了至北京、上海、南京、广州、深圳、厦门、海口、成都等 11 条航线，目前正在进行二期扩建。泰和已然成为了江西省"水陆空"立体交通的枢纽。近年来，泰和县围绕建设"实力泰和、魅力泰和、活力泰和"目标，深化改革，扩大开放，赶超崛起势头强劲。2018 年主要经济指标增幅继续保持在全市"第一方阵"，全年实现地区生产总值 178.01 亿元，增长 8.8%；社会消费品零售总额 48.61 亿元，增长 11.3%。财政总收入完成 23.32 亿元，税收收入完成 18.27 亿元，分别增长 11.6% 和 11.9%；尤其是规模以上工业增加值增长 9.5%，工业增值税完成 3.3 亿元，实体经济发展稳健。

（1）电子信息产业（首位产业）。泰和县电子信息产业共有企业 62 家，主要产品有触控显示、电声器材、手机、电子元器件等。领军龙头企业合力泰公司为吉安第一家本土主板上市企业，被评为全国电子信息企业和全省民营企业百强企业。另外，龙头企业还有全省 2 家手机整机生产企业之一的渴望科技公司、电声器件龙头企业现已完成股改并准备上市的联创宏声公司。电子信息产业构建了以触控显示器为主导产品，涵盖手机电子、LED 显示器、电声元器件、电子仪器仪表和其他电子专用设备等产品，集研发、生产、销售于一体的电子信息产业链，形成了以合力泰为龙头的触控显示产业集群，以易路泰、联创宏声为代表的电音产业集群，以渴望手机为代表的手机终端产品产业集群。为发展壮大电子信息产业，泰和县重点打造了电子科技产业园、新博商科技园、智能终端产业园等产业发展平台，主动承接电子信息产业转移，延伸产业链条，促进产业集群发展。下一步，将突出电子信息首位产业，依托全省电子信息产业基地和触控显示集群地位，围绕液晶显示的上下游衍生产品，大力引进数字视听、新型元器件、通信产品、现代家电等项目，推动产品终端化、集成化、品牌化。围绕电子信息首位产业龙头企业合力泰科技，积极引导上下游配套产业，推动电子信息产业"点、线、面、体"全面发展。重点扶持合力泰科技加快总部建设，着力将合力泰打造成"百亿企业"。加快电子智能终端产业园一期建设，胜宝莱光电、明泰光学、国辉光电、蓝沛新材料投产；加快推进邦力达二期、品和科技、锦锋诚电器、智星科技开工建设。

（2）装备制造产业。泰和县装备制造产业有企业 43 家，主要产品有水泵、智能机器人、汽车发动机缸盖、鞋机、木工机械等。龙头企业主要有江西新界机电有限公司、大宇智能机械有限公司、江西新德合汽配有限责任公司、江西龙展机械制造有限公司等。近年来，泰和县大力打造以新界机电为龙头的装备制造产业，先后引进新界机电、龙展机械、大宇智能、卫民机械、新德合汽车配件、鹏翔挂车等一批装备制造项目，初步形成了铸造、线圈、电机以及整机生产等较为完整的产业链。为进一步做大做强装备制造产业，县工业园区已建成面积达2000亩的"机电产业园"，为机械制造产业的延伸发展提供了良好的平台。下一步，围绕机械设备及零配件等项目开展产业招商，支持新界机电扩规技改、鹏翔挂车和新德合新上生产线，促成鸿宇科技、泽宇智能落户园区，打造装备制造终端产品，着力发展一批高效益、高附加值、高税收企业。做优装备制造产业。重点扶持新界机电、龙展机械、卫民机械、新德合汽配等企业走"专精特新"发展道路，加快推进新德机械、酷韧健身器材等项目建成投产，不断提升和强化装备制造产业支撑作用。

（3）绿色食品产业。泰和县绿色食品产业有企业47家，骨干企业主要有以泰和乌鸡为原材料的半边天药业、倍得力生物科技、汪陂途实业等。泰和是全国首批商品粮、商品牛基地县，是世界珍禽中国乌鸡的正宗原产地。泰和乌鸡集药用、滋补、观赏于一身，具有极高的营养价值和药用价值。泰和农产品资源丰富，发展绿色食品产业具有广阔的空间。目前，泰和县已培育嘉润绿色食品、井冈山生力泰生物科技、荣事达饮料等绿色食品企业，以及以泰和乌鸡为原材料的半边天药业、倍得力生物科技、白凤酒业、汪陂途实业等一批生产加工企业。为发展壮大绿色食品产业，泰和县高起点、高标准规划建设了占地2000亩的绿色食品工业园，并已落户食品加工企业6家，现代农业示范园建设正在加快规划和选址。下一步，将做优乌鸡深加工及保健品制造等高附加值产业，着力引进有经济实力、研发能力和有品牌号召力的大企业，加强与中国农科院等科研机构合作，做大做响泰和乌鸡品牌。重点推进傲农生物科技一、二期，嘉润绿色食品等企业达产达标，督促倍得力生物、泰来食品、汪陂途禽业、生力泰科技扩大规模、提升产能。

（4）新能源新材料产业。新能源新材料产业是近几年县委、县政府调整经济结构、发展低碳经济，予以重点扶持的新兴产业。先后引进拥有世界500强和央企双重背景的中电投集团公司投资15亿元兴建水槎风能发电项目、国内500强企业浙江正泰集团公司投资5亿元的江泰光伏发电项目、美国上市公司晶科能源集团公司投资5亿元的展宇光伏发电项目等一批绿色能源项目。目前江西省最大规模的总装机容量达180兆瓦的高山风电项目——水槎风能发电项目已建成并全部投产发电。另外，省级重点工程赣江石虎塘航电枢纽工程也已实现通航发电。

第三节　吉安市各县（市、区）工业园区发展成效

　　吉安市园区充分发挥工业经济发展主要载体和窗口作用。2018 年，吉安市共有 13 个园区，其中国家级经济技术开发区 1 个、国家级高新技术开发区 1 个，省级高新技术产业园区 2 个、省级园区 9 个。2018 年，全市开发区实际开发面积 63.3 平方千米，列全省第四；实现主营业务收入 2876.5 亿元，列全省第三；实现利润总额 226.7 亿元，同比增长 14.3%，增速列全省第四。规模以上工业增加值同比增长 11.0%，增速比整个规模以上工业快 1.6 个百分点，列全省第三；增加值占全部规模以上工业的 91.1%，集聚程度达到较高水平，主要指标增速快于全省各开发区平均水平。担起工业发展"主战场"和产业发展"新引擎"双重引领重任。

　　在吉安全市园区内企业有 322 家成长型企业纳入规模以上工业统计范围，新增入规企业数净增 60 家，为近年来之最，超额完成工业预期目标任务，全年新增入规企业排名全省第二。其中，新建投产企业 118 家，实现主营业务收入 111.4 亿元，对规模以上工业主营业务收入增长的贡献率达 30.9%；从各县（市、区）新增工业企业情况来看，新增企业个数最多的是新干县（42 家），新增企业个数超过 20 家的县（市、区）达 10 个。在新常态下，培育和发展规模工业企业对于保障工业经济持续健康发展、促进考评争先创优具有重要作用，也对 2019 年吉安市工业平稳增长起到了强有力的支撑作用。

一、国家井冈山经济技术开发区发展成效

　　国家井冈山经济技术开发区于 2001 年 11 月经吉安市政府批准设立，2010 年 3 月升级为国家级经济技术开发区（见图 6.2），2011 年 3 月获批国家出口加工区，2018 年 3 月整合吉州、青原 2 家省级开发区，形成"一区四园"发展格局。国家井冈山经济技术开发区总规划面积 114 平方千米，拥有国家新型工业化产业示范基地（电子信息）、国家科技兴贸创新基地、国家加工贸易梯度转移重点承接地、国家台资企业转移承接地、国家循环化改造示范试点园区等 13 张

"国"字号名片，是江西省政府和深圳市政府共创共建的吉安（深圳）产业园。

图6.2　国家井冈山经济技术开发区管委会

图片来源：百度。

国家井冈山经济技术开发区北接长三角经济圈，东邻海峡西岸经济圈，西通广袤的内陆腹地，距吉安市中心城区6千米，在开发区半小时交通圈内拥有105国道，319国道，大广、抚吉、泰井、泉毕、武吉等七条高速公路。开发区到广州、深圳、东莞等地车程只需5~6小时，到厦门、泉州等地车程只需4~5小时。井冈山机场距开发区仅26千米，已开通北京、上海、深圳、成都、厦门、西安、广州等地的航班，已形成了"水陆空"立体交通网络。国家井冈山经济技术开发区在全国131家国家级经济技术开发区中，科技创新指标排名第36位，列中部地区第10位。普正药业获批吉安首家院士工作站，天人生态公司获得国家科技进步二等奖。平台建设方面，建立了中科院生态技术研究中心等42个研发机构，建立了国家工程技术研究中心1个，省级工程技术研究中心6个、省级重点实验室3家。省部专项方面，现有国家863计划项目1项，国家火炬计划3项，国家星火计划项目1项。科技成果方面，获国家科学进步二等奖1项、国家级科技奖励23项、省级科技奖78项。

近年来，按照中央、省、市工作部署，围绕打造全省战略性新兴产业集聚区、中部地区创新发展新高地、国家新型工业化产业示范基地，坚持产业技术国际水平、服务效能全国领先、美丽环境国内一流，推动经济社会持续健康发展。2018 年，"一区四园"实现主营业务收入 938.2 亿元，排全省工业园区第五位，其中经开区本部 547.8 亿元，增长 11%；全年引进内资、利用外资、规模以上工业增加值分别增长 10%、9.5%、10%，完成财政总收入 22.5 亿元，增长 12.5%，税收占比 94.6%。科技支撑能力增强，研发投入经费占主营业务收入 0.8%；新增专利 591 件，同比增长 15.8%；新增高新技术企业 15 家，总数达 58 家，高新技术产业产值占比达 48%。获评国家知识产权试点示范园区；获评国家第三批绿色园区。在 2018 年度全国 219 家国家级经济技术开发区综合发展水平考核中，井冈山经济技术开发区排名 71 位，较 2017 年前移 11 位。园区主要发展成效及特色体现在以下五个方面：

第一，突出园区首位产业发展优势。全区构建了"1+3"的产业体系。"1"即铆定电子信息首位产业。国家井冈山经济技术开发区积极融入全省京九电子信息产业带建设，挺起江西中部电子信息产业的坚实脊梁。聚焦 LED 绿色照明、智能终端两大集群，构筑"首位产业+龙头企业+骨干项目"的集聚格局。LED 照明围绕上游材料、处延片—中游分选装测试—下游应用及配套智能装备产业链的 LED 产业集群，打造全球最大的 LED 封装应用基地；智能终端围绕上游材料、芯片、显示面板—中游智能模组、智能传感器—下游智能终端应用和配套智能装备的智能硬件产业集群，打造全国有影响力的智能硬件产业基地，新引进木林森 IC 封装测试、吉晶微电子 IC 封装测试等项目，填补了上游芯片封装测试环节的空白。全力培育木林森、益丰泰两个 100 亿元能级企业以及红板电子、满坤电子两个 50 亿元能级企业，与一百多家电子信息企业，共同撑起全市电子信息产业"半壁江山"。"3"即着力培育生物医药大健康、新型材料和先进装备制造 3 大新兴产业。2018 年，全区签约项目 23 个，其中电子信息首位产业延链、补链、强链项目 12 个。全区电子信息首位产业集聚度达到 49.7%。上缴税收超过千万元的工业企业 14 家，其中电子信息产业 8 家。红板公司、满坤科技等一批电子信息龙头企业加快智能化改造，新增主营业务收入 30 亿元以上。先后引进了世界 500 强华硕集团旗下的博硕科技，国家高新技术企业协讯电子，中国汽车电子行业的龙头企业、国家高新技术企业航盛电子，以及立讯射频、联基实业、先歌音响、伊戈尔电气、正康电子等电子企业，燕京啤酒、娃哈哈、奕方科技、惊石农业、锅丰米业等大健康食品企业，安派车业、力莱新能源、柏泽新能源、环球新材料、汉威科技等新能源新材料企业，联创电缆、航盛机电、豪康电器等智能制造企业，已初步形成了电子信息、大健康食品、新能源新材料、智能制造四大主导产业。其中，电子信息首位产业落户企业达100余家，2018年主营业务收入达265.8亿元，占园区产值比重达62.56%。

第二，科学合理布局园区内的发展空间。通过园区间的整合已近形成"核心区＋延伸区＋联动区"三个层次"一区四园"协同发展格局。核心区即国家井冈山经济技术开发区本部，规划面积46.5平方千米，重点发展电子信息首位产业和先进装备制造主攻产业，聚焦重大项目、龙头企业和品牌产品，在电子材料、显示面板，半导体芯片、智能传感器、高端应用，LED封装测试设备、数控机床等领域培育一批品牌产品，打造一批优势企业，打造全省先进制造业示范区。延伸区即青原产业园和富滩产业园。青原产业园区规划面积6.8平方千米，重点依托井冈山大学重点发展电子信息等都市型工业和先进制造业，建设创新与创业、孵化与投资相结合的创新示范区；富滩产业园中期规划9.5平方千米，远期规划40平方千米，重点发展生物医药大健康产业和新能源新材料产业，在化学药、中成药、生物制药、绿色食品、保健品以及锂离子电池、新型功能薄、光学膜、半导体材料等领域延伸，着力打造成为产业、科技和生态融合发展的龙头带动区。联动区即吉州产业园，规划面积9.5平方千米，依托通信传输、高端线路板、机床制造等基础，重点发展电子信息首位产业、机械制造业、食品医药及新兴服务业，加快引进机器人与工业自动化、中高档数控机床、数控系统及电子设备等项目，打造产城融合新区。

第三，激发园区内企业的科技创新能力。依托金鸡湖创新小镇主阵地，按照"一平台两院五中心"布局，创建国家机械电子进出口产品区域性检测检验平台；成立了全省首个电子信息产业研究院，建设电子信息产业学院；构建LED照明、平面显示、生物识别、微电子技术和通信传输五大创新中心。截至2018年10月，获批院士工作站2个，博士后科研工作站2所，国家级众创空间1个，省级工程技术研究中心（重点实验室）32个。建立省级工程技术研究中心（重点实验室）30个，高新技术企业58家，高新技术产业增加值占比达48%。2018年研发投入经费占主营业务收入0.8%，新增专利申请达558件，累计专利申请量达2879件；新增授权580件，累计获得专利授权1842件，获评国家知识产权试点示范园区。金鸡湖新区核心区规划面积6平方千米，涵盖行政办公、总部经济、教育科研、商业、居住等业态，融合了科技、生态、人文等元素，将建成集金融、商贸、文化、服务等多种功能于一体的现代服务功能区。按照"边开发、边建设、边招商"的思路，启动各类项目26个，总投资达 110 亿元。威力新能源等 2 个项目竣工投产，企业孵化中心、创新创业园、天际光电产业园主体工程完工，木林森高科技园、广讯物联、印刷包装产业园、台湾德昌产业园、商贸城、教育产业园等 10 个项目已经开工建设。未来，金鸡湖新区将成为吉安产城融合的新型示范区。与此同时，西区建成区配套建设加快推进，综合物流中心、电子专业市场、学校、医院等生产、生活配套设施逐步完善。

第四，推进产城融合向深层次发展。国家井冈山经济技术开发区坚持清净整洁，力求精细秀美，打造"绿色低碳、便捷有序"的产城新区。推进"一区四园"基础设施互通互联，谋划绕城高速公路及通往富滩产业园跨赣江大桥建设，构建快速交通走廊。坚持综合发展的城市规划理念，引领城市规划、工业布局、功能配套。高标准完成了金鸡湖核心区 12.8 平方千米的城市设计，依托自然景观，强化东西向山水生态轴线，构建绿色生态、科技创新的城市核心，投资 17 亿元建设集人才高地、研发基地、交流中心于一体的金鸡湖创新小镇。高标准建设产业园区，建成了木林森 LED 产业园、合力泰智能硬件产业园、互联网产业园、众创产业园、井冈山大学科技园、深圳南山示范园等十大产业园。高标准、多业态建设金鸡湖新区，布局创新创业、产业孵化、总部经济、星级酒店、邻里中心等新业态。一座宜业宜居、生态秀美的现代园区和产业新城，正在实现与中心城区的完美融合。

第五，发挥机制活力激发产业聚集效应。坚持以体制机制创新为主推力，打造创新发展优强区。园区在人事制度改革方面，于 2014 年全面推行"全员起立、竞聘上岗、绩效考核、动态管理"的人事管理制度，实现了"三个打破"：打破身份界限，推行岗位聘用制；打破级别年资限制，推行绩效工资制；打破平均主义，推行全员绩效考核制。在投融资体制改革方面，通过做大做强开发区融资平台，引进各类社会资本参与园区基础设施建设和企业发展；鼓励企业探索发行债券、引进私募基金、技术入股、培育优势企业上市等形式，向国内外资本市场融资。在园区管理方面，建立了机构精简、职能延伸、"一岗多责"的"小政府、大社会，小机构、大服务"的管理体制，部门审批权限下放、简化办事程序，实现了办事程序"一条龙"、服务内容"一门清"。

二、江西吉安高新技术产业园区（国家级）发展成效

江西吉安高新技术产业园区地处吉安县，起步于 1993 年，2006 年升为省

级开发区，同年经国家审核并更名为"江西吉安工业园区"，2012 年被省政府
列为江西省首批 18 个重点省级工业园区之一，2013 年 5 月经省政府批复更名
为江西吉安高新技术产业园区，规划面积 2.66 平方千米，拓展面积 18 平方千
米。园区先后荣获省级民营科技园、江西省产业经济"十百千亿工程"突出贡
献奖等荣誉，连续多次被评为江西省先进工业园区，2014 年成功入选第二届
"江西十大最具价值投资工业园区"。2013 年开始申报国家级高新技术开发区，
2015 年 9 月经国务院正式批复升级为国家级高新技术产业开发区（见图 6.3）。

图 6.3　江西吉安高新技术产业园区（国家级）管委会

图片来源：吉安高新技术产业开发区大数据中心。

　　园区按照"一园两区"的发展格局分别进行了基础设施及配套布局。敦厚
区先后投入资金 10 亿元，建设了吉安高新区创业孵化基地、吉安高新区创业
服务中心和高新区职工之家，已合理规划出生产区、生活区、服务区和休闲
区。凤凰片区先后投入资金 15 亿元用于园区的基础设施建设。园区基本实现
"四通一平"和"道路三化"，同时综合商务中心"凤凰现代城"的建设、凤凰
片区创业孵化基地及服务中心即将开工建设，以及餐饮、购物、医疗卫生、休
闲娱乐、金融通信、廉租房、公租房和职工公寓等设施不断完善有效提升了园
区综合配套能力。吉安高新区的战略定位是：以"中部声谷"为品牌打造新兴
产业快速发展的经济增长极、欠发达地区开放式创新带动经济转型的示范区、
产业—城市—生态三者融合发展的产业新城。

江西吉安高新技术产业园区已发展为吉安市对外开放的窗口、产业聚集的高地和科技创新的重要平台。先后荣获江西省民营科技园、产业经济"十百千亿工程"突出贡献奖、江西工业崛起园区发展专项奖六大指标综合先进单位、省级生态工业园区、省和谐劳动关系园区、江西省十大最具价值投资工业园区等荣誉称号，并连续多年荣获省、市先进工业园区。

2018 年，江西吉安高新技术产业园区企业总数为 268 户（见图 6.4），实现主营业务收入 423.9 亿元（见图 6.5），同比增幅为 11.3%；利润 32.6 亿元，同比增幅为 15.6%；工业增加值同比增长 12.9%；基础设施投入 10.7 亿元，同比增长 29.6%。

图 6.4 江西吉安高新技术产业开发区园区概况及企业统计

图片来源：吉安高新技术产业开发区大数据中心。

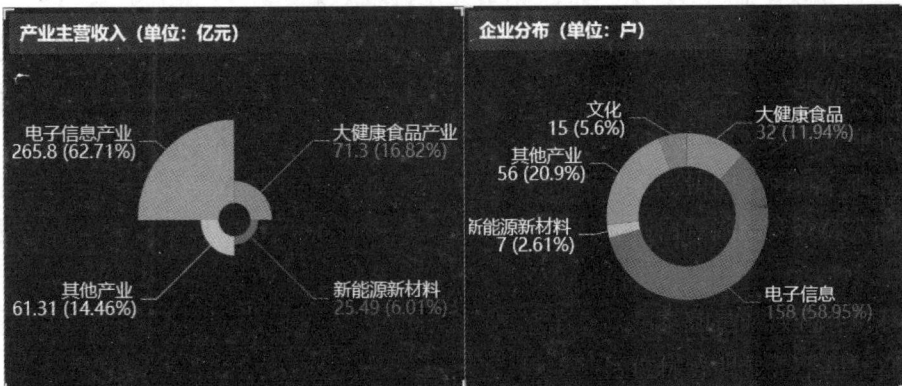

图 6.5 江西吉安高新技术产业开发区（国家级）园区主营业务收入及企业分布

图片来源：吉安高新技术产业开发区大数据中心。

高标准规划，快速发展。按照"生态公园、城市新区"的建设理念和"高起点、高标准、高质量、高效率"的原则，吉安高新区远期规划总面积100平方千米，下辖敦厚园区和凤凰园区。开发区基础设施逐年巩固，服务配套设施不断完善。目前，入驻企业300多家，其中规模以上工业企业117家，拟上市企业30多家，台资企业40多家。

集群集聚，产业提质。江西吉安高新技术产业园区坚持"生态建园、特色立园、产业兴园"，积极招大引强和扶优扶强，先后引进了世界500强华硕集团旗下的博硕科技，国家高新技术企业协讯电子，中国汽车电子行业的龙头企业、国家高新技术企业航盛电子，以及立讯射频、联基实业、先歌音响、伊戈尔电气、正康电子等电子企业，燕京啤酒、娃哈哈、奕方科技、惊石农业、锅丰米业等大健康食品企业，安派车业、力莱新能源、柏泽新能源、环球新材料、汉威科技等新能源新材料企业，联创电缆、航盛机电、豪康电器等智能制造企业，已初步形成了电子信息、大健康食品、新能源新材料、智能制造四大主导产业。其中，电子信息首位产业落户企业达100余家，2018年主营业务收入达265.8亿元，占园区产值比重达62.56%。

创新驱动，平台提升。江西吉安高新技术产业园区加快建立以政府为主导、企业为主体、科研院所为骨干的科技创新体系。现有高新技术企业39家，国家博士后工作站1个，院士工作站3个，省级工程技术研究中心3个，省级企业技术中心4个，省级工程研究中心1个，省级工业设计中心2个，2个省级产业技术创新战略联盟，1个省级科技企业孵化器，1个省级众创新空间，1个省级博士后创新实践基地。获批省级知识产权试点园区。中等职业技术学校——华忆职业教育集团，拥有4000多名科研人才。

优化环境，提高服务效率。江西吉安高新技术产业园区树牢"围墙内的事情企业说了算、围墙外的事情我们帮着办"的服务理念和"团结高效、拼搏创新"的工作理念，坚持"你投资、我服务，你赚钱、我发展"。建立"1+1+1+N"（一名县领导、一个帮扶责任单位、高新区一个帮扶工作组对接若干企业）的项目帮扶推进机制，实行挂图作战，确保项目引得进、建得快、效果好。持续深入开展"降成本优环境"行动，2018年减轻企业负担3.67亿元。通过信用担保、财园信贷通、贷款贴息等形式，有效解决企业融资问题，促进企业发展。

三、吉安高新技术产业园区（省级）发展成效

（一）江西泰和高新技术产业园区

江西泰和高新技术产业园区为原江西泰和工业园区，位于江西省泰和经济开发区，105 国道和泰和火车站近在咫尺，泰和工业园总规划面积 10000 亩，2002 年创建以来，已投入基础设施建设资金 6.2 亿元，开发建成面积 7000 多亩，是吉安市正在倾力打造的"吉泰工业走廊"的重要一极，是江西省倾力打造的省级开发区，也是江西省首批 20 个样板工业园区和 30 个重点工业园区之一，被列为江西省二类工业园区，2010 年有望进入省级一类工业园区行列。同时，泰和县已被列为"全国加工贸易梯度转移重点承接基地""台资企业转移承接基地""江西电子信息产业基地"。截至 2018 年 8 月，泰和县工业园区已落户企业 202 家，其中投产企业 162 家，培育了以"泰和乌鸡"为品牌的食品业，以"玉华水泥"为龙头的建材业，以"半边天药业"为代表的医药化工业，以合力泰微电子为龙头的液晶电子产业，以九鑫铜业、新界机电为龙头的冶金机械产业等五大产业板块，形成了粗铜加工到水泵生产，液晶显示器及其衍生产品，泰和乌鸡饲养到深加工等。2018 年，江西省人民政府批复江西泰和工业园区更名为江西泰和高新技术产业园区，这也是泰和县深入实施创新驱动发展战略，突出特色建园理念，加快产业转型升级，做大做强首位产业，推动产城融合的重要成果。

园区认真贯彻省委"创新发展、绿色崛起、担当实干、兴赣富民"工作方针，紧扣高质量发展要求，坚持新发展理念，牢牢抓住电子信息产业主导产业，育龙头、聚集群，园区发展势头良好，2017 年在全省工业园区排名中上升三位，列第 37 位，全年实现主营业务收入 268 亿元，荣获江西省政府颁发的 2013~2015 年度江西工业崛起园区发展专项奖"六大指标综合先进单位"、2017 年度吉安市工业园区建设考评第一名。

江西泰和高新技术产业园区是全省 18 个省级重点工业园区之一，也是江西省首批 20 个样板工业园区、江西省生态工业园试点园区，被列为全省电子信息产业基地，触控显示产业集群被列为全省 60 个重点产业集群之一，是吉安市正在倾力打造的"吉泰工业走廊"的重要一极，先后被列为"全国加工贸易梯度转移重点承接基地""台资企业转移承接基地"和"浙商最佳投资城市"。工业园区"一区五园"（"一区"是指工业园区；"五园"是指电子科技产业园、机械产业园、食品产业园、化工产业园、返乡创业产业园）的产业格局基本形成。

泰和县大力推进"产业高端、产品终端、科技尖端、服务前端",电子信息、冶金机械制造、绿色食品三大支柱产业和新能源新材料产业"三主一新"集聚发展格局初步构建。2016 年,园区完成主营业务收入 260.13 亿元,工业增加值 64.65 亿元,同比分别增长 7.9%、11.2%。电子信息产业主营业务收入首次突破 100 亿元,其中合力泰主营业务收入突破 80 亿元,电子信息首位产业集聚更加明显;新增规模以上工业企业 21 家,增数排名列在吉安首位,为以后提升全县经济总量打下了坚实基础;邦力达在新三板成功挂牌,为全县第二家上市企业,吉安第七家本土挂牌企业;园区投融资机制更加灵活,通过组建园区资产运营有限公司融资平台,以政府购买服务融资等方式向工行、建行实现融资 5 亿元,为今后园区改造提升、建立"三只基金"及招大引强提供了要素保障;扎实开展"降成本、优环境"专项行动,共为企业减轻负担 4.72 亿元。

江西泰和高新技术产业园区主要优势包括液晶电子产业配套项目及冶金机械产业配套项目。液晶电子产业是泰和重点培育的主导产业之一。截至 2018 年 8 月,泰和县工业园区已落户电子企业 21 家,基本形成了较为完整的产业配套。总投资逾 10 亿元的江西合力泰微电子有限公司一、二、三期均已建成投产,投资 5 亿元的广天视科技、投资 2.5 亿元的仕昌电子两家液晶电子生产企业正在建设之中,初步形成了包括液晶显示模块、液晶显示触摸屏、软性线路板、导电玻璃膜等生产线在内的较为完整的产业链。另外,还配套建设了一所液晶技术培训学校,全部建成后每年可培训液晶技术专业人才 2000 多人。泰和县在土地、税收、融资、用工等方面制订了一系列特殊的产业优惠政策,投资泰和液晶电子产业将具有广阔的发展前景;冶金机械产业配套项目泰和县先后引进了新界机电、龙展机械、九鑫铜业、华裕金属、成威科技等 20 余家冶金机械产业重点项目,形成了粗铜加工、铸造、线圈、电机以及整机生产等较为完整的产业链,2009 年泰和县冶金机械产业实现产值 31.2 亿元。为进一步做大冶金机械产业,做强集成配套功能,泰和县在工业园区创建了总规划面积 5000 亩、首期占地 2000 亩的"机电产业园",并出台了极其优惠的产业政策,为客商投资泰和、创业泰和提供了良好的承载平台,竭诚欢迎有投资意向的企业家到泰和投资建设各类冶金机械产业配套项目。

(二)江西安福高新技术产业园发展成效

2019 年,江西省政府正式批复江西安福工业园区更名为江西安福高新技术产业园区。这是继吉安市泰和县工业园区成功更名为省级高新区后，第二家工业园区成功更名为省级高新区。

近年来，安福县持续加大了研发经费投入，全县研发经费较上年增加1.1亿元，加速了创新资源和高层次人才集聚，加快了科技研发和先进科技成果转化，逐步形成了以电子信息、新能源、新材料、先进装备制造等为主导的高新技术产业。新增高企14家，总数达到22家，2018年高新技术产业增加值16.46亿元，占规模以上工业增加值比重32.6%；产学研合作能力进一步提升，多家企业与东南大学、中山大学、山东大学、南昌大学等科研院校开展了产学研合作，为企业发展技术提供了智力和技术支撑。创新平台创建进一步拓展，2018年新增省级工程技术研究中心1家、市级工程技术研究中心2个。组建博士后创新实践基地1家、院士工作站1家。专利申请量累计达到1300余件、授权量累计达到900余件。工业园区被先后授予"江西安福液压机电产业基地""江西省机电（液压件）产业基地""江西省绿色农副食品产业基地"和"省级循环化试点园区"等荣誉。

江西安福高新技术产业园位于县城东郊，距县城6千米，距赣粤高速公路40千米。吉福公路、万洋公路在这里交汇。拟建的武宁至吉安高速公路与安福县的外围距离工业园区仅3千米。交通非常便利，是县城总体规划"一河两岸三桥五区"的重要组成部分之一。自2002年4月工业园区建成以来，本着"科学性、合理性、可行性、经济性"的原则，大力开展园区建设、高标准规划、分期开发、滚动开发，将工业园区建设成为工业经济集中区、城市发展的新区。目前，园区已初步建成一座基础设施完备的新型工业城，为对外开放和招商引资搭建了现代化平台。2006年经省政府批准为省级工业园区和省级民营科技园，园区面积2016年2月经省政府批准扩区调区由3700亩扩调为9363.75亩（624.25公顷），远期规划面积为20平方千米。

按照"特色立园，科技兴园"的发展理念，大力实施创新驱动战略，园区全力打造"1+3"产业体系，即打造一个首位产业——电子信息产业，三个主导产业——先进装备制造业、绿色食品及大健康、新能源新材料。园区主要经济指标平均增长率超过9%以上，综合指标位居全市各县（市区）前列，2018年在全省开发区改革与创新发展综合考评排37位，比2017年前移15位。江西安福高新技术产业园入园企业达158家（含台资企业5家，港资企业1家，日资企业1家），其中规模以上企业86家。2016年，园区实现主营业务收入200.88亿元，同比增长8%；实现工业增加值49.69亿元，同比增长10.5%；

实现利税 40.04 亿元，同比增长 12.27%；基础设施投入 5.70 亿元，同比增长 11.67%；就业人员 2.79 万人，同比增长 1.77%；完成固定资产投资 69.3 亿元，同比增长 10.99%。2015 年再次被评为全省"先进工业园区"。

江西安福高新技术产业园紧紧围绕"开放创新、宜居宜业、产城融合、生态智慧"的中心目标，每年持续投入巨资完善园区路网、管网、水电等配套设施建设，"筑巢引凤"，不断改善投资环境，引导产业集群发展，着力强攻"工业强县"。目前园区主干道已形成三纵四横道路框架，拓展了园区发展空间，同时已建成供水能力 2 万吨 / 日的自来水厂、220 千伏变电站及污水处理能力 5000 吨 / 日的污水处理厂各一座，为园区供水、供电、治污提供坚强保障。为保障园区企业的招工、培训工作，安福职业技术学校"退城进园"，目前每年招生 300 余人，同时每年为企业培训 2000 余人次，极大促进了园区的招工工作。随着"三中心一广场"（行政服务中心、商住中心、医疗中心、世纪广场）与 1500 余套公租房、廉租房的投入使用以及园区小学、幼儿园的开工建设，工业园区的城市功能及城市承载能力得到极大的完善与提高，推动了城园一体化进程，是园区积极营造"重商、亲商、安商、扶商"发展氛围的有力举措。在全省"两化"融合的建设大潮下，江西安福高新技术产业园积极推动"智慧园区"建设，打造园区微信公众号、手机 APP 及门户网站，结合园区服务中心的智能展馆、电子商务平台及"一站式"服务的办证中心，促进园区的资源、信息与服务共建共享，提升"两化"融合度并实现"互联网制造业"的跨越发展。

三、吉安工业园区（省级）发展成效

（一）万安县电子信息产业园发展成效

万安县电子信息产业园始建于 1997 年 5 月，2006 年 3 月经国家发改委批准为省级工业园区。总规划面积 8.62 平方千米，近期规划面积 5650 亩，分为一期、二期，工业园一期位于县城河西，处赣江与泉江之间，规划面积 1500 亩，基本建成。2007 年开发工业园二期，二期位于县城西郊，规划面积 4150 亩，全部集中连片，园区二期总体规划与控制性详细规划已编制完毕，地处罗塘乡范围内，与工业园一期一江之隔，距大广高速万安互通口 3 千米，是江西省内距高速公路最近的省级工业园区之一。高速公路连接线（在园区二期范围内路段称为工业大道）把工业园二期分为南北两大块，南面规划面积 2100

亩，2008 年，按照"主攻项目，决战园区"战略部署，工业园二期建设全面加快，先后完成了纵二、三、四、五路和新云七公路、工业大道等主干道路硬化，建设供水、供电、通信等管线 9.2 千米，完成基础设施投入 5.28 亿元，南面规划面积"六通一平"基本完成，入驻企业已占用土地 1300 亩。北面规划面积 2050 亩，已完成征地拆迁工作，入驻的金泰源电子电路产业园已开工建设。工业园区累计投入基础设施建设资金 13.5 亿元，总规划面积 8.62 平方千米，建成面积 4000 亩。

目前，园区已形成电子、食品、织造服装、机械四大主导产业，其中电子产业被确定为万安县的主导产业，园区拥有一批省市乃至全国知名企业。江西中信华电子工业城是全省影响较大的一家电子电路板生产企业；万安华晶电子有限公司在全国同行中排位第五；江西氯酸盐有限责任公司在全国同行业中位居第二；江西赣泉啤酒有限公司是南昌大学博士后培养基地。电子电路板及其配套产业是万安县重点培育也是市政府确定为该县发展的主导产业。目前，工业园区规划了两个电子电路板产业园，即中信华电子电路板工业城和金泰源电子电路板产业园，两个产业园分别获得了原省环保厅的环境影响报告批复，入驻这两个产业园的电子电路板企业不必做环境影响报告书，可直接入驻两个产业园，企业节约了投资，加快入驻步伐，也是万安电子电路板招商的金字招牌。江西中信华电子工业有限公司是由江苏客商投资兴建的，从事研发和生产 PCB 的高新技术企业，项目计划总投资 30 亿元，项目占地 278 亩，分三期进行建设，4 年建成。

园区通过移动通信手机信息发布平台、印发宣传单、进村入户等多种宣传方式，积极为农民提供务工就业信息。通过召开返乡农民工招聘大会、开展企业招工月活动，与各乡镇联合招工的途径，为企业招收到了返乡技术农民工、熟练工，储备了农民工资源，节约了企业上岗培训费及招工费用，降低了企业生产成本，为企业谋取了利润空间。一年来为 10 多家重点企业安排返乡农民工近 3000 人上岗就业。

（二）永丰工业园区发展成效

永丰县工业园始建于 1997 年，2001 年经吉安市政府批准设立，2006 年经江西省政府批准设立为省级工业园区。园区主要承接了石头经济、循环经济、医药食品三大产业以及电子、针织服装、化工等产业，被列为"全省碳酸钙产业基地"。目前，园区已建成面积 3800 亩，共集聚企业 123 户，其中规模以上企业 70 户，培育了吉安本土第一家、第二家在香港主板市场上市的龙天勇、雅高石材，全国重质碳酸钙产量全国领先的广源化工等知名企业，创造了"广源"粉体材料、"美媛春"口服液、"绿海"茶油、"永叔公"和"桂香婆"豆腐乳、"老蜂农"蜂蜜等驰名商标和知名品牌。园区紧紧围绕"三园同创"，建设工业强县的奋斗目标，同心同德，锐意进取，扎实推进园区建设，不断强化园区管理，并取得了明显的工作成效。2014 年完成主营业务收入 217.3 亿元、工业增加值 48.9 亿元、税金总额 11.18 亿元，在吉安市排名中分列第三、第四、第四位；工业固定资产投资 55.7 亿元、生产企业用电量 47362 万度。近些年来，园区先后被评为全省"十百千亿工程"重点园区，省工业园区发展专项奖六大指标综合先进单位，获得"全省工业崛起年度贡献奖""吉安工业园区综合考评先进单位一等奖""吉安工业园区进步奖"等荣誉。

（三）江西新干工业园区发展成效

江西新干工业园区于 1997 年开始规划建设，2001 年 9 月，经吉安市政府正式批准成立，2003 年成为全省 20 家重点调度工业园区之一，2004 年被省政府授予先进工业园区称号，2006 年 3 月，成为全省 30 家重点调度工业园区之一，并由省政府授名为江西新干工业园区，2007 年被列为全省 30 强工业园区之一，同年又被省科技厅授予"省级民营科技园"称号，2009 年跻入省级生态工业园试点单位行列，2011 年成为吉安唯一全省首批 7 个生态工业园绿化提升园区之一；2013 年被评为全省先进工业园区，2014 年盐卤药化产业跻身全省首批 20 个示范产业集群之一，箱包皮具城被列入省级现代服务业集聚区。2016 年，箱包产业列入全省重点工业产业集群，新干（国际）灯饰城列入省级现代服务业集聚区。

经过 20 余年的发展壮大，江西新干工业园区已经形成"一园三区四大主导产业"的发展格局。"一园"即新干工业园区，总体规划面积 5 万亩，实际开发 2 万余亩，共落户企业 336 家，其中规模以上企业 76 家。"三区"，即新干工业园城南、城北、河西三个产业定位明晰的功能片区。2016 年，新干县工业园区企业完成主营业务收入 217.96 亿元，同比增长 5.2%，总量排吉安第 6 位。"四大主导产业"，即集中力量培育盐卤药化、机械机电两大强县产业，箱包皮具、灯饰照明两大富民产业。2016 年，四大主导产业实现主营业务收入 196.77 亿元；实现工业增加值 51.63 亿元，同比增长 9.4%，总量排吉安第五位；实现利税 27.66 亿元；箱包皮具产业列入全省重点产业集群基地。2016

年，江西新干工业园区新增规模以上工业企业 21 家，净增 17 家，为历年净增最多，获得 2013~2015 年度全省园区发展专项奖、全省工业发展年度贡献奖、吉安工业园区体制机制改革先进单位等荣誉。

江西新干工业园区按照园区产业定位，注重在园区规划、建设、配套上下功夫，着力打造产业集群板块。一是在园区规划上，因地制宜，合理布局。按照"一园一主导""一园一特色"的发展模式，高标准规划建设了工业园城南区、城北区、河西区。同时，围绕四大主导产业，以"园中园"形式，让同类产业区域集聚，从布局上实现企业分类"扎堆"、产业集群发展。二是在园区建设上，结合实际，合理建设。紧扣特色产业的实际，按照集中连片布局、统一设计标准、分期实施建设的原则，大力推进标准厂房建设。先后在城东、河西分别规划建设 1100 亩的箱包皮具产业园和 2000 亩的绿色科技创业园，累计建成标准厂房面积 130 余万平方米。目前，已竣工标准厂房企业入驻率达 90% 以上，标准厂房的建设成为产业加快集聚的助推器。三是在园区配套上，强化功能，稳步推进。完善工业园配套建设，建成盐化工业城污水处理厂，加快推进河西综合污水处理厂建设；开展园区绿化提升活动，全力打造绿色、秀美、生态的景观工业园。按照"产城一体"发展理念，建成了箱包皮具市场和灯饰照明交易市场，尤其是灯饰照明交易市场已形成了集电子商务、物流配送、产品展示、信息发布等功能为一体的新型专业市场。梯次建设研发设计、科技金融、检测检验、物流配送等公共服务平台。

围绕"强链、补链、延链"的目标，聚焦四大主导产业，开展精准招商，加快促进产业集群。一是推进产业招商。仅 2018 年，新干县进区项目 36 个，其中投资 5000 万元以上的项目有 25 个。二是实施返乡创业。充分利用该县在外务工及在外创业成功人士的技术和资金优势，开展重点动员、定点攻关，积极引导他们抱团返乡创业，已建成的箱包皮具城、玻璃灯饰城、机械机电城三大特色产业就是其实施返乡创业的成功典型。三是加大政策扶持。创新体制环境，设立工业园区建设和项目推进工作组，工作组每月召开一次工作会议，重点协调解决园区征地拆迁、平台建设、项目进区、用地审批、企业落地帮扶等方面情况。创优政策环境，围绕主导产业，分别出台了相应的产业发展政策，重点在土地、税收、融资、服务等方面给予政策优惠，对个别重大企业还实行"一企一策"，有效推动了产业的发展。

同时，新干工业园还大力开展"散乱污"企业整治，依法依规推进"退二优二""退二进三"，推动"僵尸"企业、低效企业"腾笼换鸟"和小微企业腾院上楼。2018 年，工业园区共清理闲置和低效用地 570 亩。出台企业技术创新、品牌创建、挂牌上市等奖励政策，积极引导企业技改创新，促进产业优化升级，稳步推进企业优胜劣汰。同时，修改完善了《新干县工业园项目进区及项目建设管理办法》，严把项目准入关；出台了《新干县工业园区集约节约用地实施意见》，从项目投资强度、建筑指标、建设时限等方面严格把关，规范了项目落户，维护了园区内的生态、绿色、环保的高标准。

（四）江西吉州区工业园发展成效

江西吉州工业园位于"大吉安"总体规划的河西片区，紧邻繁华的中心城区，距吉安市区商业中心仅十分钟车程，毗邻"绿山明水、生态芦岭"的吉安庐陵文化生态园，与山水新城张山新区无缝对接。在建的新井冈山大桥连接清远区，金章大道直通吉水县，凸显了"吉泰走廊"核心区的优势。园区按照生态园林城市标准规划设计，规划面积 12.44 平方千米。始终坚持"生态园、特色园、产业园"的发展战略，高起点规划，高标准建设，高质量经营选择。力争建设科技含量高、产业发展强的生态工业园区，被评为江西省第一批生态工业园区和江西省示范性工业园区、省级电子信息产业生产和出口基地，省级战略性新兴产业基地、省级服务外包示范园区等。同时，充分发挥井冈山经济技术开发区吉州产业园政策优势，构建吉州工业园电子信息产业园区、绿色食品产业园区、机械装备产业园区、中小企业创业区"一园四区"产业平台，开发面积近 1.5 万亩，为全区工业发展预留了足够的空间。

园区基础设施完备，累计完成基础设施投入近 12 亿元，已完成开发面积 9000 余亩，现有 120 余家企业入驻发展，其中竣工投产企业 90 余家、在建企业 30 余家；园区内有党建、妇联、工会、团委"四位一体"的服务大厅和区人力资源社会保障局服务中心，可为企业及员工提供高效便捷的服务；已动建 15 万平方米电子信息企业标准厂房，供客商租赁；首期 800 余套公租房全部竣工即将投入使用，1000 套市民公寓正加紧建设；配套有豪华影院、高端品牌购物商场、高档写字楼、连锁餐饮的城市综合体——五星级豪生国际大酒店正加紧建设；园区内高标准路网纵横有序，市区公交专线通达园区各个企业；"助保贷""财园信贷通"等由政府推动的金融服务为企业解决融资难题；与上海畅发等品牌金融服务机构达成战略合作协议，为园区企业打造上市融资平台；农商行等金融机构将陆续在园区设立分支银行或自助银行，提供快捷的金融服务；零担物流已在园区成立并营业，给予便利的物流支持；综合性园区医院即将动建，实现先进的医疗保障；周边有北大附中、明德小学为园区内企业职工解除子女托管就读的后顾之忧；各个花园式的厂区内标准化厂房整齐林立、坐落有序；更有"四千亩山色水景、五千年庐陵文化"的庐陵文化园可以休闲观光。

园区发展势头强劲。园区扩建后，是省内第二个工业园区，也是省政府批准的吉安市第一个工业园区，为吉州市工业发展赢得了 6 平方千米的新空间。园区规划用地 6000 亩，打造新的生态赣中电子城。近年来，华邦福能源科技、六星科技、宏瑞兴科技、宝得电子、快点科技等 10 余个 5 亿元以上重大投资项目强势落户电子城。园区在大力推进电子城二期基础设施建设的同时，坚持吸引大企业、强企业的原则，围绕重点产业大力开展连锁补充投资和集群投资，重点引进铜复合板、电路板、电子元器件、通信终端、通信传输设备和新能源锂电池等生产项目，尽快形成电子信息基础产业和整机生产基地，不断完善园区功能配套升级，加快园区产业集聚，做大做强园区总量。

（五）青原区工业园发展成效

青原区地处江西中部，赣江中游，为吉安市中心城区的重要组成部分。青原是"吉泰走廊"的核心区，区内拥有赣中南和京九线上最大的商品批发集散地与农副产品批发市场——吉安贸易广场以及万商汇小商品城、汽车文化贸易城、电子数码城、电子网购城、现代物流园等大批专业市场，具有极强的影响力、辐射力和带动力。青原区交通便利快捷，水、陆、空四通八达，京九铁路穿城而过，赣江水道贯穿南北，105 国道连通东西，赣粤高速近在咫尺，距井冈山机场仅半小时车程，对外交通十分便捷。广州、深圳、杭州、武汉、上海、长沙、厦门等周边省会及发达城市均在青原 6 小时经济圈内。

青原区经 10 余年发展，已建成"一区两园"发展格局，以省级工业园河东经济开发区为依托，分别建立了新工业园和富滩工业园两大园区，初步形成电子信息、节能照明、生物医药、精细化工、现代农业、现代旅游开发等产业集群。

新工业园位于青原区天玉镇和河东街道境内，毗邻井冈山大学，南侧与青原山风景区接壤。近年来新工业园积极策应鄱阳湖生态经济区和吉泰走廊建设，以城市化的思路和理念，按照园区、城区、景区、校区"四区一体"发展策略，大力实施扩区调区工作。

富滩工业园位于青原区东南面富滩镇境内，距市中心城区 17 千米，紧邻螺滩水电站。富滩工业园以"生态、低碳、循环、高效"为发展目标，重点围绕"完善配套区、改造提升区、建设拓展区"思路，建设成为一个基础设施完备、配套功能齐全、产业布局合理、经济发展强劲的现代化工业园区。目前园区综合污水处理厂已投入使用，日处理污水能力1万吨。

井冈山大学、井冈山应用科技学校、吉安文武学校、江西新科电子学院、吉安文艺学校、吉安影视学校等10余所大中专院校均坐落在青原区境内，可采用订单培训方式为企业培育各类对口人才。

园区内赣江、泷江、富水等河流纵横交错、迂回曲折，常年烟波浩渺。电力资源富足，建有水电站11座，火电厂1座，其中华能井冈山电厂总装机容量240万千瓦，现有装机容量192万瓦，年发电量96亿度。

同时，吉安贸易广场是赣中最大的商品批发集散地，年成交额100多亿元；井冈山大学商业服务中心、吉安火车站商贸城年成交额也均在10亿元以上。汽车文化贸易城、万商汇小商品城、电子数码等专业市场，商家云集、发展势头强劲。这些都给青原区工业园区的发展带来了强劲的发展动力。2018年，全区共有省级企业技术中心1个，省级工程技术研究中心2个，市级工程技术研究中心5个，院士工作站1个，"海智计划"工作站1家，省级名牌产品3件，省级新产品33件，获批科技型中小企业入库编号16家，累计获得专利授权390件，其中发明专利11件。高新技术企业11家，专精特新企业8家，两化融合示范企业1家，新三板上市企业1家，境外上市企业1家，江西省股权交易挂牌13家。目前，青原区共有规模工业企业91家，2018年主营业务收入过亿元企业达到46家，其中年主营业务收入过5亿元的企业8家；年上交税收过100万元以上的企业40家、100万~999万元的企业36家、1000万元以上的企业4家。工业对地方经济的拉动效应逐渐增强。

（六）遂川县工业园区发展成效

遂川县工业园区于1995年8月设立，2006年3月经省人民政府批准为省级工业园区，分北、东、南、西四区，规划总面积20平方千米。遂川县工业园区坚持"生态建园、特色立园、产业兴园"的发展战略，着力打造科技含量高，产业发展强的生态工业园区，呈现以北区发展为基础，重点建设东区，加快发展大汾非金属矿精深加工西区和禾源花岗岩板才产业园南区的"四区"共同发展格局，培育发展了森林工业、电子信息、绿色食品、硅晶材料等特色产业。园区先后荣获全省安置就业前十名、小企业创业基地等多项殊荣。目前一期工程（北区）规划用地面积 220 公顷，已全部完成开发，拥有省市重点调度企业新鹏工艺和上市公司投资的绿洲源木业、新大地生物科技以及德瑞制药、晋川实业、扬宏建材等一大批骨干企业。二期工程（东区）规划用地面积 2 万亩，已完成开发建设 6000 余亩。目前已有德和钨业、海能电子、光速电子、通明科技、志博信科技园、金洋电子、宝邦实业、宜华木业等 40 余家企业落户东区。

遂川县工业园区地理位置优越，是闽粤沿海地区通往内陆省份的主要通道之一，105 国道、大广高速穿境而过，距井冈山火车站、飞机场仅 46 千米。

（七）永新县工业园区发展成效

永新县工业园区坐落在永新县埠前镇和怀忠镇，浙赣线分文铁路、圳永公路和已开工建设的泉州到南宁高速公路、即将改线动工的 319 国道贯穿其中。浙赣铁路分文线在文竹镇地段接通衡茶吉铁路，泉南高速公路互通口设在园区。园区距县城 7 千米，距赣粤高速 70 千米，距井冈山机场 80 千米，距吉安火车站 90 千米，距南昌昌北机场和长沙黄花机场均为 300 千米。

永新县工业园区从 2001 年 10 月启动建设，共投入基础设施建设资金 5 亿元，建成面积近 5 平方千米。截至 2019 年 6 月底，工业园区共落户企业 129 家，其中投产企业 102 家。2011 年实现主营业务收入 82 亿元、工业增加值 15.5 亿元、税收 3.8 亿元。2012 年 1~5 月，实现主营业务收入 25.8 亿元，同比增长21%；实现工业增加值 57370 万元，同比增长 27%；工业上交税收 7458 万元，同比增长 30%；期末实现就业 12375 人。永新县工业园区是江西省省级开发区、江西省省级民营科技园、省级中小企业创业基地。

永新县工业园区规划六个功能分区，即铜制品生产基地、皮制品加工基地、罗星产业园、返乡创业园、化工产业园、小屋岭产业园。铜制品生产基地：规划面积 1200 亩，已平整面积 825 亩。重点布局铜加工企业，建设电镀集控区。目前落实重大项目 2 个。2018 年筹资 5000 万元开工建设了 7 栋计 4.6万平方米铜制品加工标准厂房，2019 年再规划建设 8 栋 5.3 万平方米标准厂房，并配套建设 8 栋公租房。皮制品加工基地：占地 1500 余亩，建成了一纵三横路网，绿化、亮化、水电等配套基础设施建设基本完善，已落户皮革项目 7个。罗星产业园是永新县与嘉善县罗星街道本着"优势互补，合作共赢"原则共同建设的"园中园"，主要规划为国际家具城，规划面积 1865 亩，已平整面积 400 余亩，拟打造沪、浙、粤三省市家具及相关配套产业转型提升基地，成为江西中部最大的集家具生产、批发、零售为一体的综合性产业园。返乡创业园：占地605亩，建成400余亩，建成标准厂房近10万平方米，落实生产项目12个、在建项目8个。小屋岭产业园：占地3000余亩，建成了"六纵三横"道路网络，水、电、通信、硬化、亮化、绿化等设施全部配套。基本已填满厂房，尚有厂房出租面积1万余平方米，可置换的厂房3~5家。化工产业园：一期规划面积400亩，以安置化工企业为主，按照"引进一个，建设一个"的原则推进建设。此外，永新县积极欢迎独资或合作建设"园中园"，建园土地储备充足，在达成共识的基础上可以采取各种灵活政策促进"园中园"发展。

工业园区基本实现了企业集中向产业集聚的转变，产业配套能力逐步增强，铜制品（电子）、皮制品、化工、纺织服装（茧丝绸）、机械制造等产业蓬勃发展，特别是铜制品（电子）产业、皮制品产业年产值占园区总产值的比重达到80%以上。铜制品（电子）产业方面，聚集了宏源铜业、赣粤恒兴、西村电子、华邦铜业、亿发精密、富利科技、江友电线、鑫力华科技数码、佳鑫铜业、鸿讯通电子、联富精密、康隆电线等企业。依托电镀集控区和年产20万吨出口高档铜制品项目批文以及在建的铜制品标准厂房，将重点招引铜质水暖器材、铜质阀门、餐厨具、卫浴设备及配件、家电配件、汽车配件、电线电缆、建筑五金、电线电缆、电子元器件、电器等项目，形成"铜板—铜线（铜杆）—电线电缆、电子元器件、电器及铜质卫浴、锁具产品"产业链，打造全国重点铜制品生产基地。皮制品产业方面：发挥传统皮革产业优势，聚集了挺苏皮革、迦南皮革、鑫阳光制革、创欣制革、大德利皮革、福兴皮革、亚泰皮革、永恒裘皮服装、翔龙皮具、赣龙鞋业、龙门皮鞋、鹃花皮箱、万霖鞋业、骏江鞋面等企业，拥有了"赣龙"皮鞋、"鹃花"皮具等江西省知名品牌。依托正常运营的皮革污水处理厂和6家年产100万张牛皮革生产线项目批文，重点招引实行清洁生产、采用先进的生产设备和生产工艺的制革项目，年加工牛皮革100万张（折牛皮标张）以上的制革项目，高档皮革（沙发革、汽车坐垫革、箱包鞋面革）的加工项目，皮鞋服装、皮具箱包等皮革制品项目，超细纤维等合成革加工项目，皮革机械制造及维修项目，形成"蓝皮—皮革—皮制品"产业链，打造华东地区最大皮制品加工基地。

（八）江西峡江工业园发展成效

江西峡江工业园始建于1997年7月，2001年7月经吉安市政府批准设立峡江县工业园区，2006年3月经省政府批准为省级工业园区，同年批准为省级民营科技园。2012年，峡江县开始启动扩区调区工作，将原规划面积6000亩扩大到1.8万亩，2016年实际开发面积为7020亩，新增基础设施投资2.05亿元，在老县城巴邱新建一个河西工业园区，形成"一园两区"的工业发展格局。截至2016年末园区共落户企业累计达122家，其中投产108家，在建项目14家，规模以上项目37家。2016年园区累计完成工业总产值114.7亿元，同比增长7.91%；实现主营业务收入113.3亿元，同比增长6.8%；工业增加值完成22亿元，同比增长8%；园区企业实际上交税金1.7亿元，完成基础设施投入2.5亿元。

峡江县园区生物医药、金属制造、新型纸业及绿色食品加工四大主导产业初具规模，集聚效益凸显。其中，生物医药产业已发展成为江西省级重点工业产业集群，现已落户生物医药企业107家，规模以上企业16家，年主营业务收入超5亿元的企业4家，和美药业二期、源芝药业、卓瑞华医疗、欧德医疗等9个投资亿元以上的项目在建，后劲不断增强。全县建设GAP种植基地12个、中药材繁育基地4个，各类中药材种植面积突破4万亩。2018年主营业务收入突破70亿元、上交税收3.4亿元。聚集生物医药领域高精尖人才11名、博士32名、硕士109名，培育了一批具有高精尖的创新科研团队，和美药业张和胜博士入选中央组织部第十二届"千人计划"创业人才，实现了吉安市此领域的零突破，全省制药领域唯一入选人才。全县医药高新技术企业9家，4家企业列入全省"专精特新"中小企业名单，建有院士工作站2个、国家级博士后科研工作站1个、省级重点实验室1个、省级工程技术中心2个、市级工程技术中心4个。

（九）吉水工业园发展成效

吉水工业园区属省级工业园区，2003年7月启动建设。园区区位优势明显，京九铁路、105国道、赣粤高速以及赣江航运等交通干线和园区平行而过。

园区按照生态型、集约型和现代新城规划要求，规划建设面积18平方千米，核心区10平方千米，已开发4.88平方千米。园区重点扶持和发展电子电镀、林化香料、箱包皮具、冶金建材和特色食品等产业。其中，电子电镀产业已成为吉泰走廊重点发展产业，目前已引进了嘉泰电子、景旺电子、磊鑫达电子、吉西电子等重大项目，注重产业链延伸。电镀集控区2006年获原省环保局正式批复（赣环督字〔2006〕146号），是江西省首个通过环评的电镀基地，被吉安市政府批准为吉安唯一的电镀集控中心，一期规划建设500亩。电镀集控区有氰电镀环评报告已通过江西省环保厅专家评审会评审,获得了省环保厅批复。目前,电镀集控区已平整土地300亩,通往集控区和污水处理厂的主道路和支路已铺筑,实现了"三通一平",日处理污水4000吨的电镀污水处理厂已竣工运营。园区中小企业创业基地是江西省首批获国家发改委批准建设的创业基地,现有项目52个。为响应吉安市政府提出的节约集约用地政策,园区已完成15800平方米标准厂房建设。

吉水工业园区现有投产、在建企业170多家,园区以科学发展观为指导,深入贯彻落实省市县有关经济工作会议精神,以提升园区经济规模和发展质量为主线,以发展特色产业为重点,加快提升招商引资、项目建设、基础设施建设水平,坚决实现重大项目、园区形象、产业聚集三大突破,推进园区发展再上新台阶。2017年,园区实现主营业务收入95.18亿元,同比增长35.2%,完成工业增加值19.35亿元,同比增长37.9%,上交税金2.45亿元,同比增长90%,完成基础设施投入9000万元,新增3000万元以上项目19个,其中亿元以上项目9个,协议总投资规模达22亿元,建成投产项目16个。

2018年,电子信息产业、绿色食品产业两大产业分别实现主营业务收入116.3亿元、120亿元,占吉水县制造业总量的64.7%。与此同时,先进制造企业入园呈加速度态势。仅2018年,入园企业就达37家,计划总投资125亿元。园区经济呈快速增长态势,经济聚集效应更加明显。

第四节　国家部委对口支援带动中小企业发展见成效

2013年8月30日,中央决定,由国家发展改革委、中央组织部牵头,中央宣传部、中央统战部等52个中央国家机关及有关单位分别对赣南等原中央苏区31个县(市、区)实行为期8年的对口支援。其中,8个中央国家机关及有关单位对口支援吉安苏区8个县(市、区)和赣州经济技术开发区。这对于充分调动各方积极性,形成整体合力,共同推动吉安原中央苏区加快振兴发展,具有重要意义。

一、中央国家机关支援吉安苏区工作的总体目标

到 2020 年，通过支援单位、江西省、相关设区市和受援地的共同努力，有效地解决民生问题和制约发展的薄弱环节存在的问题，全面提高干部队伍和人才队伍素质，显著改善基本生产生活条件，加强公共文化服务体系建设，加快发展特色优势产业，使自我发展能力和可持续发展能力显著增强，为实现苏区与全国同步全面建成小康社会目标提供重要支撑。

二、中央国家机关对口支援的时间安排和结对关系

中央国家机关对口支援的时间：对口支援工作期限初步确定为 2013 年至 2020 年，2020 年以后根据实施情况另行研究。

负责对口支援的中央国家机关及有关单位：国家发展改革委、中央组织部牵头，中央宣传部、中共中央统一战线工作部、教育部、科技部、工业和信息化部、国家民委、公安部、民政部、司法部、财政部、人力资源和社会保障部、国土资源部、原国家环境保护部、住房和城乡建设部、交通运输部、水利部、原国家农业部、商务部、原国家文化部、原国家卫生和计划生育委员会、中国人民银行、审计署、国资委、海关总署、国家税务总局、原国家工商总局、原国家质检总局、原国家新闻出版广电总局、国家体育总局、原国家安全监管总局、国家食品药品监督管理总局、国家统计局、原国家林业局、原国家旅游局、原国务院法制办公室、国务院台湾事务办公室、原银监会、证监会、原保监会、原国家粮食局、国家能源局、国家国防科技工业局、国家烟草局、国家铁路局、国家民航局、国家文物局、国务院扶贫开发领导小组办公室、中华全国供销合作总社、国家开发银行、中国农业发展银行参加，共计 52 个支援单位。

中央国家机关对口支援的主要受援地包括江西省赣州市所辖 18 个县（市、区）和吉安市的吉州区、青原区、吉安县、吉水县、新干县、永丰县、泰和县、万安县和抚州市黎川县、南丰县、乐安县、宜黄县、广昌县等 31 个县（市、区）。其中，吉安市的结对安排如下：国家税务总局——吉州区；原国家旅游局——青原区；住房和城乡建设部——吉安县；国家国防科技工业局——吉水县；原国家工商总局——泰和县；原国家林业局——万安县；中国人民银行——新干县；国家铁路局——永丰县。

三、对口支援对推动吉安苏区中小企业发展的成效

（一）吉州区的情况

自从原国家旅游局对口支援吉州区以来，数年间吉州区经济社会呈现发展"加速度"，百姓幸福感日益提升，发展成效显著。

2014 年 1 月，国家税务总局挂职干部到吉州区后就开始深入调研，掌握区情、民情，迅速投入到吉州区"春季攻坚行动"和经济社会发展升级的工作中，全力争取中央政策和项目扶持。在政策支持方面，国家发改委同意将吉州区纳入西部政策覆盖范围，并进一步将吉州区长塘、樟山、兴桥、曲濑 4 个镇列入国家以工代赈项目，支持吉州区经济社会发展，极大地提高了吉州区财政保障民生支出的能力。在政策方面，吉州区全面落实了简政放权、放管结合、扩权强镇、农村土地确权等数十项改革。社会救助行政执法、学前教育改革、相对集中行政许可权改革分别被列为国家级和省级试点。在江西省率先推出"一口式"行政服务、政社互动等改革。樟山新区、工业园区、现代农业示范园等先行先试工作取得较好成效。5 年来，吉州区成功争取到全国第三批城镇发展改革试点区、省级服务业综合改革试点区、省级产城融合示范区、国家层面参照执行西部地区政策、国家税务总局对口支援吉州区原中央苏区建设、河西综合物流园区规划为全国交通枢纽站场等重大扶持政策。

同时，为增强当地经济的"自我造血"能力，着力推动地方特色优势产业发展。国家税务总局挂职干部主动担当，对该区重点税源企业江西电缆有限公司深入开展重组帮扶工作。目前，该企业正在进行内部重组工作，生产经营已恢复正常，并与主要银行达成了银企合作框架协议，为下一步企业发展奠定了基础。主动扶优扶强。多次走访调研江西堆花酒业，了解企业发展瓶颈，加强与国家工商总局商标局沟通，力争使"堆花"酒列入"中国著名商标"，做大"堆花"品牌，提升市场竞争力。同时，积极联系四川省白酒协会等行业标准制定单位来企业开展业务指导和市场合作，引导企业稳步扩大产能。推动招大引强。围绕吉州电子信息和机械装备制造两大主导产业，发挥全国税务系统联络员制度的作用，着力引进税收贡献高、集聚能力强的龙头企业和重大项目，加快吉州产业集聚集群发展。在国家税务总局的对口支援下，该区实现了规模工业增加值 56.4 亿元，实现了 5 年翻两倍；规模工业企业增至 77 家，电子信息、食品医药、机械装备制造三大主导产业集聚成形，通信传输产业主营业务收入破百亿元，被认定为江西省工业重点发展产业集群。井冈蜜柚、绿色蔬

菜、花卉苗木三大特色产业种植突破4万亩；都市田园休闲观光区建设初步成形，月接待近3万人次，成为环中心城区旅游圈的有机组成；绿色食品产业园架构拉开，11家企业入园，被认定为省级现代农业示范区。

（二）青原区的情况

近年来，得益于赣南苏区振兴发展战略的深入实施和原国家旅游局等中央国家机关的对口支援，青原区发生了翻天覆地的喜人变化，一大批惠民生、促发展的重大政策开花结果，一大批打基础、管长远的重大项目落地生根，人民群众的获得感越来越强。

《若干意见》出台后，在原国家旅游局的帮助下和各部门的高度关心和重视下，青原区过去几年成功发展中小型、主题性、特色类、定制类旅游演艺项目，形成了多层次、多元化的供给体系。目前青原区已经成功举办了九届庐陵文化旅游活动。近年来，青原区也积极策应"全景吉安、全域旅游"发展战略，紧扣文化传承和旅游发展两个核心要义，创新文旅融合形式，用独特的文化魅力和文化品格推动青原全域旅游发展再创佳绩。

特别是2018年以来，青原区从研学旅行入手打造文旅融合特色亮点，精心推出了一批研学旅行现场教学点和研学线路，年接待研学游客突破10万人次。青原区还荣获了"中国下元宵文化之乡"称号。东固全面推进创建国家AAAA级旅游景区工作，经综合评定，东固景区被认定为国家ΛΛΛΛ级旅游景区。打造了东固敖上、富滩多彩田园等一批省级乡村旅游点，引进建设了青原山阳明心学院、蝶舞蜂飞主题乐园等旅游新项目。此外，第九届庐陵文化旅游节以"诗与远方 文旅青原"为主题，形式更加多样，内涵更加丰富，四大景区同步举办全国诗歌大赛、旅游摄影大赛、庐陵古风非遗秀、民俗文化表演、旅游商品展销等系列活动30余场。通过文化与旅游的盛宴，大家在青山绿水的山林村落中发现美、在原汁原味的民俗民居中体验美、在古风古韵的历史文化中感悟美。诗韵青原，远方不远。观古风、品诗韵、悟研学、购特产、享美食、赏美景。

在原国家旅游局的倾情帮扶下，青原区按照"旅游+"思路，擦亮"醇美"青原旅游名片，大力推进全域旅游新景区建设。青原区年接待游客数和旅游收入两项指标，连续多年实现25%以上的增长。目前，青原区已成功创建4个国家AAAA级景区、2个国家AAA级景区和1个省级生态旅游示范区，先后获评江西旅游强县（区）、江西推进全域旅游改革创新区、第四批全国旅游标准化试点单位,力争打造成江西省"乡村旅游首选地"和全国"研学旅行承接地"。该区紧抓国家旅游扶贫试验区创建的重大历史机遇,整合财政、农林水、红色旅游、扶贫开发等 10 个项目资金,集中捆绑扶持旅游项目建设,用旅游"金钥匙"帮助更多的贫困群众精准脱贫。目前,青原区共有 700 多个家庭从事旅游业,营业额平均增长率保持在 50%,乡村旅游人均增收达 3000 元以上。

(三)吉安县的情况

得益于住房和城乡建设部的强力支援以及省、市各级政府的坚强领导,吉安县经济社会呈现发展"加速度",百姓幸福感日益提升,苏区振兴发展工作取得显著成效。

落户永和镇的宝泥坊有限公司订单来自世界各地,2017 年营业额超过 1000 万元;坐落于永和宋街的东昌酒楼也是顾客盈门、餐餐爆满,菜色与名气齐增。而这一切均得益于永和吉州窑陶艺特色小镇建设。两年多来,围绕基础设施建设和民生改善,结合受援地发展需要,住房和城乡建设部充分利用自身优势,努力把各项政策要素和资源要素转化为县域经济发展的优势。在住房和城乡建设部的全力支持下,充分融合吉州窑千年历史、文化休闲旅游和陶瓷产业振兴等发展要求的永和特色小镇项目,自 2017 年以来取得了快速发展。一是国家特色小镇申报成功。7 月 13 日,成为吉安市第一批特色小镇;8 月 4 日,入选江西省第一批特色小镇创建名单;8 月 22 日,被确定为第二批国家特色小镇,为吉安市唯一。二是国家考古遗址公园获评。12 月 2 日,吉州窑遗址被国家文物局评为国家考古遗址公园,此次获评也是江西省唯一。三是国家 AAAAA 级景区创建全面推进。按 AAAAA 级景区要求,安装免费无线网络,实现了全覆盖,建设景区公交亭,完善基础设施。共接待来自美国、加拿大、澳大利亚、上海、广东、重庆等国家和地区的客商 62 批次 518 人次。11 月 29 日至 12 月 2 日,第二届上海国际陶瓷柴烧节活动上海主会场和吉安分会场活动取得圆满成功,吸引了河南、山东等地和美、日、韩等国家的近百名陶瓷艺术家参加。

永和老街、宋街业态及周边环境整治改造,道路、供水、电网等基础设施的改善,不仅大大提升了村民的居住环境和生活质量,而且带动了景区陶艺作坊、陶瓷销售、餐饮等行业发展。近年来,嘉瑞陶瓷、香港尚荣、空山房等 10 多家陶瓷企业和工作作坊落户永和陶艺小镇,来自全国各大院校、中小学校的陶瓷作坊体验游、研学游、交流游等人数剧增，接待量超 3 万人。吉州窑柴烧艺术作品在国内外参展作品中脱颖而出，共荣获三等奖 2 次、优秀奖 3 次、特别奖 1 次。吉州窑古陶瓷研究所选送的吉州窑窑变梅瓶获 2017 年景德镇国际陶瓷博览会"十大名窑"金奖。永和豆腐、萝卜干、小鱼干等地方特产，以农家乐著称的"尹家大院""龙虾基地"等独具特色的各式餐饮，让游客慕名而来，满意而归。

（四）吉水县的情况

国防科技工业局对口支援吉水县，协力同心推动国防科工系统的对口支援在吉水落地生根、开花结果，谱写振兴发展新篇章，吉水县苏区振兴发展工作取得显著成效。五年来，吉水振兴发展取得了辉煌成果。2016 年底，吉水县完成国内生产总值 133.4 亿元，比 2011 年的 70.5 亿元增长 89.2%；财政总收入 14.58 亿元，比 2011 年的 7.06 亿元增长 106%；规模以上工业增加值 50.92 亿元，比 2011 年的 26.6 亿元增长 91.4%；城镇居民人均可支配收入 24726 元，比 2011 年的 15987 元增长 54.67%；农村居民人均可支配收入 13825 元，比 2011 年的 7165 元增长 93%。主要经济指标均达到或超过预定目标，经济社会发展保持了稳健增长。

目前，吉水县的产业基地已签署意向合作项目 15 个，其中江西中电新材料（中国电科 23 所航空航大特种线缆）项目、江西中信航空制造（洪都锻造）项目建成投产；江西中信航空二期机械加工项目建设进展顺利；兵器现代农业科技服务公司在吉水积极拓展业务。2017 年 11 月，51 所中电科微波电子科研生产基地落户吉水，投资 1 亿元；23 所特种线缆二期已完成评估，即将开工建设，并将引入国际高端技术与管理团队，提高项目运营水平。此外，昌飞公司吉水通航基地、天虹商业综合体、29 所 5G 薄膜滤波器生产、航天云网智慧城市建设等意向项目也在积极跟踪推进。

在国防科技工业局对口支援吉水县发展推进会上，中电 23 所二期项目、合力泰科技公司、欣迪盟新能源科技公司等项目正式签约落户吉水县。这标志着吉水县产业迈入了发展的快车道，将为工业崛起和县域经济转型升级带来强劲动力。为促进军工经济与县域经济融合发展，促进工业转型升级，国防科技工业局动员国防科技工业全行业、科技产业加入对口支援吉水县行列。江西省国防科技工业厅积极策应国防科技工业局的部署，大力指导和协助对口支援吉水工作；各军工集团公司，中国工程物理研究院及其所属企事业单位分别与吉水进行多轮、多层次的深入对接。

吉水县先后与国防科技工业局、省科工办、各大军工集团汇报对接 60 余批 400 余人次。目前，已签署意向合作项目 10 余个，其中正式落户项目 4 个，竣工投产项目 2 个。为全力推动项目建设，吉水县将中电新材料、中信航空锻造、机械加工等军工项目列入重点调度项目范围，成立专门帮扶小组全程帮扶。不仅如此，军工企业与吉水的对接，成功推动中国电子科技集团公司、中国电子信息产业集团有限公司分别与吉安市人民政府正式签署了战略合作协议，支持吉泰走廊打造电子信息产业高地。

3000 亩吉水产业基地就是吉水县抢抓国防科技工业局对口支援机遇、积极搭建产业发展平台的重要成果，已纳入江西省苏区振兴 50 个重大调度项目。目前，基地路网框架已完成，9.5 万平方米标准厂房初具规模，签约产业项目 10 个。其中，中电新材料、中信航空锻造项目竣工投产；中信航空机械加工奠基开工，兵器工业现代农业科技服务中心建设项目正式落户，近年力争引进约 20 家军工关联企业，打造百亿产业园。

（五）泰和县的情况

原国家工商总局对口支援泰和县，按照"主攻项目、决战两区，做大总量、加快集聚"发展战略，紧紧围绕"重振雄风、再创辉煌"的奋斗目标，大力推进重点项目建设，励精图治，务实担当，使泰和县经济社会保持持续、健康、稳定的良好势头。2018 年，泰和县生产总值达 178.01 亿元，较 2012 年增长 77.16%，人均 GDP 为 29668.3 元，较 2012 年增加 10218.3 元；三次产业结构由 2012 年的 21.8：54.6：23.6 调整为 14.5：44.8：40.7，产业结构进一步优化；财政总收入达 23.32 亿元，较 2012 年增长 71.72%；2017 年固定资产投资完成额为 154.54 亿元，2018 年因基数调整为 92 亿元，增长 11.2%；城镇居民人均可支配收入为 29059 元，较 2012 年净增 12089.36 元；农村居民人均可支配收入为 15067 元，较 2012 年净增 7403.44 元。

原国家工商总局积极牵线搭桥，围绕电子信息、机械制造、绿色食品等主导产业帮助泰和县开展产业招商，促成 20 余家企业到泰和县进行考察投资；大力支持泰和县实施商标战略和"商标富农工程"，打造农副产品金字招牌，提升产品附加值；促成阿里巴巴、京东两大电商巨头入驻泰和县。目前，泰和县有电商企业 156 家。自 2012 年以来，泰和县共招引重点项目 179 个，累计实际利用省外项目资金 309.34 亿元，年均增长 12% 以上，实际利用外资从

2012 年的 5800 万美元增长到 2018 年的 10139 万美元，年均增长约 8.5%。泰和县大力实施工业强县的核心战略，聚焦电子信息、装备制造、绿色食品三大主导产业。相比 2012 年，2018 年泰和县工业企业共 102 户，增加 33 户，实现主营业务收入 282.8 亿元，增加 81.5 亿元，增长 40.5%。主营业务收入过亿的工业企业有 27 家，其中，过百亿企业 1 家（江西合力泰科技有限公司）。电子信息、装备制造、绿色食品三大主导产业中规模以上工业实现主营业务收入245 亿元，其中，规模以上电子信息工业企业 30 户，实现主营业务收入 214亿元。龙头企业江西合力泰科技有限公司主营业务收入由 2012 年的 22.6 亿元提高到 189 亿元，成为吉安市首个百亿企业，成功入选全国电子信息百强企业。泰和县工业园区晋升省级高新技术产业园区，全县现有省级以上高新技术企业 12 家，江西合力泰科技有限公司成立了江西省工程研究中心（液晶显示），并已获批国家技术中心。全县智能装备制造产业现有企业 43 家，其中，规模以上装备制造企业 9 家。以泰和乌鸡、粮食加工为特色的绿色食品产业有规模以上企业 21 家。深入开展"大众创业、万众创新"。截至目前，县工业园区返乡创业 214 人，创办企业 152 个，年产值达 195.27 亿元，占全部企业总产值的 69.35%。园区返乡创业累计带动就业 29654 人，同比增加 3627 人。编制完成了《绿色食品产业发展规划》等多项传统产业发展规划。同时，原国家工商总局积极落实国家重大人才工程和引智项目向原中央苏区倾斜的政策，目前正在推进园区企业与中科院、浙江大学等洽谈建立院（校）企联盟，做大做强人才之间的相互培养，加快科研技术成果的转化。

（六）万安县的情况

原国家林业局对口支援万安县，在原国家林业局的指导下，万安县委、县政府积极作为，主动对接，全力争取对口支援各项措施落地见效。

自对口支援实施以来，原国家林业局全力争取政策帮扶。积极策应国家林业局对口支援工作思路，充分利用万安县域生态环境优美、旅游资源丰富和文化底蕴深厚的优势，主打"生态"牌。2014 年，中国野生动物保护协会授予万安县"中国果子狸养殖之乡"；原国家林业局推动协调国家相关部门将万安县纳入"国家主体功能区建设试点示范县""第二批全国生态文明工程试点县"。2016 年，国务院正式批复万安县列为国家重点生态功能区新增县；将万安湖湿地公园纳入建设试点范围；授予万安县"2013~2015 年度全国森林防火工作先进单位"；指导万安县成功创建江西省森林城市；为进一步增强脱贫户的内生发展动力，原国家林业局大力推进产业"造血"扶贫，安排专项经费，支持万安县开展竹编工艺技术培训。在原国家林业局的支持下，2016年万安县选送27名农村妇女远赴四川省青神县进行为期45天的培训，帮助贫困妇女走上"家门口就业增收致富"的路子；对万安县两家民营企业——江西鑫海花木有限公司、福鑫生态农业有限公司给予系列政策扶持。如今，江西鑫海花木有限公司在枧头镇打造的"花花世界观光园"获得了国家AAA级旅游景区称号，吸引近百个贫困户在园区内务工。福鑫生态农业有限公司在潞田镇打造的"红豆杉"养生谷，帮助当地农民组建了合作社，实现了"公司＋合作社＋农户"生产共赢的模式，吸纳建档立卡贫困户240多户，帮助贫困户人均年增收1000元以上。

2016年9月，原国家林业局在全面调研的基础上，结合万安县的实际需求，出台了《对口支援万安县2016~2017年工作分工方案》，明确提出了造林绿化、森林公园建设、森林防火、林业有害生物防治、产业与生态脱贫、智力扶持等15项具体帮扶任务，逐项落实牵头司局单位，明确了对口支援的具体方向和工作举措。方案中的大部分任务已得到解决和落实。退耕还林、封山育林、天然林保护、植树造林面积逐年扩大，森林采伐量和森林火灾受灾率不断下降，林业投资力度加大，林业产业加快发展，生态旅游方兴未艾，富硒生态农业蓬勃发展。2017年，批复了万安湖国家森林公园经营范围调整问题，有力支持了高山嶂风电场项目的建设；支持万安县建设抗旱应急水源工程枫树坪水库项目，及时批复项目占用林地报批手续；批准了赣江井冈山航电枢纽工程项目（坝址）使用林地。这些政策的落地，为万安打造美丽中国"江西样板"奠定了坚实的基础。此外，全力争取项目帮扶。原国家林业局无偿调拨了一批重要森林防火物资，万安湖国家湿地公园试点建设稳步推进，万安县森林重点火险治理工程已开始启动。同时，在原国家林业局下派挂职干部积极协调下，帮助万安县向国家环保部、财政部顺利申报了万安水库流域区间河流水污染防治项目，已落实项目资金约3000万元。指导万安县推进了国有林场改革步伐，棚户区改造力度加大投入，林场职工全部纳入了财政预算。随着一个个项目的落地生根、开花结果，随着一批批资金的源源注入、发挥效应，原国家林业局为万安县的跨越式发展注入了强劲动力。

同时，原国家林业局将生态保护与脱贫攻坚紧密结合起来，政策上积极倾斜。万安县是林业大县，全县林地面积216.3万亩，占国土面积的七成以上。原国家林业局将生态保护与脱贫攻坚紧密结合起来，政策上积极倾斜，将万安最大的生态优势转化为脱贫致富的资源优势。在 2016~2018 年三年时间里，为万安县安排生态护林员指标共 1967 人，让符合条件的建档立卡的贫困人口就地转为护林员，每人每年享受工资性收入 1 万元。这项惠民政策深受基层群众欢迎，既带动 1967 户贫困家庭、3000 多名贫困人口脱贫，又充实了生态护林员队伍，加强了森林资源的管护，铺就了"农民得实惠、生态得保护"的双赢之路。同时，原国家林业局大力推进产业"造血"扶贫，安排专项经费支持万安开展竹编工艺技术培训。立足于对口支援万安县，原国家林业局通过下派挂职干部横向协作与联系，充分发挥了"挂县、带市、促省"的积极作用。

（七）新干县的情况

中国人民银行对口支援新干县，大力推进当地的振兴发展，新干线经济社会呈现发展"加速度"。

2018 年，新干县生产总值 135.2 亿元、财政总收入 19.01 亿元、农村居民人均可支配收入 15530 元，年均增速均保持了"两位数"，分别是 2011 年的 1.99 倍、2.26 倍和 2.22 倍。三次产业结构调整为 13.6：47.3：39.1；新增高新技术企业 12 家，总量达 19 家，增量和增幅均位列吉安市第一。工业产业加速集聚，新干县实现规模以上工业增加值 52.4 亿元、主营业务收入 260 亿元，是 2011 年的 3.85 倍。工业园区率先完成扩区调区，园区总规模由 333.3 公顷扩调为 1210.5 公顷。盐卤药化产业被列为江西省首批 20 个省级工业示范产业集群，东源箱包基地被列为江西省小微企业创业园。农业发展稳步推进，农村土地确权登记颁证工作基本完成，现代农业示范园初具规模，农业基础进一步夯实；粮食生产连年丰收，特色农业集约发展。新干县有市级以上农业龙头企业 46 家，比 2011 年增加 15 家，其中，国家级农业龙头企业 2 家，省级农业产业化龙头企业 16 家，居吉安市第一；家庭农场 972 家，农民合作社 839 家，总数居吉安市第一。新干县被评为首批国家农产品质量安全县、首批全国主要农作物生产机械化示范县、江西省农业和农村工作先进县、江西省粮食生产先进县、江西省粮油绿色高产高效创建示范县、江西省春季森林防火平安县、江西省鄱湖杯水利建设先进县，并获得江西省小农水重点项目建设绩效考核第一名等荣誉。

现代服务业不断繁荣，现代服务业增加值达到 35.6 亿元，是 2011 年的 3.42 倍；打造了"1+N"城乡电商产业格局，被列为国家电子商务进农村综合示范县；箱包皮具市场、灯饰照明交易市场、城北物流园先后投入运营，形成了"工贸互动、产城融合"的发展格局；金融市场日益活跃，九江银行、赣州银行、中银富登村镇银行等金融机构先后入驻新干县；对外开放平台不断完善，外汇管理服务中心、海关事务联络办公室、检验检疫联络办公室先后挂牌成立。新干县金融机构各项存款余额 209.2 亿元，各项贷款余额 154.6 亿元，余额存贷比 73.9%，高于吉安市平均水平 7.5 个百分点。财园信贷通为 96 家企业发放贷款 3.64 亿元，总量居吉安市第一，信用企业基金为 22 家企业发放续贷周转金 1.3 亿元，争取扶贫再贷款 1.95 亿元。新干（国际）灯饰城列入省级现代服务业集聚区。新干县物流业新增车辆 571 辆，新增吨位 7973.8 吨，实现物流业税收 4645 万元，比 2011 年增长 121.4%。全域旅游蓄势待发，重点推进金果世界、华城门城市旅游集聚区和青铜文旅、海木源等旅游项目建设，成功举办了五届中国·新干（国际）箱包皮具节和第一届旅游文化节，邀请央视《乡约》栏目举办了"金果世界我来了"——"秋之韵"和首届农耕运动会系列活动，成功创建国家 AAA 级景区 2 个、省 AAAA 级乡村旅游点 2 个、省 AAA 级乡村旅游点 6 个。电子商务发展向好，电商交易额突破 60 亿元，增长 20%，其中，跨境电商交易额突破 1000 万美元；3 个旗舰店进入全国拉杆箱网销前 10 名，新干大学生（青年）电子商务创业孵化基地荣获"2018 年江西省创业孵化示范基地"，在吉安市率先启动省级网络市场监管与服务示范区建设，荣获"全国电商示范百佳县"。

中国人民银行总行先后选派 3 批次人员挂职新干县。六年来，中国人民银行各级机构高度重视对口支援工作，总行陈雨露副行长、潘功胜副行长等领导密集赴新干县调研指导工作，高位协调推动工作开展。以协调推进金融改革、金融创新和金融基础环境建设为突破口，围绕农村信用体系建设试验区、普惠金融改革试验区、全国农村承包土地的经营权抵押贷款试点等重点任务攻坚克难，持续加大对口支援力度，推动新干县实现全面振兴和跨越式发展，取得了显著成效，主要体现为五个"最"。

一是金融信贷支持在当地县（市）中最强。截至 2019 年 5 月末，新干县银行机构各项贷款余额 154.39 亿元，比 2013 年末增加 102.06 亿元，增幅达 195%；余额存贷比 67.58%，比 2013 年末上升 20.13 个百分点，余额存贷比居吉安市第一。信贷投放工作当年新增贷款、贷款增速、增量存贷比均居当地县（市）前茅。共向新干县六大重点产业群累计发放贷款近 80 亿元；向两家法人金融机构发放支农扶贫再贷款近 4 亿元，发放支小再贷款 1 亿元，有效降低了支农和支小融资成本；小微企业贷款余额 50.9 亿元，占比 32.97%；涉农贷款余额 109 亿元，占比 70.78%。连续三年全面完成"三个高于"信贷投放目标。

二是金融创新产品在当地县级市中最丰。"支农信贷通""财园信贷通""农村承包土地经营权抵押贷款"等试点业务全面启动，累计发放各类金融创新产品贷款近 40 亿元；推动新干县政府利用 5000 万元财政资金设立风险缓释基金，为中小企业提供财政资金担保及倒贷资金支持；农业政策保险全面推开，2016年便实现了"应保尽保"，保费规模近 2103 万元，居吉安市第一。

三是金融组织类型在当地县级市中最全。目前，新干县有银行金融机构达 11 家，保险业机构 16 家，证券期货营业部 2 家，小额贷款公司 2 家，担保公司 2 家。中银富登村镇银行、江西银行先后入驻新干县。2014 年，新干县成功设立了吉安市首家农民资金互助合作社——界埠镇农民资金互助合作社，引进了中亿佰联民间借贷服务中心、民间融资管理服务中心，吉安市首家新干县外汇管理与服务中心成功挂牌运行。目前，新干县是江西省金融机构种类最全、机构最多的县市。

四是金融生态环境在当地县市最优。小微企业和农村信用体系试验区建设有序推进，共评定出信用乡镇 7 个，对 13 个乡镇近 3000 户农户评定"文明信用户"，推行信用、低息优惠贷款政策支持。新干县不良贷款率仅为 1.11%，"两通"业务不良率为零，连续三届成功创建吉安市金融生态示范县。中国人民银行南昌中心支行每年给予 20 万元专项资金用于支持新干农村信用体系试验区建设，为试验区建设提供了关键的资金保障。

五是金融服务体系最密。发挥赣南等原中央苏区金融培训基地平台，先后开展三期教育宣传活动，为近 1000 名赣南苏区县干部开展金融培训；运用"新干金融大讲堂"重要载体，为新干县党政干部开展金融形势政策宣讲；建立"南昌中支处长进新干"机制，为新干县机关干部进行金融知识宣传；依托"乡镇＋银行＋学校"宣传组合，畅通"金惠工程"普及乡镇最远一公里，实现金融知识进课堂、入农户。全面推进农村金融服务站等支农助农网点建设并实现乡镇、行政村全覆盖，新干县农村地区营业网点 294 个，农村普惠金融服务站 17 个，工业园区金融服务站 1 个，布放 POS 机、ATM、"智付通""农商通"等 1310 台；中国人民银行总行研究局党总支向神政桥学校捐赠 20000 元，用以改善学校教育条件；上海资金清算所向三湖中心小学捐赠 83 万元，用于建设书法和心理健康教室，极大改善了学校教学设施。

最后，新干县在中国人民银行的帮助下，累计引进亿元以上项目 65 个，5

亿元以上项目 14 个，引进了兰太化工、新瑞丰生化、天宇化工、欧氏化工、中山百诺、江西仰立新材料精细化工项目、铂瑞能源热电联产项目等一批重大项目，特别是总投资 200 多亿元的赣江新干航电枢纽、新干至东乡高速公路、昌吉赣客专、风电、通用机场等重大项目，对新干县今后的发展将起到巨大的拉动作用。2018 年引进省外项目资金 56.1 亿元、增长 11.2%，实际利用外资 8605 万美元、增长 9.5%，实现外贸出口 3.5 亿美元、增长 6.7%，其中，生产型企业实现出口 1.1 亿美元，生产型外贸企业总数居吉安市第一。加大项目谋划和争取力度，2018 年争取上级各类资金 11.7 亿元，完成项目开发 97 个，其中亿元以上项目 20 个。列入省市县三级联动的 36 个重大项目已开工 35 个，19 个市重点调度项目全部开工。新干通用机场及航空产业开发项目成功签约，新干县立体交通时代迈出了坚实一步；赣江新干航电枢纽工程完成投资 33.1 亿元、占总投资 87.1%，2 台机组并网发电；国电投七琴城上风电、中电建五老峰风电全部并网发电，为经济社会发展打下了坚实基础。

（八）永丰县的情况

自 2013 年国家铁路局对口支援永丰县以来，国家铁路局高度重视，高屋建瓴谋划对口支援工作，高位推动各项工作落实，倾情帮扶，全力以赴助力苏区振兴。国家铁路局根据永丰县的实际情况和发展需求，结合自身职能，出台了《对口支援江西永丰县实施方案》，从铁路建设、项目合作、资金支持、宣传推介、人才技术、旅游开发、脱贫攻坚等多个方面，给予了倾心的支持。根据当地发展新情况，梳理急需解决的民生问题和发展瓶颈，制定了《国家铁路局对口支援永丰县 2014~2015 年工作方案》《国家铁路局对口支援永丰县 2016~2017 年工作方案》，国家铁路局上下把对苏区人民的浓浓情怀化为实实在在的行为行动，千方百计助推政策项目落地开花。

在国家铁路局的全力协调下，吉武温铁路纳入国家铁路网中长期规划，力争"十三五"期间全线开工建设。48.8 万永丰人民期盼多年的铁路出行梦即将圆梦。通过协调各级交通运输部门，永丰至藤田公路"二改一"工程被列入"十三五"国省道改造规划和 2017~2018 年改造计划。2018~2020 年，永丰县每年增加县道升级改造里程达 30 千米，并可享受 160 万元 / 千米的高标准补助。在国家铁路局的协调下，中国中铁衡水铁路电气化学校和郑州铁路技师学院与永丰县达成合作办学协议，将铁路电气化、铁道工程等专业打造成永丰县职业中专的优势专业，为永丰今后的产业发展打下了扎实的人才基础保障。

第七章

吉安苏区推动中小企业发展的主要经验分析

近年来，吉安市坚持推进赣江保护，协调推进水污染防治和岸线保护利用，大力实施创新驱动和产业转型升级，开展赣江流域生态综合治理，推进"全景吉安、安全旅游"发展。五百里赣江最美岸线"芳容初显"。在此基础上，吉安市将进一步推进"旅游＋农业、农村、文化、宗教、民俗、工业"等绿色产业模式，实现赣江岸线最美风光、历史古迹之美、水体水路之美、滩涂湿地之美、地坝之美、乡镇工业园区之美，打造"五百里风光带、万亿产业带"，朝着"水美、岸美、产业美"的美丽目标迈进。

第一节　生态环境是繁荣中小企业的前提条件

优美宜人的生态环境是吸引企业聚集的前提条件。吉安市近几年尤其注重生态环境的保护与开发，从 2018 年江西省生态文明建设年度评价结果来看：吉安市在 2018 年江西省生态文明建设年度评价结果（绿色发展指数）中得分82.78 分，位列江西省第 4，排名较 2017 年前进 2 位；仅次于赣州、景德镇和南昌。公众生态环境满意度 90.39 分，位列江西省第一，是三年来江西省满意度首次突破 90% 的设区市。

绿色发展指标体系包括资源利用、环境治理、环境质量、生态保护、增长质量、绿色生活、公众满意度 7 个方面，共 58 个评价指标，全面客观地反映了各地区一年来绿色发展的成果。其中，前 6 个方面的 57 项评价指标纳入绿色发展指数计算；而公众生态环境满意度调查结果则单独进行评价和分析。江西省统计局社情民意调查中心通过电话抽样调查，来了解公众对生态环境的主观满意程度。这对吸引企业与人才的聚集都起到了积极的带动作用。

近年来，吉安市委、市政府坚决贯彻落实习近平生态文明思想，加快建设全国生态保护与建设示范区，坚决打好污染防治攻坚战，扎实做好显山露水、治山理水文章。在护水、治水、活水等方面下大功夫，吉安市 137 处乡镇级和千吨万人水源地中，80 处农村集中式饮水水源保护区已完成划定；中心城区备用水源建设已全面开工，将有效解决城区应急供水问题。关停 2679 家环保不达标的生猪养殖场，39 个生猪生态循环养殖小区正开工建设，全面取缔赣江沿线网箱养鱼。中心城区后河、泰和县澄河及汪陂河、新干县老湄湘湖水系连通等水环境治理全面启动，真正实现"死水变活水、无水变有水、浑水变清水"，泰和县从南车水库引水入城，中心城区引禾河水入城的工作正在前期的准备中。这些都使吉安市的生态环境质量明显改善，在打造美丽中国"江西样本"走前列上取得新成效。

同时，通过大力发展绿色生态农业、全域旅游、健康养生等生态经济，推进产业生态化和生态产业化，牢固树立"生态＋"理念，高标准壮大绿色经济；强化农村面源污染治理和畜禽养殖污染治理，加快畜禽生态化、标准化养殖步伐，推进秸秆综合利用、生活垃圾焚烧发电等重点项目建设，努力补齐短板。吉州区在沿江曲沙村建设含光荣院、映山红医养老年公寓、樟山中心敬老院、未成年人保护中心"四位一体"的区养老服务中心；在白塔山生态公园北规划建设以养生度假为主的温泉养生康谷。沿江村庄正加快土地流转，建设以千亩道地药材和绿色蔬菜种植为主的田园综合体，打造"井冈山"区域农产品公用品牌。上述等一系列举措，使吉安生态文明建设力度不断加大，成效不断显现，区域环境质量明显改善，生态文明建设公众满意度不断提高。

最后，在农村环境的治理上，吉安也提出了四个方面的抓手，实现农村环境的"清净整洁、精细秀美"目标。第一，紧盯突出问题抓整治。全面治"脏"，大力开展农村垃圾"清零"行动，做到房前屋后干净、河塘沟渠干净、村庄田头干净。重拳治"乱"，加大乱贴乱画、乱披乱挂、乱搭乱建整治力度，解决占道经营、乱设摊点、乱停乱放等问题。铁腕治"违"，严查"两违"建房，坚决遏制新增违法建设，大力整治蓝色铁皮屋。第二，聚焦"十大工程"抓推进。对标各个专项工程要求，深入梳理自查，看是否达到了时序进度、是否还存在缺漏短板。扎实推进农村生活垃圾治理，全面落实"户分类、村收集、乡转运、区域处理"的运行模式，完善城乡生活垃圾"全域一体化"第三方治理模式，扎实推进农村生活垃圾分类。扎实推进农村生活污水治理，将农村水环境治理纳入河（湖）长制工作内容，因地制宜、梯次推进农村生活污水处理设施建设。扎实推进农村"厕所革命"，紧盯目标，选择一些群众意愿强、基础条件好、配套资金足的村庄开展改厕整村推进。扎实推进畜禽养殖废弃物资源化处理，大力推进生态化养殖，深入开展农药使用量零增长行动，推进农作物秸秆综合利用。第三，围绕生态宜居抓提升。对标"精心规划、精致建设、精细管理、精美呈现"要求，全力打造"生态宜居"的美丽乡村。提升村庄规划，有序开展村庄规划编制，确保年底基本完成村庄类型调查和分类。提升村容村貌，改善基础设施，着力提升农村建筑风貌，持续推进村庄洁化、绿化、亮化、美化。提升"三沿两岸一区"示范带，聚焦特色风貌，深入挖掘村庄历史遗迹、风土人情、风俗习惯等人文元素，建设具有庐陵风格的美丽乡村；聚焦清净整洁，营造"空气清新、河水清澈、大地清洁"的良好环境；聚焦精细秀美，统筹规划"山、水、林、田、路、房"，打造"步步皆景、移步换景"的沿线景观；聚焦产业富民，加快沿线特色富民产业发展，推进"一村一品"，加快农旅融合，带动群众致富增收。提升"三类村点"建设。特色村点建设要对照"科学规划布局美、村貌悦目环境美、村强民富生活美、乡风文明身心美"的四美标准，积极引入经营主体和特色业态，推动从"建设村点"向"经营村点"转变。第四，要注重健全机制抓长效。农村人居环境"三分在建、七分靠管"，要着力健全管护运行机制、投入保障机制、督导考核机制等长效机制，抓好农村人居环境常态化管护。

一、新干县"四大行动"建设美丽宜居生态庭院

新干县充分认识到生态环境是吸引中小企业聚集的前提条件，2019年以来，新干县通过实施"设施提升、卫生整治、庭院绿化、乡风文明"四大行动，扎实推进"洁绿美"美丽庭院建设，打造"整洁美丽、和谐宜居"的农村人居环境。截至目前，新干县已创建美丽庭院2614个，持续优化生态环境，对促进农民工返乡创业、带动中小企业发展起到了十分积极的作用。

新干县以美丽乡村建设为引领，通过实施拆旧建新，对水、厕、沟、线及入户道硬化等生产生活条件进行改造，完善农村"七改三网"等基础设施建设，不断夯实美丽廊院建设基础。截至目前，新干县380个新农村建设点共投入建设资金4600万元，已完成改路105千米、改水2146户、改厕2265户、改沟131千米、改塘55口，拆旧房13.5万平方米，建新房6万平方米，改造

民居 216 栋。新干县还持续巩固运行"户分类、村收集、乡转运、县处理"城乡环卫一体化机制，全面实施农村生活垃圾全域第三方治理，农村环境卫生明显改善。在此基础上，结合美丽庭院创建工作，大力开展庭院卫生整治行动，以村为单位，动员县挂点干部、乡村干部及村民积极参与，对农村房前屋后"八乱"现象进行集中整治，帮助村民整治庭院卫生，同时做好宣传教育和日常监管工作，引导群众自觉维护好庭院卫生，打造清净整洁的人居环境。沂江乡车头村进行创新，推出"巷长制"，由村里党员、热心村民担任巷长，对每条巷道、每个庭院实行网格化管理，使美丽庭院建管常态长效。

同时，新干县还大力实施庭院绿化行动，引导群众在庭院内种树栽花，美化环境。结合重点发展商洲枳壳这个特色富民药材产业，县委、县政府要求每个新农村点房前屋后种植商洲枳壳，并作为县四套班子美丽乡村建设年终督查的一项重要内容，实现了新农村点植树造绿，全面开花。截至目前，全县已有 360 个新农村建设点绿化植树 5 万株。以创建全国文明城市为契机，广泛开展"十个一"创建活动，即每个新农村建设点都有一名义务宣传员、一个道德评议会、一支志愿者服务队、一批文明示范户、一部村规民约、一组家风家训、一支农民文艺演出队、一个文体活动小舞台、一面社会主义核心价值观文化墙、一个善心义举光荣榜，重点聚焦农村大操大办、厚葬薄养、黄赌毒、封建迷信、非法宗教等陈规陋习，推进"移风易俗、促乡风文明"行动。

此外，积极开展"清洁户""卫生户""最美家庭""和谐邻里"等评选活动，每年开展 10 多场"兴家风、淳民风、正社风""孝行新干、感恩父母"等主题活动，彰显新时代农民新面貌。全县涌现出荷浦乡巷口村、金川镇华城门村两个"全国文明村"，并打造了潭丘乡海木源省 AAAA 级乡村旅游点，溧江镇溪边村、桃溪乡黎山村、神政桥乡神龙湾三个省 AAA 级乡村旅游点。

二、遂川县的环境治理让城市更洁净

人工智能是未来的发展方向，也是提升环卫效率的重要手段，遂川县紧抓发展趋势。2019 年遂川县环卫所投入 600 万余元，采购了清扫车、洒水车、压缩挂桶车、重型特殊结构货车、清运车、高压冲洗车、快速保洁车等 78 辆环卫专用车辆，城区机械化清扫率达 86.1%。"人工＋智能"的模式，既提高了环卫作业效率，又让城区环境卫生水平得到明显提升。

同时，遂川县还实现厕所全覆盖，改善居民"如厕难"的问题。遂川县政府深知"小厕所，大民生"的道理，积极开展"厕所革命"行动。在街道、景区等公共场所，厕所普遍脏、乱、差、少，"如厕难"成为群众反映强烈的突出问题。2018 年，遂川县投入 25 万余元，按照一类标准改建东路小区公厕，自此"厕所革命"的号角正式吹响。此后，又投入 298 万余元，新建 11 座城区公厕，实现城区公厕全方位覆盖。为避免居民"找厕难"的困惑，所有公厕路段还都安装了公厕指示牌；所有公厕严格按照二类公厕及以上标准新建和改造，厕位设置合理。为满足特殊人群需要，还设立了无障碍设施和如厕时方便异性亲属在旁边照顾的第三卫生间；建立了严格的管理制度和保洁标准，安排专人管理，并全天候免费开放。无臭、无蝇、无烟的"三无"厕所，为大家创建了良好的如厕环境。"厕所革命"在城区开展一年多，成绩斐然。

最后，遂川县还逐步强化居民的垃圾分类与环保意识。众所周知，随着科技的发展，垃圾有效利用成了节能环保的重要课题。通过努力，看得见的变化使老百姓街头巷尾热议的话题从超市折扣变成了垃圾分类。城区主干道上的垃圾桶，全部标注了"可回收""不可回收"字样。在龙泉一号小区、城北小学、行政中心大楼 3 个试点，正在率先建设"四分法"分类收集亭，并设置相应的蓝、绿、红、灰四种分类垃圾桶。遂川还在居民区试点区，向居民免费发放印制有家庭编号和二维码等信息的垃圾袋，居民使用垃圾袋的数量将转换成积分存入"绿色账户"，积分可兑换成实物商品，形成"分类可积分、积分可兑换、兑换可受益"的激励链。现在人街上，几乎再也看不到垃圾的踪影。

通过上述一系列措施，遂川县极大地改善了城市的生态宜居，为接下来的经济快速发展奠定了极好基础。

第二节　金融环境是中小企业发展的关键

吉安金融环境筑起中小企业聚集于发展的高地，缓解中小企业融资痛点，疏导融资堵点，降低资金成本给予企业"真金白银"实惠。2018 年 12 月 4 日，全市普惠金融改革试验区创建推进暨"降成本优环境"政银企对接会召开，银企现场签约，共对接项目 276 个，融资总额达到 95.61 亿元。其中，签约项目 102 个，签约金额 70.79 亿元。

缓解融资痛点，疏导融资堵点，吉安市大力推进金融改革创新，全力满足中小企业发展过程中的多元化融资需求。每年举办政银企对接活动 2 次以上，已促成 9 家企业在"新三板"挂牌，102 家企业在江西股权市场集中挂牌。2018 年上半年，吉安市金融机构贷款余额 1560.6 亿元，同比增加 287.4 亿元，增长 18.4%，增速列全省第二位；搭建政府融资平台，不断完善信贷产品，破解中小企业融资过程中面临的担保不足、成本过高问题。截至 2018 年 9 月底，吉安全市"财园信贷通"已累计发放贷款 128.1 亿元，惠及小微企业 3406 家；"诚商信贷通"平台仅上年就授信个体工商户 5529 户，授信金额 14.89 亿元；累计发放贷款户数 3892 户，发放贷款 10.59 亿元，完成全年任务的 151.44%，位列江西省第一；按照产业引导基金、投资基金、技改资金"三金"同步发展的思路，市本级设立总额达 100 亿元的电子信息产业发展基金，在原有融资担保平台基础上增资扩股，设立了可撬动 150 亿元的吉庐陵企业融资担保平台。

虽然吉安在金融支持中小企业发展方面取得了一定成效，但吉安始终在遵循金融发展规律的基础上，着力构建更加科学有效的金融资源配置体系，建立金融支持中小企业的长效机制，推动吉安中小企业更快、更好地发展。

一、峡江县"财园信贷通"为中小企业发展注入"金融活水"

峡江县共为 74 家中小微企业发放"财园信贷通"贷款 1.95 亿元，实现了企业受益、银行得利、园区发展、财政增收四方共赢局面，为促进全县经济发展增添了新动力。

为缓解中小微企业融资难、融资贵等问题，峡江县积极搭建"政银企"对接平台，大力推出"财园信贷通"等金融产品和服务，优化简化贷款审批程序，最大限度方便企业取得贷款。同时，建立贷后管理定期会议制度，会同相关责任部门共同分析企业生产经营变化情况、研究评估企业贷款逾期风险状况、制定帮扶措施以及确定贷款逾期企业的追偿方案等工作，及时了解企业变化，防范可能出现的风险。

为确保有限的贷款用在"刀刃"上，峡江县强化监督力度，定期开展财政监督检查，对于短期资金周转困难、有挽救希望的企业，本着"治病救人"的原则，采取柔性处理方式，帮助企业渡过难关；对失信失联、擅自改变贷款用途、通过不正当手段骗取贷款、恶意逃避债务或拒绝监督检查的企业，采取刚性处理方式，责令贷款企业退出"财园信贷通"，收回其银行贷款，并按照相关程序依法追责。

二、泰和县为企业降费减负激发中小企业发展活力

泰和县高新区的江西合力泰科技有限公司经理贺发明开心地说公司今年企业基本养老保险单位缴费比例统一降至16%，为公司节省了280余万元。为降低社会保险费率，2019年以来，泰和县深入开展"进园区、走百企、降费率"活动，推行联企帮扶、做实政策宣讲、落实降费政策。目前，该县已为企业降费减负1506.4万元。

泰和县把降费减负作为减轻企业负担、优化营商环境的坚定动作，抽调精干力量成立了4个"联企帮扶"工作组，工作组由一名局领导带队，实行一个重点企业、一名局领导、一个帮扶团队"三个一"帮扶机制，定期组织工作组进园入企了解企业诉求，征求意见建议，推动政策"落地生根"。做实政策宣讲。该县将5月份定为"降费政策宣传月"，组织帮扶组深入企业开展降费政策宣讲，已开展"社保降费减负"主题活动宣讲13场次；在园区显要位置张贴社保降费减负宣传海报100份，发放宣传手册260份，主动向园区企业负责人宣讲降费减负政策，答疑解惑680余人次。依托"泰和社保"微信公众号，推送降费政策信息12条，实现降费政策宣传全覆盖。

为帮助泰和县内企业用好社保降费政策，泰和县还实行了养老保险费统计核算和定期调度制度，建立了企业降费减负工作台账，组织工作组进园区逐一为企业算清降费账，确保每个企业都能享受政策。

三、青原区巧做"加减法"助力中小企业发展

青原区为解决中小企业生产经营中遇到的实际问题，提振企业发展信心，今年以来，通过落实分类指导，实行精准帮扶，及时给企业"输血"和"减负"，助推中小企业健康发展。

为破解中小企业融资难题，该区财政资金充分发挥"四两拨千斤"的杠杆作用，巧做"加法"，及时给企业"输血"，多渠道多方式撬动金融资本。对落户在工业园的中小企业，鼓励其立足自身优势，在用地、用工、融资、财税等

方面予以重点扶持，鼓励企业扩大投资、技术改造、科技创新。根据企业投资强度、财税贡献等情况，按一定标准予以奖励；对进行技术升级、改造予以奖励；对获得国家、省、市重点工程室，获科技、发明、实用等专利的和创建国家、省级著名商标、名牌产品予以奖励。还通过财园信贷通等平台为38家优质中小企业发放贷款1.97亿元，兑现企业奖励近600万元，有效缓解了企业融资难、融资贵问题。

同时，该区还在"减法"上做文章，及时为企业"减负"。严格落实"多证合一""先照后证"等商事制度改革政策，进一步简化准入程序、缩短办理时限，推进市场主体迅速发展。严格执行减税降费政策，有效增强企业发展后劲。截至目前，增值税减征5192万元，企业所得税减征6224万元。进一步放宽经营场所登记条件，简化登记手续，加大对电商、小微企业扶持力度，推进"一址多照""一照多址"、集群注册。聚焦"放管服"，全面落实降成本优环境各项措施，实施"一窗受理""一链办理"改革，推进"一次不跑"改革事项落实，实施"互联网＋政务服务"，借助"赣服通"青原分厅平台，拓展推广"赣服通"使用，构建新型政商关系，梳理规范了政务服务事项清单，承接下放了行政审批事项，清理了"减证便民"证明事项，打造"四最"营商环境。

四、新干县打通平台壁垒破解中小企业融资难题

新干县为避免部分优质企业因资金短缺而错失发展良机，深入推进降成本优环境政策，真金白银释放政策红利，并出台"百组帮百企"帮扶措施，为企业提供"一揽子"服务。该县积极对接上级企业奖补政策，帮助企业争取职业技能培训、外贸出口、用电等补贴；全力推进政银企合作，推动金融服务实体经济，为企业注入金融"血液"。

同时，新干县还打造银税互动融资服务平台，在政府、银行、中小企业间搭建信息互通、资源共享的公共信息平台，全力打通中小企业金融服务的"最后一公里"。2019年上半年，该县已为中小企业发放贷款15.4亿元，其中为139家企业发放财园信贷通5.4亿元，县税务部门累计为企业减负6634.2万元，极大地缓解了中小企业发展的资金问题，促进了中小企业的高效发展。

第三节　人才环境是中小企业发展的核心

人才是企业发展的血脉，吉安市始终把营造人才环境作为民营企业转型升级的关键。近年来，吉安引进人才数量不断增加、引进人才层次不断提升，通过引才、育才、用才、留才联动"组合拳"，为民营企业发展打通"最后一公里"，进一步优化人才环境。目前，吉安已围绕产业链部署创新人才链，共建有国家级创新平台9个、省级创新平台73个，博士后工作站6家、院士工作站2家。近3年，帮助企业招工超10万人次。校企合作技工培养新模式——"订单班"为企业量身定制专业人才。新进毕业大学生、高级人才、科研院校技术人员、职业经理人为主体的新"四军"，正成为中小企业、民营经济的"主力军"。此外，"领航井冈"企业家高级研修班，培养本土优秀企业家150名。

2018年，吉安市共引进本科及以上人才4717名，其中博士74名、硕士1241名、本科3402名。至2017年底，吉安市专业技术人才达9.33万人，技能人才达31.92万人。树立"人才为先"的理念，先后制定了多个配套文件，"线上＋线下"促进人才招聘实现常态化。全年举办网络专场人才招聘会5场，提供岗位数1600个，达成意向980人。举办5场大型人才招聘会，提供工作岗位3.2万个，现场达成意向5600人。召开周六专场人才招聘会42场，提供工作岗位2860个，达成意向1230人。

同时，吉安市还积极开展人才培育推选工作。全年新增享受国务院特殊津贴2人，省政府特殊津贴2人，省级"百千万人才工程"3人，江西省"能工巧匠"称号2人，"省级技能大师工作室"1家。实施技能扶贫培养实用型人才，组织全市45833名贫困劳动力免费参加技能培训。累计发放贫困劳动力职业技能补贴580万元。共建成创业孵化基地22家，入驻创业实体630家，其中新增省级创业孵化示范基地5家，为江西省最多。

一、吉安县巧借"东风"构筑人才发展环境

发现人才、培育人才、凝聚人才是做好人才工作的三部曲。吉安县尽心竭

力聚才育才、诚心诚意引才留才，多措并举激活人才"一池春水"，构筑人才发展新环境。

吉安县把重才、惜才、敬才作为人才工作的着力点，通过统计完善《吉安县籍在外高层次人才信息库》、组建微信群摸清人才家底，做到人才数量不少、信息不错。目前该县已更新高层次人才信息数据 633 条，组建庐陵博士（教授）智库群和 19 个乡贤群。利用微信平台与在外高层次人才紧密联系、对接，成功实现该县鑫泰科技等 3 家市级院士工作站落地，组织召开在外高层次人才（博士）迎新春座谈会 1 场，邀请清华大学博士开展暑期专家行 1 次，为该县县域企业和社会经济发展注入新的活力。

为切实提高人才工作合力，吉安县还建立和完善人才工作联络员和种养户培训制度，在 19 个乡镇和 27 个成员单位配备专人并定期组织召开联络员培训班，并严格落实量化考核；组织种养户进行产业技能培训和转型转产观摩，学习黑木耳、竹荪等环保产业种植技能，加快人才本土化进程。

首先，重才聚才更懂用才。2016 年 6 月，吉安县瞄准食用菌种植的广阔前景，积极联系本县在外的企业家、江西省麓林现代农业有限公司董事长肖高龙将技术和经验带回家乡并成立公司，通过培育黑木耳、平菇、榆横蘑、灵芝等品种，推行"公司＋合作社＋农户"模式吸收江下村 70 户贫困户全部入股，成功实现群众脱贫和增收目标，也让油田镇江下村成为远近闻名的脱贫致富村。

其次，吉安县筑巢引凤，创新加速人才回流。例如，协讯电子 EPM 工程课长宋明是湖北人，2014 年他以不到 3000 元每平方米的优惠价格购买了一套人才公寓，总价低于市场价 30%。装修入住后他把岳母和孩子都接到了吉安县，"既能好好工作，又能兼顾家庭，人才公寓让我真正在吉安县安下了家。"宋明对现在的生活十分满意。

开启"人才公寓"项目，扩大人才红利。吉安县积极发挥住房对人才的吸引和集聚作用，采取政府主导模式，斥资 2.25 亿元在县城城北新区二七路北侧购置一块建筑面积占 9.9 万平方米的土地高标准建设人才公寓。目前一、二期建设竣工，已建成 540 套、成功分配 153 套。

依托在外高层次人才多，人才研究领域广的优势，吉安县创新人才工作品牌，强化人才强县理念，转变以往的平台建设和人才服务观，积极作为，加速人才回流。

深化人才体制机制改革，在全市率先开展庐陵才子大讲堂活动。针对当前最热门的环保科技应用和推广等，吉安县邀请美国北卡州立大学终身教授曹林有等国内外高校博士开设讲坛，公开授课，搭建起家乡奉献温情、在外人才传递价值、家乡汲取知识的环形公路。

最后，为了催生人才春色满园图景，吉安县还在高、精上做文章，着力打造一支素质高、业务精的新时代人才队伍，实现人才兴—产业旺—经济强的良性循环。

高素质人才引进来。为进一步提升农业产业化水平，该县采用理论＋现场相结合模式，邀请高校博士在县城授课之余深入乡村派送科技红包。针对稻虾、稻鳖共养、百香果、黄桃和井冈蜜柚种养产业中出现的棘手问题把脉问诊，并在现场为种养户答疑解惑。

业务能手沉下去。抓住巩固脱贫成效的大好时机，吉安县扭住农村产业发展这一关键任务，在农业、林业等部门选派222名能吃苦、有经验、业务强的技术人员至全县307个行政村开展帮扶工作。该县依托这支相对稳定的技术员队伍的长期有效指导，逐步朝向产业增产、农户增收、农业兴旺目标迈进。

现在县里有科技特派员下乡政策，技术人员基本能随叫随到，蔬菜大棚里种植的菜更健康了，养的牛、羊肉质也更好了，以后的日子肯定会更好。吉安县北源乡渔塘村贫困户周青卫自信满满地说。在人才基础不断夯实和人才队伍不断壮大的今天，吉安县的致富能人越来越多。

人才兴、产业旺，吉安县秉承识才、爱才、用才、容才、聚才的宗旨，以慧眼识才、用诚心纳才、向四方聚才，乘着人才振兴的东风稳步向前发展。

二、峡江县助力乡土人才破"土"成才

峡江县在人才发展环境上大下功夫，尤其重视本土人才的培养。2019年1月4日，峡江县举办首届乡土人才创新创业大赛，旨在以竞赛活动为载体，搭建展示交流、资源对接和项目孵化平台，助力农村乡土人才创新创业。20位乡土创业者围绕脱贫攻坚、农村电商、农产品精深加工、农业新品种新技术应用等领域，分享了各自的创新创业故事。

近年来，峡江县大力发挥本地人才的作用，使之成为乡村振兴的中坚力量。为"挖"出当地人才，该县通过入户调查、实地考察等方式，将已有或潜在的"九佬十八匠"等各路能人"网"入乡土人才信息库。根据本地人才库分类，结合本地特色产业和市场需求，实施本地人才培养计划，围绕中华鲟、黑

山羊、梅花鹿等特色养殖和中药材、蔬菜、果业等特色种植开展引导式技术培训，提高乡土人才发展产业的技能，真正让乡土人才破"土"成才。

为解决创新创业资金和经验不足的问题，该县全面落实企业注册资本出资、年检、证照等优惠政策，有效降低了创业发展门槛，大力引导本地人才创业创新。出台了贴息担保贷款、社保费减免延期、创新创业补贴等一系列扶持政策，大力支持本地人才创新创业。

同时，峡江县组建了农林、科技等方面的专家团队，采取"1+1""1+n"结对帮带模式，定期开展"坐诊式"指导服务，培养出一批"能创业、创成业"的乡土人才，成为带动峡江农村经济发展的"领头羊"。

三、吉安县巧筑人才发展环境的"聚宝盆"

近年来，吉安县依托丰富的人才资源优势，充分发挥在外人才内引外联和异地商会、驻外流动党支部作用，建立健全县籍在外乡贤沟通联络机制，着力促进人才回流，打造高效发展聚宝盆。

创新阵地，培育经济发展新方式。为密切与在外人士交流，吉安县在县域范围内组建了一个县级庐陵博士（教授）智库群，19 个乡贤微信群，连续 2 年举办在外高层次人才迎新春座谈会。通过创新阵地与管理，构建了乡贤交流互动线上线下平台，实现县乡人才资源有效整合。目前，依托北京、上海等异地商会和驻外流动党支部的沟通协调，共收集有价值的招商信息 65 条，引进电子信息、大健康食品和新能源新材料等产业人才 125 名，新签约项目 15 个，签约金额 6.8 亿元。

搭台助学，展现时代发展新形象。结合脱贫攻坚志智双扶巩固提升工程，吉安县深挖在外乡贤的示范引领作用。吉安县组织在外乡贤设立脱贫基金，举办"暑期专家行"等活动，充分调动他们脱贫攻坚参与意识。通过在外乡贤的筹划，邀请华中农业大学专家教授团、清华大学学生来县就提升百香果种植、稻虾共作等产业传授实用技术。同时，筹集善款 100 余万元，采取走访慰问、捐资助学、修桥铺路、赠衣送被等方式惠及近 200 名建档立卡贫困对象。

聚智引才，培育高效发展新动能。吉安县牢固树立"人才为王"理念，创新开设了"庐陵才子大讲堂"，先后邀请 3 位在外知名教授"进校园、下田间、入企业"，在介绍先进管理经验、传导先进技术理念等方面发挥了巨大作用。

在广大乡贤鼎力支持下，吉安县人才工作成果丰硕。2018 年，吉安县新建院士工作站 2 家，新签校企战略协议 2 个，新增高新技术企业 10 家，新引进"庐陵英才"计划 E 类以上人才 55 名，其中院士 2 名、博士 1 名、硕士以上学历人才 19 名、急需紧缺型人才 32 名、江西省"双千计划"首批"创业领军人才" 1 名。

四、吉州区全力构筑人才生态环境助力企业发展

在人才环境的平台建设与高层次人才引进方面，吉州区将"吉州老家·创新创业"项目与"人才超市"、杰克"人才工作展示馆"功能组合，打造出包括工业产品展示、人才工作成效宣传、政策指导服务等功能的创新创业平台集合。率先依托驻外党支部，在北京成立首批 4 个驻外人才工作联络站。将招才引智端口前移，变"请上门"为"上门请"，将吉州的家搬到人才身边，搭建"人才飞地"。支持摩比通讯公司在吉州开展研发工作，启动 5G 天线远场测试场（国家级标准）建设；组织专人帮助兴泰科技、新赣江药业、华立源 3 家公司申报省级企业技术中心；协助和盈电路、同讯电子、雪松药用油 3 家企业申报高新技术企业；帮助新永胜、兴泰科技、宏伟针织等企业完成了工业 4.0 技术改造；支持企业与高校、乡镇共建农业技术试验推广基地。

为优化人才环境，吉州区强化政策保障，升级公共服务。区委、区政府及各镇、街均举办了"老乡回家乡"恳谈会，共谋发展之路；在京举办了"2019江西吉州（北京）新经济发展＋暨'三请三回'恳谈会"，邀请了吉州籍在京有关同志参加，在签约项目的同时还引进了城市建设、文化建设等方面的人才。2019 年 5 月，吉州区为井大博士完成吉州区电子信息产业人才状况调研做好服务；帮助中国工程院邓建军院士等吉州籍在外优秀人士解决后顾之忧。同时，吉州区加大人才资金和人才住房保障力度，及时发放 2018 年度人才发展基金 200 余万元以及高层次人才津贴 1.8 万元；预算安排了人才发展专项基金 2000 万元（含 50 万元乡土人才培育专项工作经费），人才创新创业、企业创新发展资金 2500 万元，为引导人才创新创业，促进企业创新创业发展提供了坚强的资金保障；2019 年首批人才公寓住房 37 套在 5 月底顺利交房。

吉州区重视人才引进培养，积极参加省、市高层次人才招聘会，帮助企业成功引进高层次人才 9 名，解决企业一线技术人员和研发人员需求 50 余人，帮助中专以上学历人员落户 108 人。

凤翱翔于千仞兮，非梧不栖。人才生态才是持久竞争力。营建高层次人才

的创业乐土，早已不是单纯的薪酬比拼、职务留人，而是靠良好的政策、"亲清"的政商关系、完善的公共服务、公平公开的竞争规则、开放包容的文化氛围、温馨怡人的人居环境。正如一位"庐陵英才"王玉琢说："事业才能留住人。我们洒下辛苦的汗水，吃别人眼中的苦，不是为了高额薪酬，而是在这里我们有创业的动力，可以追求专业技术领域的突破和发展，看到行业前景的希望与光明。"

第四节　营商环境是中小企业发展的砥柱基石

吉安市获评 2018 年度江西省工业高质量发展先进设区市。2019 年第一季度，吉安市规模以上工业增加值同比增长 9.7%，增速稳中有升。据海关统计数据，2019 年第一季度吉安市生产型企业出口 34.5 亿元，同比增长 45.26%。吉安市经济强劲发展态势的背后，得益于优质"营商环境"提供的强大支撑。"放管服"改革的持续深化，为吉安经济加速发展注入强大动能。不靠海不沿边的老区吉安，如何转"劣"为"优"，增强区域竞争力，赢得发展先机？

吉安市始终坚持"环境就是生产力"的理念，致力于打造"政策最好、成本最低、服务最好、服务最快"的四个"最"的经营环境。坚持把优化营商环境作为转变政府职能、深化"放管服"改革、促进经济快速发展的重要切入点，出台了一系列政策措施，在破机制、简流程、压时限、优服务四项硬指标上下功夫，狠抓实干。

简化流程，打造办事快捷通道。在简化政府服务的基础上，2018 年，吉安市重点围绕企业开办注销、施工许可证办理、不动产登记、通关效率等环节，开展十项改善营商环境活动，开辟绿色审批通道，简化审批流程。与此同时，深化"一网一门一次"改革，以政务数据共享为抓手，实现政务信息系统"集约化""数据通""应用通"。活动实施以来，流程环节较原来压缩一半以上，工作日压缩至 7 天之内，有的达到即时即办，实现申请类服务事项"一次不跑"或"只跑一次"办事率达到 70% 以上。为让企业和群众"问得少、跑得少、交得少、等得少、体验好"，吉安市不断推进政务服务"一网通办"，实现了企业和群众办事"只进一扇门""只找一个窗""最多跑一次"。

为让群众办事"问得少"，吉安市将所有的政务服务事项进行标准化编制，将办事的相关要素全部上网，群众可在网上先行咨询和预申请。为让群众办事"跑得少"，吉安市大力推动事项全流程网上办、上门办、邮递办，实现了市本级769项办理类事项"最多跑一次"。为让群众办事"等得少"，吉安市在并联审批上下功夫，着力推动集中办理和自助办理，优化办事流程，减少办事环节。尤其是在2018年推行的不动产"登记＋交易＋纳税"一体化改革中，整个办理流程压缩了65%以上。为让群众办事"交得少"，吉安市着力在推进信息共享、"一网通办"上下功夫，围绕群众反映强烈的"身份证明""商事服务""低保社保""交通出行""就业创业"五方面突出问题，积极开展证明事项清理工作，砍掉了各类奇葩证明、冗余证明及材料272个。围绕让群众"体验好"，吉安市继续推行延时错时和预约服务，在工作日中午和节假日等非工作时间为企业和群众提供办事服务。截至2019年4月底，吉安市累计延时错时和预约为群众办理事项1500余件，方便了企业和群众。

下一步吉安将不断提高"一网通办"的覆盖面，实现企业和群众从到不同部门"办几件事"为全链条办理"一件事"，进一步提升企业和群众的获得感和满意度。栽下梧桐树，引得凤凰来。吉安优质的营商环境，吸引了一批外资企业扎根兴业，其中不乏行业"小巨人"。继产值超百亿元的合力泰科技有限公司、立讯精密股份有限公司、木林森实业有限公司落户吉安后，又一业界巨头——香港立景创新集团牵手吉安县，公司生产的摄像模组项目投资100亿元，建成后可实现年产值250亿元、年缴纳税金6亿元。

一、安福县政务服务"不打烊"

安福县紧扣省、市部署和"五型"政府建设要求，在安福县各级政务服务办事大厅全面开展延时错时和预约服务，让企业和群众办事既顺心，又舒心。

提升服务标准，全天服务"不打烊"。一方面，安福县依托"智慧安福"手机APP、自助服务终端等渠道，推行线上24小时全天候服务；另一方面，安福县各级政务服务大厅推行线下"不打烊"服务，做到只要群众有需求，政务服务就不下班。强化服务意识，"只说YES不说NO"。安福县全面推开政务服务"一次不跑"。

改革，以创新为驱动力，切实增强服务意识，提高服务能力。在延时错时和预约服务的基础上，进一步提出"只说YES不说NO""不为不办找理由，只为办好想办法"的更高服务要求。创新服务模式，便民举措暖人心。针对春节外地务工人员回乡办事的高峰期，着重打造量身定制的预约服务。只要群众提出预约办事诉求，各级政务服务大厅便立即安排值班人员进行服务。

目前，安福县政务服务中心开展延时错时服务事项 140 项、预约服务 125 项。春节期间，该县共为企业和群众办理不动产登记、户政、出入境、社会保障、税务和公积金等业务 2388 件，为建设"五型"政府提供了有力保障。

安福县还将推行"5S"的政务管理服务窗口建设，打造政策最优、成本最低、服务最好、办事最快的营商办事环境。即通过"整理（Seiri）、清洁（Seiketsu）、素养（Shitsuke）、安全（Safety）、速度（Speed）"五个方面的行动，实现工作现场整洁，物品摆放有序，设置定位合理，标识一目了然，人人遵章守纪，岗位操作规范，办事速度快捷的工作新局面。在安福县政务服务中心，宽敞明亮的服务大厅，会说话的机器人令人耳目一新，各类导引、标识、便民服务箱，舒适的休闲阅览区，方便快捷的信息查询区，整齐简洁的窗口设备、设施，还有内容详尽、通俗易懂的办事指南，都让人感受到了人性化服务。"5S"窗口标准化建设带来的这些实实在在的变化，不仅增强了窗口人员的工作愉悦感和认可度，也使得办事企业群众对政务服务中心的信任度和满意度明显提高。

二、吉州区营商"软环境"造就发展"硬实力"

营商环境就是核心竞争力。近年来，吉州区按照"服务型"政府要求，树立"人人都是软环境，人人都是梧桐树"的良好氛围，以"优"无止境的态度持续优化营商环境，着力打造"四最"营商环境示范区，为吉州区可持续高质量跨越式发展造就硬实力。截至 2019 年 9 月，吉州区有望完成主营业务收入 146 亿元、工业增加值 33.3 亿元，分别同比增长 3.57%、1.37%。主要经验包括以下三点：

首先，强化企业帮扶。该区结合企业发展现状，制定了重点工业企业精准帮扶一系列相关政策，推行"菜单式"供给、"订单式"服务，实现"无事不扰、有求必应"，打通政策落实"最后一公里"。严格对标对表，实行区领导一对一挂点、部门点对点帮扶企业制度，安排 50 个区直部门挂点帮扶 50 家重点企业，提供"店小二""保姆式"优质服务，变"部门端菜"为"企业点菜"。

围绕用工、扩产、增效等方面，开展"茶叙会""恳谈会""建言会"，收集问题、分类办理、督查督办，确保帮扶精准及时。

其次，创新制度改革。目前，吉州区已完善"一口式"综合业务系统和"12343"服务平台功能，按照政务服务标准化建设要求，改造政务服务网吉州分厅，升级、完善"吉州行政审批局业务平台"，使之能与省、市大数据平台及各专业系统对接，方便信息、数据查询。完善了网上办事大厅功能，优化细节、美化页面、规范事项，办事大厅管理系统与"12343"等功能子系统全面对接。提升了"吉州行政审批"微信公众号功能，统一优化页面风格，使用微信推送大厅叫号信息、办件信息，在办事指南申请材料中增加样表和空表格下载，增加一次不跑事项中上门服务事项的后台管理，并已于2018年9月底完成与江西省统一身份认证系统的对接。该区还积极引导企业和群众通过微信公众号申办事项，让企业和群众享受"一次不跑"改革成果。同时，进一步完善"12343"服务平台功能，进一步提升"12343"公共信息平台功能，对接省、市大数据平台，开发手机APP功能，完善手机、电话智能化、清单式业务咨询答复。同时，为营造高效便捷的政务服务环境，吉州区切实增强服务项目意识，不断深入优化政务服务，加快行政审批制度改革，在夯实完善"一个电话服务到、一枚公章审批完"改革品牌的基础上，进一步完善提升区行政服务中心软硬件建设，逐步将行政审批制度改革向镇、街拓展延伸，着力实现群众、企业办事从"只跑一次"到"一次不跑"的飞跃。目前，该区已实施"一次不跑"事项155项，累计办结5691件。持续开展项目帮扶行动，各挂项目区领导、项目单位、帮扶工作部门主动作为，找准影响项目发展的焦点难点问题，在项目谋划、招商引资、争资争项、项目开竣工、征迁安置等方面分类施策。继续深入推进"降成本、优环境"专项行动，千方百计帮助企业节能降耗降成本、增收节支减负担，持续提升政府服务水平，积极构建新型政商关系，预计可为企业减负约3.52亿元。

最后，提升安商环境。吉州区坚持着力打造"人文园区、温馨企业"，在吉安市率先成立工业园区社区，建设园区群团服务中心，组织开展企业联谊会、员工技能大赛、最美员工评选、困难职工走访、"送清凉""送助学"等活动，并将部分优秀企业家、优秀员工推选为区人大代表、区政协委员、模范市民等，增强企业员工的认同感、获得感和幸福感。同时，注重招才引智，全面推进吉州"人才超市"建设，在住房、就医、子女入学等方面对人才予以政策倾斜。摩比通讯侯小强、吉泰环保李少荣成功获批江西省"千人计划"，新引进晟源环境科技集团院士工作站，全区院士工作站增加到两家。

三、遂川县抓营商环境建设释放经济发展新动能

威创新电子、明和通达钻嘴等 8 家智能制造企业签约落户，志博信科技进入上市辅导期，电路板全产业链初步形成；法萨实业、坚基矿业、恒鑫玻璃等硅基材、硅板材企业加速集群；吉安毅力丰电子、江西志博信电子三期、江西兴海容电路板正在建设中。

面对经济下行压力，遂川县真抓实干谋发展，持续发力稳增长。2019 年上半年，遂川县规模工业增加值增长 9.6%、主营业务收入增长 12.7%；实际利用外资增长 7.7%，利用省外项目资金增长 8.2%；签约引进项目 22 个，其中 20 亿元以上项目 1 个，一批企业快速成长，不断释放发展新动能，经济质量稳步向好。

首先，建设好园区，产业集聚化。园区是产业项目建设主战场、经济稳步发展主引擎。遂川县坚持力量向园区摆布、要素向园区集聚、发展向园区靠拢，把园区打造为产业集聚区、城市新兴区、生态宜居区。目前，遂川工业园区共有企业 221 家，投产企业 172 家，规模以上企业 76 家，形成了东、南、西、北"一园四区"的新格局，在江西省综合排位由 2016 年的 68 位前移到 2018 年的 45 位。

产业向园区集聚，更向精深加迈进。遂川县在产业发展上不撒"胡椒面"，而是吃"挑食"，按照"2+X"产业发展思路，主攻电子信息、硅基材料两大主导产业，同步发展绿色食品、林产化工等其他产业。目前电子信息产业汇聚上下游企业 64 家，已形成了"以志博信为龙头的线路板生产、奥海科技为龙头的智能电源"电子信息产业链。同时，着力培育硅基新材料产业，设立初加工区和精深加工区，引进了坚基矿业、法萨实业、恒鑫玻璃、豫顺新材料等 9 家企业。

遂川县以科技创新推进企业不断发展壮大。2018 年，园区科技研发费用达到主营业务收入的 1.6%。园区建立院士工作站企业 1 家（吉安宏达秋科技有限公司），瞪羚企业 2 家（江西群鑫强磁新材料股份有限公司、江西志博信科技有限公司）。现有高新技术企业 15 家，形成战略新型企业 27 家。成功培育绿洲源、志博信和群鑫强磁 3 家企业在新三板挂牌，11 家企业在新四板挂牌。引进园区电子商务产业园，建立智慧园区，开设园区生产力促进中心，引导技术拉动生产力、竞争力。

其次，多点"引进来"，延伸产业链。开放是实现高质量发展的必由之路，

是实现稳增长的重要举措。遂川县坚持把招商引资作为"一把手"工程来抓，重点围绕电子信息、硅基材料、先进制造、现代服务、绿色食品等产业开展招商工作，着力引进一批硅基材料、电子信息、绿色食品等产业的上下游企业，推动产业集聚和企业集群，进一步延伸产业链。

遂川县在外经商务工人员有 20 多万人。该县充分发挥这一优势，大力开展"三请三回"活动，即请乡友回家乡、请校友回母校、请战友回驻地，形成引导在外人员带项目、带资金、带技术返乡创业，鼓励在外商会组织会员企业返乡兴业建设产业园。

最后，优营商环境服务，提供"保姆式"到家服务。遂川坚持"成就投资者、善待企业家、服务纳税人、造福老百姓"的理念，努力打造更具吸引力的投资环境，让更多高质量投资项目落户遂川。

遂川县按照"一家企业、一名县级领导、一个责任单位、一名责任人"的原则，制定实施了县级领导和机关单位联系服务百家企业责任清单，建立健全了"保姆式"服务机制，建立工业问题协调联席会议制度，协调解决企业存在的"六用"（用水、用电、用气、用地、用钱和用工）等突出问题，增强企业发展信心。扎实推进"放管服"改革，对接"赣服通"，深化"减证便民""一次不跑"和"只跑一次"改革，减少办事流程，让企业少跑路、多谋发展。2019 年上半年，帮助企业解决各类问题困难 220 多个，累计减免税额 2234.8 万元。

第五节 案例：老区制造业变革的"吉水路径"

2019 年 8 月 2 日，广东力好科技股份有限公司正式更名为江西力好新能源科技股份有限公司，并已经确定从广东汕头整体搬至吉水县。

为何要搬迁？公司董事长蔡桓回答说："吉安南连广东、北通中部，有利于公司同时开发国内、国外两个市场；吉水县政务服务高效、周到，公司扎根吉水，定会顺风顺水。"

"（广东）力好（科技股份有限）公司的落户，集中呈现了吉水制造业的最新变革。这便是聚焦大湾区点对点招商的新视野、刀刃向内式'自我革命'下的新速度，科技引领、金融撬动后的新质量。"吉水县副县长厉有明慨言。

新视野、新速度、新质量！吉水从三个维度探出了一条新时期老区制造业高质量发展的铿锵之路。

首先，"新视野"汇聚先进动能。作为吉水县制造业发展的主阵地，吉水工业园有三个特点让人印象深刻：一是来自大湾区的企业多。在园区 212 家企业中，58 家来自粤港澳，占比达 27.3%。二是电子信息、绿色食品产业集聚度高。2018 年，两大产业分别实现主营业务收入 116.3 亿元、120 亿元，占吉水县制造业总量的 64.7%。三是先进制造企业入园呈加速度态势。仅 2018 年，入园企业就达 37 家，计划总投资 125 亿元。

吉水县是农业大县，制造业起步慢、底子薄，凭什么吸引发达地区先进制造企业纷至沓来？厉有明告诉笔者，这靠的是近年来县委、县政府实施的招商选资"聚焦之策"——聚焦重点区域、重点产业、专业团队。

为打造粤港澳先进制造企业战略北上的重要基地，近 3 年时间里，吉水先后在深圳等大湾区城市举办招商会 5 场，引进项目 49 个，合同金额达 230 多亿元。电子信息、绿色食品等产业是粤港澳大湾区的优势产业，吉水县制定专项扶持办法，集中一切优质资源，引进相关企业入驻。为推动招商模式转型升级，吉水县与上海私享桥公司开展了委托招商试点，共同推进"一对一"项目考察，引进乐清市博通置业公司，打造博通电子信息产业孵化园，以"工业地产 + 专业团队"新理念运营工业"园中园"。在这里，聚焦是一种策略，打开的却是吉水制造业招商的全新视野。

其次，"新速度"刷出崛起纪录。在吉水，快是一种常态。投资 20 亿元的旭昇电子，2018 年 3 月签约落户，6 个月后 10 万平方米厂房即建成投产，创下了业内惊叹的"吉水速度"。由世界 500 强企业百威集团投资 16 亿元建设的百威啤酒吉水生产基地，年产啤酒达 30 万吨，但从签约到投产，仅用了 1 年时间，刷新了百威啤酒基地建设的"中国纪录"。2014 年落户的金田麦公司，仅用 5 年时间，其产品便远销美国、加拿大、英国、德国等国。2018 年，该公司正式启动了新三板上市工作。

支撑企业"快人一步"的是吉水县高效的政务服务和良好的营商环境。在吉水县 2019 年企业帮扶清单上，笔者看到：企业项目审批、执照办理、银行开户、水电报装等常规手续，政府都有专人或团队"一帮到底"；根据"销号兑现制"，政府承诺的优惠政策，都得到及时兑现；为解决企业用工难，县里不仅协助企业招工，还提供每人 300 元的培训补贴。

　　吉水县委主要负责人直言："吉水要高质量发展，必须引进先进制造企业，这就要求我们党委政府刀刃向内，深入推进'自我革命'，以发达地区为榜样，打造一流营商环境。"

　　以"马上就办、担当实干"为标准，吉水县全面推行"一个重大项目、一名牵头县领导、一个牵头部门、一个工作班子、一抓到底"的工作机制，提供"金牌服务"。以"降成本、优环境"专项行动为抓手，仅2018年吉水便帮扶企业融资6亿元以上，为企业减负3.2亿元，形成了安商、亲商、富商的良好局面。无事不到、随叫随到、服务周到，这是当下吉水营商环境的写照，也正成为吉水制造企业发展的"加速器"。

　　最后，"新质量"创领发展高度。要速度，更要质量。在实施招商模式、政务服务变革的同时，吉水县全力推进制造业质量变革。自主科技的创新，为这场变革提供了强劲的"原动力"。旭昇电子是创维、海信等国内外知名电器企业的线路板供应商，虽然落户才1年多，但已在吉水研发出专利27项。自主研发的长达460米的智能化生产线，不但长度居亚洲同类企业第一，其表面绝缘技术也领先世界，同等能耗下的产能是传统生产线的两倍。

　　工业园区自身的科技创新同样可圈可点。2013年，该园区率先建成全省首个电镀集控区，每日专业处理电子信息生产企业废水的能力达1万吨，达到国家一级排放标准，为吉水高起点发展电子信息产业提前筑牢了"环保围墙"。

　　数据显示，吉水有国家高新技术企业11家，省级工程技术研究中心（重点实验室）3家，省级企业技术中心1家，科技创新已蔚然成风。

　　对现代金融的灵活利用，为质量变革提供了现代化的经营理念和充足的"粮草"。在与多家企业负责人的交流时，笔者听到最多的是"上市"——嘉源香料等7家企业在"新四板"成功上市；金田麦公司新三板上市已进入上市前的辅导阶段；旭昇电子将主板上市列入发展规划；力好公司借搬迁、扩容之机，冲击科创板。2018年，吉水县为73家企业办理了79笔"财园信贷通"贷款，贷款总额达2.4亿元。

　　以企业、园区为"体"，以新科技、新金融为"翼"，吉水制造业正展翅起飞，冲向高质量发展的更新高度！

第六节　案例：吉安县推动农业高质量发展

吉安县拥有市级以上农业产业化龙头企业 37 家，获得"三品一标"农产品品牌 31 个，培育特色农业产业 15 项。

近年来，吉安县立足自身优势，夯实农业基础，抓牢政策、项目、资金三轮驱动，不断推进品牌农业建设，推动农产品转型升级，初步形成了农产品发展有规模、有特色、有效益的"一乡一业"区域特色产业发展新格局。

首先，合理配置夯实品牌基础，吉安县地处吉泰盆地中心，赣江流域中游，境内河系发达，有耕地 50 余万亩，森林覆盖率达 63.2%。丰富的土地资源，充沛的水源和良好的生态环境让吉安县在生产优质农产品和发展品牌农业上享有得天独厚的自然资源优势。

吉安县紧紧抓住先天优势，策应"品牌中国""品牌创新""农业供给侧结构性改革"的号召，以市场需求为导向，通过合理规划、配置资源，每年该县财政预算安排上千万元农业产业化奖补资金用于品牌农业建设，力促农业品牌建设和农产品质量提升工作取得实效。

随着农产品种类的多元化和消费者群体的扩大化，吉安县通过农超对接、电商扶贫等保障措施拓宽产业销售渠道。横江葡萄、登龙粉芋、红心火龙果、黑木耳等特色农产品影响力日渐增大，越来越受到消费者的青睐。

其次，培育龙头做强品牌口碑。以创品牌、做口碑为目标，依托专业化、标准化生产方式，吉安县精心培育以农业产业化企业为主体、农民合作社为纽带、家庭农场和专业大户为基础的集生产加工和服务为一体的新型农业经济组织，着力打造生态、安全、优质的农产品品牌。

为进一步做大品牌效益，做强品牌口碑，吉安县鼓励农业产业化龙头企业加大品牌整合力度，对品牌资源进行扩张和延伸，建立农产品产业园区和原料基地，集约节约高效利用资源，降低成本，提高收益。同时，积极引导有条件的企业实施"走出去"战略，参加国家级和省级的农产品展销会，提升县域优质农产品在国内的知晓度和美誉度。

截至目前，吉安县登龙粉芋获得中国地理标志农产品认证；大米、横江葡萄、红心火龙果产品获得中国绿色食品认证；生猪、鲜鸡蛋产品获无公害农产品认证；黑木耳、水稻、玉米、竹笋、茶油、鳖产品获得有机食品认证。

最后，创新科技增强品牌活力。创出品牌，树好口碑，极大地推动了吉安县农业高质量发展进程。为进一步激发农产品品牌的生机和活力，吉安县咬住人才和科技创新不放松，借助各级科研力量，建立科技成果示范推广和快速转化机制，健全科技服务体系，有效提高品牌生成全过程的科技含量。

吉安县大力帮扶吉安锅丰米业有限公司与江西省农科院对接，并与湖南工业大学粮油食品学院达成产品合作协议，设立了锅丰米业院士工作站。科学技术的有力支撑，使其生产的大米品质得到较大幅度提升。当前，该公司注册商标已荣获中国驰名商标称号。

为最大限度激发科技创新优势，吉安县在绿色农业、有机农业及其产品加工发展的关键技术、高附加值的农产品和精深加工产品方面，不断加大研发力度，鼓励企业运用"互联网＋大数据"等新一代信息技术，提升农产品质量在线检测、在线控制和全生命周期质量追溯。

第七节　案例：吉州区现代服务业发展

吉州自古商贸繁荣，诞生了江右商帮的重要分支——庐陵商帮。近年来，吉州区深入实施"商贸兴区"战略，推进"现代服务集聚区"建设，新经济"增长极"已具规模。2018 年，全区实现服务业增加值 101 亿元，占 GDP 比重 56.5%；实现税收收入 8.87 亿元，占全区税收收入比重 62%，总量及比重居吉安市第一；拥有省级服务业集聚区和龙头企业 6 家，位居江西省前列。是什么让吉州区的现代服务也发展如此之快？

首先，长远谋划做实产业平台。2016 年，吉州区制定《吉州区服务业发展"十三五"规划》，对全区服务业重点产业进行了长远规划和战略布局。重点打造樟山新区、城北新区、城南市场等产业平台，为全区现代服务业加速发展、提档升级奠定了坚实基础。

樟山新区依托毗邻工业园协同发展的优势，用 5 年的时间搭建出 3 平方千米核心区框架，深度发掘新区丰厚的生态、地热、田园、文化资源，打造"产城新区""康养新城""赣江新岸"。城北新区成立以来，基本建成"五纵八横"城市路网格局，建成高档小区 15 个，入住 3 万余人，城北汽车市场多家品牌汽车 4S 店和名车汇展中心建成运营。城南市场规划 5300 亩，建成面积突破 120 万平方米，形成了建材、钢材、工程机械等十大市场业态，是江西省规模最大、业态最全的大型专业市场群，被认定为江西省现代服务业集聚区，近几年上缴税收超过 1 亿元。吉安农副产品物流中心规划面积 33 万平方米，一期已建成运营，二期正加紧建设，成为全市蔬菜和水果集散地。都市田园观光区做好深度融合发展文章，钓源景区、福容台湾园、柚乡园等景观景点，月接待游客超过 30 万人次。

其次，依托优势做大城中商贸。只有城，没有市，何言城市？近年，吉州区积极引进新型商业业态，拓展发展空间和领域，发展多元经营模式，全面繁荣城中大商贸，2018 年全区社会消费品零售总额 70.4 亿元，同比增长 10.9%。核心区商贸加速繁荣，以人民广场、文山步行街、鼎泰商业街、阳明东路为依托，培育形成了中高档次、新业态汇集的现代高端商业商务核心区，天虹商城、新世界广场、华润万家、大润发等城市综合体相继建成营业，沃尔玛、麦当劳、肯德基、苏宁、国美等 200 余家国际国内知名品牌进驻，促进城中商贸大发展大繁荣。特色街区加速壮大，打造了永叔路、中山路和沿江路等 10 余条特色经营街区，儒林里古街、庐陵老街、庐陵乐街等建成营业，成为中心城区特色商业景点、新消费聚集地。同时大力扶持本土企业，国光、甘雨亭等自有品牌不断壮大，有力促进了吉州区的商业繁荣和经济发展。

最后，抢抓机遇做好新兴业态。近年来，吉州区抢抓机遇，加大对现代物流、电子商务、文化旅游等新兴业态的政策扶持力度，仅 2018 年就提供扶持资金 4 亿多元，为现代服务业快速发展注入了源头活水。全区金融服务体系逐渐完善，发展银行、保险、证券、小额贷款及担保公司等各类金融机构 50 余家，年纳税上亿元，实现 5 年翻两番。现代物流业发展壮大，河西综合物流园区获规划为全国交通枢纽站场，30 万平方米的鑫昌物流园加紧建设；吉安市唯一的国家 4A 级现代物流服务企业江西万佶物流有限公司，开发建立全国物流公共信息平台，推出诚信物流电商交易平台"运物联"，解决了困扰多年的中国物流业标准化难、风险管控难等诚信缺失问题，被业界誉为"物流交易模式的破冰之举"，2018 年省级平台会员数突破 60 万，平台交易量 52 亿元。电子商务蓬勃兴起，培育发展了城南跨境电商产业园、电商孵化园、电商物流产业园等一批特色电商平台，电商企业突破 300 家，年交易额达 63.5 亿元。文化创意蓬勃发展，发展动漫企业和各类文化产业经营企业230余家，其中吉安缤谷众创空间是典型代表，打造吉安市创新教育校外基地。

在全面建成小康社会的关键时期，吉州现代服务业正以崭新姿态，乘风破浪再扬帆，为吉安高质量跨越式发展输入更加强劲的活力与动力。

第八章

吉安苏区中小企业未来发展的方向及对策

第一节　康养产业发展或将成为中小企业发展
新增长极

一、康养的概念

什么是康养？目前，还没有一个明确而被广泛接受的定义。但康养的概念可以从广义和狭义两个方面来解释。狭义的康养主要是针对老年人的健康养老。广义的康养包括健康、养老、保健、医疗、旅游、体育、文化等多方面的保健。从现有的研究成果来看，国内对康养概念的界定主要有四个方面：

一是在学术界。学者普遍将"康养"解读为"健康"和"养生"的集合："康"指"健康"，"养"意指"养生"，重点关注生命养护，用健康和养生的概念来理解康养的内容。

二是在产业界。产业界则倾向于将"康养"等同于"大健康"，重点将"养"理解成"养老"。目前对"康养"的主要理解是"健康+养老"，认为"康养"是"健康"与"养老"的统称。

三是从行为科学角度。将康养看作一种行为活动，是维持身心健康状态的集合。从更一般的角度来看，"康"是目的，"养"是手段。康养既可以是一种持续性、系统性的行为活动，又可以是诸如休闲、疗养、康复等具有短暂性、针对性、单一性的健康和医疗行为。

四是从生命科学角度。从生命的角度出发，康养要兼顾生命的三个维度：

①生命长度，即寿命；②生命丰度，即精神层面的丰富度；③生命自由度，即国际上用以描述生命质量高低的指标体系。可见，康养的核心功能在于尽量提高生命的长度、丰度和自由度。

从这个角度看，无论是何种观点，健康和提高生活质量都是康养的核心概念。各种观点都是基于自身研究和发展需要出发，聚焦于康养的核心概念和衍生领域，最终扩展到医疗、保健、旅游、体育、文化创意、金融、保险、科技等诸多领域。

众所周知，中国正逐渐步入老龄化社会。今后，老年人的医疗保健需求更大。很多人从老龄化社会的角度提出：康养要做的就是健康、养生和养老。健康是指生理、心理和精神状况良好；养生是指提高生活质量，保持身心健康；养老是指为老年人提供设施和服务。

因此，本书也认为康养的对象应以老年人为主，而医疗服务水平是整个康养产业链蓬勃发展的核心环节。

二、康养产业的需求与供给研究

（一）康养产业需求群体研究

从消费群体的年龄构成来看，人的一生一般要经历不同的阶段，依据年龄构成进行划分，不同年龄群体有不同的产业分类。

孕婴幼康养（孕婴幼康养是康养产业中新的分支，随着社会和家庭对孕婴幼群体重视度的不断提升以及该群体消费转向多元化，孕婴幼的健康需求不再局限于医疗保健，而是更多的母婴健康产品服务）。

中青年康养（是指为满足中青年群体康养需要的产业集合。针对这一群体的康养供给更多是围绕教育、体育、旅游、美容、养生以及心理咨询等方面展开）。

老年康养（中国社会正在加速步入老龄化阶段，而业界多有误解，常常把"老年康养"等同于"养老产业"。其实老年康养不仅包含养老产业，还包含医疗旅游、慢性病管理、健康检测、营养膳食、老年文化等相关及周边产业）。

（二）康养产业供给研究

康养产业的供给从目前来看，大致可以分为三类。

基于养身的康养（养身即是对身体的养护，保证身体机能不断趋于最佳状态或保持最佳状态）。目前康养产业基于养身的产业包括：养老项目、温泉养生项目、户外运动项目、亲子互动项目、孕婴项目等。

基于养神的康养（养神即针对人的思想、信仰、价值观念等精神层面，旨在保证个人精神世界的健康和安逸）。养神康养涉及的产业包括：红色旅游、寻根问祖、民族文化风情等。

基于养心的康养（养心即是对心理健康的关注和养护，使康养消费者心情放松、心理健康，获得积极向上的心理体验）。因此，养心康养涉及的产业主要包括：旅游度假、乡村旅居、森林康养项目等。

（三）未来康养产业发展的重大意义

目前，全国 60 岁以上的老年人达到了 2.41 亿，老年人口的比重由 2011 年的 13.3% 增至 2017 年末的 17.3%。而且，我国老年人绝对数量大，发展态势迅猛。调查显示，世界老年人口总数的 20% 都被我国老年人口所占据，人口老龄化年均增长率约为总人口增长率的 5 倍，如此巨大的老年人口增长速度和增长质量显示我国较其他国家提前进入了老龄化社会。

2015 年后国家对养老健康等问题高度重视，相继出台了关于养老和健康服务的支持性、引导性政策。2016 年，康养产业被多地列入"十三五"规划之中，并编制了详细的发展战略及指导性政策意见。2017 年 10 月 18 日，习近平总书记在党的十九大报告中进一步提出"积极应对人口老龄化，构建养老、孝老、敬老政策体系和社会环境，推进医养结合，加快老龄事业和产业发展"，在已有政策体系的基础上再次说明了康养产业发展的战略性意义，为我国未来康养产业的加速发展指明了方向。

三、我国康养产业发展现状

随着经济社会的快速发展，人们对高品质生活的渴望越来越强烈。健康已成为人们生活的普遍追求。同时，中国已经进入并将长期处于老龄化社会，养老问题越来越受到人们的关注。"身体健康、心情愉快，生有所养、老有所乐"已成为人们幸福生活的基本诉求。正因如此，涵盖养老、医疗、养生、文化、体育、旅游等多种业态的康养产业引起了国家的重视，在我国开始蓬勃发展，成为一个人们关注的新兴产业。

党的十九大报告明确指出了实施"医养结合"与"健康中国"战略，因此，很多人把 2017 年称为中国的康养元年。从需求的角度来看，老年人群和亚健康人群成为康养产业主要目标群体。据全国中老年网的调查，中国城市 45% 的老年人拥有储蓄存款，老年人存款余额 2016 年超过 17 万亿元，人均存款将近 8 万元。当前，中国老年康养产业市场消费需求在 5 万亿元以上。但随着中国老龄化的加剧，到 2020 年和 2030 年这个市场需求分别达到 8 万亿元和 22 万亿元，对 GDP 的拉动将分别达到 6% 和 8%。

从另一大需求的主要目标群体亚健康人群数量来看，由于工作压力的增大，中国各大城市中亚健康人群数量正呈现明显上升趋势，尤其以沿海城市及经济发达地区较为显著。据中国健康学会调查，中国 16 个百万以上人口城市中，北京的亚健康人群占比排名第一，高达 75.31%，上海和广东分别以 73.49% 和 73.41% 位居第二和第三，康养市场需求量巨大。

但从供给的角度来看，目前我国康养产业供给严重不足，产品有效供给规模在 6000 亿元左右，存在巨大的供给缺口，并且康养产业对资源的依赖程度较高，对农业、制造业和服务业都有不同程度的需求。当前，康养产业最常见的运营模式有两种：政府性经营管理模式和市场性经营管理模式。政府性经营管理较为常见，政府或者投资方往往掌握着稀缺性资源或者具有绝对优势性的资源。政府性经营管理模式的运营方式主要是政府提供基建而专业投资商负责项目落实和日常运营管理。市场性经营管理的主要特点是有多个投资主体参与，有着较好的市场积极性和创新性，并多以项目形式招商引资。该模式下，运营者通常以经过包装的单个或多个康养项目进行招商引资。

四、吉安应紧抓康养产业发展巨浪，打造中小企业发展新增长极

（一）吉安发展康养产业的优势

吉安市位于江西省中部，现辖 2 区 10 县 1 市（即吉州区、青原区、吉安县、新干县、永丰县、峡江县、吉水县、泰和县、万安县、遂川县、安福县、永新县、井冈山市），214 个乡镇，总面积 2.53 万平方千米，总人口 480 万，是举世闻名的革命摇篮井冈山所在地，是全国改革开放 30 周年之际的 18 个典型地区之一、中国优秀旅游城市、全国双拥模范城。

首先，吉安，拥有深厚的文化底蕴。古称庐陵、吉州，秦始皇郡分天下时设庐陵县，东汉时期设庐陵郡。元初取"吉泰民安"之意改称吉安，素有"江

南望郡"和"文章节义之邦"的美誉。从唐宋至明清,科举进士 3000 名,状元 21 位。古城庐陵历史悠久,苏东坡曾作诗云:"巍巍城郭阔,庐陵半苏州。"庐陵文化源于 7000 年前的青铜文化,以"三千进士冠华夏,文章节义堆花香"而著称于世。庐陵府不但考取进士三千(天下第一)和状元二十一(天下第二),而且在明代建文二年(1400 年)的庚辰科和永乐二年(1404 年)甲申科中鼎甲 3 人均为吉安人,这种"团体双连冠"现象在中国科举史上绝无仅有。因而吉安有"一门九进士,父子探花状元,叔侄榜眼探花,隔河两宰相,五里三状元,九子十知州,十里九布政,百步两尚书"的美誉。"唐宋八大家"之一欧阳修、宋代大文豪杨万里、民族英雄文天祥、《永乐大典》主纂解缙等一批历史文化名人先后诞生在这里,形成了中国文学史上底蕴浓厚的庐陵文化。在中国当代历史上,吉安创造了新的光荣,1927 年,毛泽东、朱德等老一辈无产阶级革命家在这里创建了第一个农村革命根据地,锻造了"坚定信念、艰苦奋斗、实事求是、敢闯新路、依靠群众、勇于胜利"的井冈精神。经考证,吉安还是毛泽东、邓小平两位世纪伟人的祖籍地。

其次,吉安是红色基因的摇篮。毛泽东、朱德等老一辈革命家在这里建立了第一个红色革命根据地,开辟了农村包围城市、武装夺取政权的胜利道路,创造了井冈山精神。吉安作为革命老区,为中国革命做出了巨大的牺牲和贡献。吉安市有五万多名革命烈士。1955 年第一次授衔的将领 147 位。

再次,吉安具有良好的生态环境优势。全市森林覆盖率 66%。水质、空气质量均保持在国家二级标准以上。有国家级自然保护区 6 个,省级自然保护区和森林公园 8 个。先后三次入选"中国特色魅力城市 200 强",2007 年荣获中国人居环境范例奖。这里山清水秀,生态优美,"红、绿、古"三色旅游资源丰富。井冈山被誉为"世界第一山",是首批国家级风景名胜区之一。井冈山市是全国旅游胜地四十佳和中国优秀旅游城市。该市有四个省级风景名胜区,其中包括武功山、青原山、玉笥山、白水仙。这里有世界上最大、最完整的古窑遗址吉州窑,以及白鹭洲书院、新干商墓遗址、永丰西阳宫等一大批人文古迹。

最后,吉安坐拥良好的区位优势。吉安有良好的区位优势,位于香港特区、广东省经江西省到中原的核心地带,既是沿海腹地,又是内地前沿,北与长江三角洲对接,东与闽江三角洲毗邻,南与华南经济圈呼应,是至关重要的"黄金走廊"。近年来,吉安的交通区位条件得到根本改善。航空方面,井冈山机场已开通了吉安至北京、上海的航班,吉安至深圳的航班也将按计划开通；铁路方面，京九铁路开通了吉安至北京、深圳、厦门的始发列车；水运方面，赣江航道贯穿境内，成为便捷的货运黄金水道；公路方面，赣粤高速、泰井高速、武吉高速公路相继建成通车。快速便捷的立体交通网络已经形成。从上海、深圳、广州、福州、厦门等城市到吉安，汽车 5~8 小时，飞机只需 50 分钟，极大地缩短了吉安与全国各地的空间距离。吉安有丰富的自然资源，水资源达 215 亿立方米，可开发水能资源 157 万千瓦，江西省最大的水力发电厂万安水电厂就在吉安。吉安市现有普通高等院校 3 所、技工学校 25 所，每年可向社会提供数十万具有中等以上文化的劳动力。吉安有完备的基础设施，同时形成了海关、商检、市长直通电话、投资洽谈中心、投诉中心、办证服务中心、招投标中心"七位一体"的投资服务体系，一个"成本低、回报快、信誉好、效率高"、开明开放的新吉安正在江西中部加速崛起。吉安有坚实的发展基础，已形成电子、食品、医药、电力、冶炼、建材六大工业支柱产业和草食畜禽、花卉苗木、特种水产、优秀粮油、无公害蔬菜、林产化工六大农业主导产业。

（二）吉安发展康养产业的现状

2019 年上半年，吉安大健康产业在区域竞争加剧、经济下行压力较大的大环境影响下，实现主营业务收入 386 亿元，同比增长 20%。在市委、市政府提出"奋力打造第二个千亿产业"的总要求下，康养大健康产业将成为吉安经济发展新的增长极。吉安发展智慧康养产业，是促进信息消费增长、推动信息技术产业转型升级的重要举措，也是培育新产业、新业态、新模式的重点领域和重要内容之一。目前，吉安已经对此项工作高度重视，明确将按照《智慧健康养老产业发展行动计划（2017—2020 年）》（工信部联电子〔2017〕25 号）和《江西省智慧健康养老产业发展工作方案（2017—2020 年）》（赣工信医药字〔2017〕297 号）等文件的要求，加快试点示范，推动康养产业发展和应用推广。

为策应吉安康养大健康产业基础供应链的打造，2019 年上半年，吉安中药材种植呈现平稳较快发展势头，种植面积新增 3.2 万亩，总面积达 27.2 万亩，实现主营业务收入 4.9 亿元。目前，吉安市有集中连片千亩以上药材基地 22 个，百亩以上中药材种植基地 180 个，种植大户 260 个。产业基础的完善，也成就了大健康制造向高质量发展的转变。目前，吉安市生物医药制造产业规模以上企业达 82 家，共获药品批准文号 549 个，实现主营业务收入 85 亿元。吉安市共有大健康院士工作站 5 个，省级企业技术中心 3 家，高新技术企业 25

家。普正药业、志诚药业等一批龙头企业，在相关药品品种销售市场占据优势份额。

在丰富的康养大健康服务业态领域，2019 年上半年，吉安全市康养服务主营业务收入已经突破 166 亿元。羊狮慕、玉笥山养生谷等旅游集聚区得以打造提升，吉州窑陶艺小镇、井冈山罗浮双养小镇、井冈山神山村、万安花花世界、遂川汤湖温泉等大健康旅游项目逐渐为消费者所青睐。大健康服务反映在医疗服务与养老上，医药医疗服务、养生保健服务和健康养老服务不断完善，现已有 103 家医疗机构与养老机构签订相关协议，健康养老有望在将来实现纳入康养大健康服务体系。

顺应"回归自然、回归文化、回归健康"的旅游消费大势，对接吉安市"三山一江一城"旅游发展战略，峡江依托优越的自然生态资源，有机融入康养主体，大力推进森林康养旅游开发。2018 年初，峡江县成立了以县委书记任组长的"峡江县中医药康养旅游产业发展"领导小组，依托中医药首位产业，融合洞天福地的道教文化，启动了玉笥山药道养生谷康养旅游集聚区项目建设。项目总占地 2129 亩，总投资 5.7 亿元，分两期建设，其中一期投资约 2.3 亿元，现已进入实施阶段。目前，峡江县利用良好的生态环境、中药产业和道文化，打造玉笥山药道养生谷，已创建国家 AAA 级景区。推动金坪民族风情园、现代农业示范园、梅花坪果园深度融合，打造集山水康养、文化康养和中医药康养于一体的金梅花康养慢城，并已创建成省 AAAA 级乡村旅游点。对接市里打造"百里赣江风光带"，整合峡江枢纽大坝及库区、成子洲、巴邱古镇、将沙村、黄金江出口半岛等区块，结合玉峡湖创建国家湿地公园工作，打造亲水康养旅游区。

因此，吉安市委市政府紧跟政策导向、产业趋势，已经明确提出将康养、大健康产业作为全市工业高质量发展的重要支撑，提出未来将着力构建"食、医、游、养、健、智"康养产业集群，打造"吉安康谷"。一是大力发展以"食"为基础的绿色食品产业集群。坚持食药同源、食药两用，用好用足"井冈山"区域公用品牌，培育井冈蜜橘、井冈红茶、有机大米、有机茶叶、有机蔬菜、特色药材等绿色有机农特产品，其中井冈蜜柚种植面积突破 40 万亩，成为江西三大名果之一。二是大力发展以"医"为核心的生物医药产业集群。瞄准药材种植、药品研制、医疗器械制造等领域，鼓励普正、新赣江、半边天等龙头骨干企业加快发展，对接康美药业、广明集团等上市公司投资兴业，现有中药材种植面积 24 万亩，拥有 300 多个中医药和保健食品品种，其中车前子、厚朴、吴茱萸、杜仲等吉安道地中药材品种数量占江西省 3/4，商州枳壳、龙脑樟和黄栀子等药材被列为国家地理标志保护产品。三是大力发展以"游"为支撑的旅游休闲产业集群。大力实施"全景吉安、全域旅游"战略，突出文旅融合、农旅结合，每个县（市、区）至少打造 1 个旅游集聚区，吉州区清水湾温泉度假、万安县农旅鲜花休闲小镇等项目正加快建设。四是大力发展以"养"为配套的康养服务产业集群。积极培育休闲养生、滋补养身、康体养生、健康咨询、个性医疗等新业态，推动大健康与医疗、文化、生态深度融合，打造中国中部生态文化养生之都。五是大力发展以"健"为主题的运动康体产业集群。依托桐坪通用机场、井冈山红色培训等户外健身运动品牌，大力发展航空运动、航模比赛、户外健身等活动，先后承办了第 18 届亚洲跳伞锦标赛暨中国跳伞公开赛、动力伞全国冠军赛、全国航模公开赛等系列国际国内顶级赛事以及城市绿道马拉松赛、国际马拉松赛、环鄱阳湖自行车赛等，打响吉安健身运动品牌。六是大力发展以"智"为方向的健康管理服务产业集群。聚焦睡眠障碍及心脑血管等慢性疾病，重点发展远程医疗、移动医疗、健康咨询等新兴业态；加强与中国航天十二院合作，共同建设井冈山国际远程智慧医疗康养中心，实现"治未病、防大病、管慢病"，打造成为国家医疗改革和分级诊疗应用示范项目。

（三）吉安康养产业相关文旅产业发展优势

吉安市旅游景点独具风姿，这里不仅有许多文化遗产，革命旧居聚集风水好，自然风光与人文景观融为一体。它们是文化之家、红色的摇篮、绿色的宝库。庐陵文化旅游、井冈山旅游和绿色生态旅游构成了吉安旅游观光的独特魅力。吉安是首批国家级风景名胜区之一。是全国旅游胜地四十佳和中国优秀旅游城市；市内还有武功山、青原山、玉笥山、白水仙 4 个省级风景名胜区，有当今世界保存最大最完整的古窑遗址吉州窑，以及白鹭洲书院、新干商墓遗址、永丰西阳宫等一大批人文古迹。

1. 井冈山风景名胜区

井冈山风景名胜区是国家 AAAAA 级景区。位于吉安井冈山市境内，地处湘东赣西边界、南岭北支、罗霄山脉中段，距吉安市中心城区约 130 千米，距井冈山市新城区 35 千米，泰井高速、319 国道可直达。井冈山风景名胜区是国家 AAAAA 级旅游景区、国家重点风景名胜区、国家级自然保护区、全国文明风景旅游区、国家级生态旅游示范区、世界生物圈保护区（2012年）、全国著名红色旅游景点景区，是集人文景观、自然风光和高山田园为一体的山岳型风景旅游区，被朱德誉为"天下第一山"。风景名胜区范围333平方千米，有11大景区、76处景点、460多个景物景观。主要分为茨坪、黄洋界、龙潭、主峰、茅坪、桐木岭、湘洲、笔架山、仙口等景区。其中革命人文景观30多处，被列为国家重点文物保护单位的有10处；自然景物景观有峰峦、奇石、瀑布、气候、气象、温泉、溶洞、独特的高山田园和珍稀动植物八大类，保存有世界同纬度最完好的70平方千米次原始森林，景区内山高林密，动植物资源十分丰富，有林地面积190平方千米，平均覆盖率达89%；各类植物3800多种，属国家保护的珍禽异兽20多种，有"天然动植物园"之称，水口等风景区每立方厘米的负离子超过20000个，又被称为天然氧吧。景区的气候温和宜人，年平均气温14℃，7月平均气温24℃，夏无酷暑，冬无严寒。景区内每年4月举办井冈山国际杜鹃花节。1927年10月，毛泽东、朱德、陈毅、彭德怀等老一辈无产阶级革命家在此创建了中国第一个农村革命根据地，点燃了中国革命的星星之火，开辟了"以农村包围城市，武装夺取政权"的具有中国特色的革命道路。当年，红军战士在毛泽东、朱德等的领导下，开展了艰苦卓绝的斗争，粉碎了国民党军队的多次围剿，取得了一次又一次的伟大胜利，在中国人民革命斗争史上谱写了光辉的篇章。井冈山被誉为"革命摇篮""天下第一山"，现已成为游览、瞻仰、参观、学习的圣地和进行爱国主义教育和革命传统教育的大课堂。

2. 庐陵文化生态公园

庐陵文化生态公园是国家AAAA级景区。"三千亩山水欣辟图画，五千载文化喜呈灵秀。园内地势天成，景观因地制宜。清流入湖，碧波微澜，水幕映画，喷泉升腾。数百株古木成林，越千年巨樟擎天。奇葩斗彩，芳草竞绿，莺歌婉啼，鹭欢栖翔"，如此美景，正是地处吉安市城北的吉安庐陵文化生态园的真实写照。

庐陵文化生态园于2009年8月开工建设，历时两年，于2011年9月15日正式开园。园内以水为眼，千亩大水面光影跳跃；以绿色生态为体，种植古树、大树、珍稀濒危野生树种等植物多达200余种，形成市中心城区的"绿肺"；以文化为魂，庐陵文化贯穿始终，人文与自然、传统与现代在这里得到了完美的结合。公园还在建设期间，就接待了众多中央、省、市领导，他们高度赞赏吉安人的大手笔、大气魄，充分肯定了园区"红、古、绿"的设计理念。而开园以来，每天游客更是络绎不绝，争相一睹它的全景风采，据统计，最多一天游客超万人。

3. 武功山风景名胜区

武功山风景名胜区是国家 AAAA 风景名胜区。武功山地处罗霄山脉北段，横亘湘赣两省，历史上曾与衡山、庐山齐名，并称为江南三大名山，主峰金顶白鹤峰海拔 1918.3 米，是集观光游览、休闲度假、宗教旅游、科普教育为一体的大型山岳型自然风景区。武功山风景区以峰之奇、岩之险、石之危、松之怪、草之衰、云之魂、雾之逸、瀑之湍、潭之幽、洞之异、禽之珍而闻名。尤其区内云间的高山草甸、红岩谷瀑布群、金顶古祭坛群堪称江南三大绝景，令人神往。至今保留着数十万亩原始林和次生林，其间遗存着各类种子植物、蕨类、苔藓类、大型真菌类和夜光木、银杏、红豆杉等珍稀树种 2000 多种。在武功山海拔 1500 米以上，有一条绵延 500 千米的黄山松林带，被列为黄山松种源保护区；海拔 1600 米以上分布着 10 万亩高山草甸，为世界同纬度地区面积最大的高山草甸，被誉为"江南一绝"。同时武功山又是一座宗教名山，道、释、儒教在这里交融汇合。

4. 青原山景区

青原山风景区，国家 AAAA 级景区，青原山属嵩华山脉，面积 45.5 万平方米，主峰海拔 316 米，峰峦连绵 10 余千米。山上古木翁郁，奇葩芬芳；碧泉翠峰，各具情趣。山中的潭、泉、溪、峡共 35 处。喷雪、虎咆、珍珠、小三叠、飞龙潭等飞瀑流泉，奔泻于密林之中；攀天岳、芙蓉、翠屏、鹧鸪、西华、华盖诸峰，挺拔巍然；试剑石、钓鱼石、印水矶等奇石，映波成趣。古人对其山水是这样描绘的："青原之山高入云，螺江之水无纤尘。"汉代张道陵（张天师）封天下 365 座名山，青原山为其中之一。"中兴四大诗人"之一的杨万里赞它是"山川第一江西景"。自唐代起，青原山就是佛教圣地，其庵堂佛店星罗棋布，约有 36 处，其中以全国重点保护寺庙之一的净居寺最负盛名。青原山不仅是一处著名的佛教道场，还是一座海内外的文化名山。青原会馆（后名阳明书院）是江西著名的书院之一，有"江西杏坛"之称，与白鹭洲书院、鹅湖书院、白鹿洞书院齐名。青原山以其"翠、幽、秀、奇"的自然风光和佛禅文化吸引着八方游客。

自唐朝至今，历代名人来青原山游览名胜、探奇访古、讲学授徒、读书励志者不计其数，其中不乏名臣大儒。唐代大书法家颜真卿、宋代诗人黄庭坚、杨万里，宰相李纲，学士胡铨，丞相周必大，民族英雄文天祥；明代大学士解缙、杨士奇，理学家王阳明、邹元标，地理学家罗洪先、徐霞客，以及学者方以智、施闰章等，都在青原山留下了珍贵的墨宝和脍炙人口的诗文，仅《青原山志》中就收集了 500 多篇文章。其中颜真卿的"祖关"字碑、黄庭坚诗碑、李纲诗碑和文天祥书写的"青原山"匾额，成为青原山著名的墨迹四宝。就连乾隆下江南时也曾两度"饭僧青原，下榻净居寺"。1930 年，"十万工农"攻下吉安后，毛泽东、朱德、彭德怀等老一辈无产阶级革命家也在青原山留下过光辉的足迹。

5.温泉资源丰富

汤湖位于遂川县的西南部，与湖南省的桂东县毗邻，因有丰富的地热资源——温泉而得此地名。汤湖的温泉出水表面混度达 84℃，自然流量每昼夜达 2050 立方米，为江西省温度最高，流量、压力最大的地热资源区之一。据勘查，汤湖的温泉发源于湖南的一股冷泉，因汤湖的地壳在历史上有过断裂，地壳转薄，冷泉在炽热岩浆的熏蒸之下，从这里奔涌而出，成为了温泉。县志上早有记载：大鄢泉有口气如沸，可熟羊豕。历史上，这里有自然泉 10 余处，主泉称大汤湖、小汤湖，泉四周有 9 个土墩，热水顺坡而下，民间戏称为九龟下潭。汤湖的温泉水属高温弱碱性重碳酸钙水，根据医疗矿水对化学成分含量的标准要求，可作氟水、硅水、锶水等医疗热水，对风湿病、皮肤病有一定的疗效。

武功山温泉位于安福县泰山乡文家村，距吉安市 100 千米。是集旅游、观光、疗养、休闲于一体的自然风景区。山庄温泉四季恒温，水温高达 80 余度，富含硫、氟、锂、锌、碘、硒、偏硅酸等多种微量元素，沐浴后可以改善人体循环功能，促进人体血液循环，治疗多种疾病。景区内设有温泉泡澡池、露天游泳池、组合泡澡屋、鸳鸯泡澡屋、福寿汤等洗浴设施。温泉山庄掩映于万顷林海中，与青山合抱，与松竹相依，由翠竹、古树、怪石、温泉四大自然景观构成。

五、未来吉安发展康养产业过程中应防范的问题

（一）警惕康养产业同文旅产业混淆式发展

目前，吉安文旅产业发展已经进入了良性发展的阶段，旅游经济作为一种绿色经济已经逐渐成为赣州经济发展的重要支撑之一，不容否认，旅游产业对康养产业的发展有巨大的带动和宣传效应，尤其是在康养产业发展的初期，这种作用则更加显著。但是，目前一些新上的所谓康养项目，打着康养或养生字样，投资数十亿、占地规模几百甚至上千亩，规模大，设施齐全，业态丰富，娱乐、餐饮、住宿、购物、度假、商业服务等一条龙服务，可就是不见康养产业的核心环节——医疗服务。所以，这一类型的项目就是典型的文旅项目，而并非康养项目，混淆了文旅和康养的概念，人为模糊文旅与康养的产业结构差异。虽然，文旅产业链和康养产业链在链条各环节上有诸多相似之处，但康养产业的核心是"康与养"，核心是医疗服务产业，所有康养产业链上的其他环节都是围绕着这个核心服务，其他的环节都是附加的、锦上添花的，并不能作为康养产业的主体。因此，缺乏医疗服务主体的康养产业，始终不能形成产业链功能的聚集化，单靠度假娱乐，严重背离"康养"之根本。

（二）警惕康养产业发展同质化竞争严重

目前，吉安苏区康养产业的发展整体还处在起步阶段，吉安也在积极的谋划如何促进吉安康养大健康产业的发展，让吉安良好的生态和人居环境成为发展康养产业的最大卖点，同时助力实现区域内贫困乡村居民的脱贫致富。但就吉安康养产业目前的发展情况来看，各康养项目的产业功能细分不够，各康养项目功能结构差异与特色都不够显著和突出，存在着较为严重的同质化竞争的现象，而同质化竞争的结果必将导致更为残酷的价格竞争，价格战的后果则是利润受损，更难有资金投入进行良性的可持续发展，也就更难发展出差异与特色，最终将陷入难以自拔的恶性循环当中，而这些都是需要警惕和提早谋划的。

因此，吉安目前康养产业尚处在起步阶段，开局起步发展势头良好。提前统筹规划，从宏观一体化大康养及可持续发展的角度，细分整个康养产业的功能定位，根据各县域经济特点及文化、资源特色，做出各县自身特色，形成差异化互补效应，避免同质化竞争，才能更好地发挥吉安的地理区位与生态环境资源优势，快速做强吉安的康养产业。

（三）警惕康养产业核心医疗服务环节存在短板

康养产业的发展，源于人民对"美好生活"的追求以及由此带来的巨大康养市场需求，具有时代必然性。因此在产业发展初期，康养离不开"医"，医疗是康养的核心，"医养"结合是康养的基本要求。

从目前吉安的医疗服务卫生水平来看，三级甲等综合性医院、三级甲等专科医院的数量严重不足、每千常住人口拥有病床位偏少、城市 15 分钟医疗服务圈建设不够完善，医疗卫生服务能力相比一线城市差距还是较为明显。但吉安未来康养产业，主要服务的目标群体多集中粤港澳等地区，而医疗服务能力是其选择来吉安康养的重要影响因素。

因此，吉安如何抓住《若干意见》的发展机遇和康养产业发展热潮，并结合互联网 5G 发展的浪潮，实现医疗服务卫生领域的"弯道超车"，真正将吉安打造成一线城市、沿海城市的养老、养生、休闲、旅游、度假的后花园，让吉安康养产业的硬件投入转化为医疗卫生领域的软实力输出，提升"硬软实力"转化效率，形成可持续发展的良性循环发展模式。所以，提升医疗服务能力是未来吉安能否快速成功发展康养产业的关键。

第二节　AI 技术发展或将推动中小企业转型升级

江西省革命老区包括土地革命战争时期的井冈山根据地、中央苏区、闽浙赣苏区、湘鄂赣根据地和抗日战争时期的鄂豫皖湘赣抗日根据地现属江西行政辖区部分。江西省分布有老区乡镇的县（市）共 81 个，人口 2170 万人，占全省总人口的 55.5% 和土地总面积的 78.1%。

长期以来，革命老区由于地理条件和历史因素，其经济发展水平滞后于全省和全国水平，江西地域内的苏区经济发展尤其滞后，民生问题非常突出。为此，2012 年国务院颁布了《国务院关于支持赣南等原中央苏区振兴发展的若干意见》。经过近 6 年发展，广大革命老区经济社会发展水平快速提升。2019年 5 月，习近平总书记在赣南考察时做出建设"老区高质量发展示范区"的重要指示。

一、未来新环境将有利于促进吉安革命老区新旧动能加快转换

从工业化进程看，吉安的工业发展已经跨越工业化中期，正在向工业化中后期迈进，吉安革命老区工业化水平略滞后于全省平均水平；从产业层次看，吉安革命老区制造业正在向中高端攀升；从动能接续看，吉安革命老区制造业正处在新旧动能加快转换的关键时期。

2019 年，江西省启动实施"2+6+N"产业高质量跨越式发展行动计划。打算用 5 年时间，打造 2 个万亿级、6 个五千亿级、N 个千亿级产业，聚焦航空、电子信息、中医药、装备制造、新能源、新材料六大优势制造业。实际上，革命老区制造业在全省制造业所占比重越来越高。因而，革命老区制造业创新发展是驱动其高质量跨越式发展的关键。例如，赣州市"两城两谷一带"加速壮大。"新能源汽车科技城"引进的国机、凯马整车生产线建成试产，孚能科技经科技部认定为全省唯一"独角兽"企业；"现代家居城"规上企业突破 400家，"南康家具"成为全国首个以县级行政区划命名的工业集体商标，品牌价值蝉联全省制造业第一；"中国稀金谷"入驻"国字号"创新平台 4 个；"青峰药谷"建成全省首个国家高层次人才产业园，青峰药业获批国家企业技术中心。2017 年，全省电子信息产业主营业务收入达 3700 亿元，产业规模居全国第 10 位，南昌市、九江市、赣州市、吉安市的电子信息产业主营业务收入分别达 792 亿元、140 亿元、238 亿元、608 亿元，同比增长均超过 20%，产业呈现快速发展势头。

显然，制造业仍将是驱动革命老区产业发展的主要力量。吉安革命老区制造业智能化升级将有利于推进革命老区制造业协调和创新发展，成为其新旧动能加快转换的关键。

二、大数据、人工智能领域发展状况与趋势

（一）大数据、人工智能领域发展现状

2015 年，李克强总理在《政府工作报告》上首次提出"中国制造 2025"的宏伟计划，提出用十年时间，迈入制造强国行列，并提出五大工程，分别为制造业创新工程、智能制造工程、工业强基工程、绿色制造工程、高端装备创新工程。在我国，很多产业从产业链最上游到最下游都分布国内，我国制造业

已经具备产业升级的基础，且已经在多个领域取得重大突破。

我国高速增长的经济为制造业提供了广阔的市场空间。中国人口占全球人口的 19%，消费量占全球消费量的 11%。但同时，随着行业内企业数量的增加，业内竞争逐渐加剧。从先进制造业市场来看，我国工业机器人市场发展较快，约占全球市场份额 1/3，是全球第一大工业机器人应用市场；可穿戴设备为移动网络新的入口。2017 年全球智能可穿戴设备出货量达 1.33 亿只，同比增长 29%；市场规模达 208 亿美元，同比增长 30%。预计智能可穿戴设备未来几年仍将保持快速发展。中国 2016 年国内机床数控率仅 24%，相较于日本德国超过 65% 的数控率，增长空间巨大。2017 年我国数控机床销售收入约为 3060.3 亿元，首次超过 3000 亿元。从数控机床行业下游消费需求比重来看，汽车是主要的下游需求领域。此外，在传感器、智能交通工具、智能工程机械、智能家电、智能照明电器等领域，我国制造业也具有广阔的市场空间。

总体来说，吉安制造业实力不强、层次不高，发展不平衡不充分，产业结构"三七开"（以传统产业为主），技术结构"三七开"（以初加工和简单组装技术为主），产品结构"三七开"（以中低端和低附加值产品为主）。传统产业多、新兴产业少，低端产业多、高端产业少，资源型产业多、高附加值产业少，劳动密集型产业多、资本科技型产业少等"四多四少"的问题，仍是制约吉安经济高质量跨越式发展的重大瓶颈。

（二）未来国内外技术发展方向、趋势预测

2018 年马云在世界人工智能大会上表示，未来 10 到 15 年，传统制造业面临的痛苦将远远超出今天的想象。如果企业不能从规模化、标准化向个性化、智能化转变，将难以生存。未来成功的制造业一定是善于运用智能技术的企业，因为不运用智能技术的企业都将会走入困境。《中国制造 2025》提出，加快机械、航空、船舶、汽车、轻工、纺织、食品、电子等行业生产设备智能化改造，提高精密制造和敏捷制造能力。

从个人 3D 打印设备到智能汽车，近年来各种智能产品都出现了爆炸式增长。目前市场上的智能产品主要包括智能工业产品、智能交通产品、智能医疗产品、智能终端产品、智能家居产品、智能物流 / 金融产品、智能电网等智能产品，不管技术有多酷，它最终都会为人们服务，融入日常生活。可穿戴设备也是科技及医疗器械领域重塑产业格局的重要机会。汽车、家电、消费品等行业加快拥抱互联网，众包众设研发模式、大规模个性化定制等"互联网 +"与

制造业融合创新应用模式不断涌现。海尔深耕制造业 30 余年，是世界第四大白色家电制造商，面对"工业 4.0"颠覆式挑战，从 2012 年开始，海尔进行数字化变革。当前，海尔正在以构建"互联工厂"的核心思想，尝试从大规模"制造"发展为大规模"定制"的智能制造企业，将家电定制化这一美好畅想变为现实。目前，海尔已建成 11 个互联网工厂，包括沈阳冰箱互联工厂、海尔胶州空调互联工厂、海尔滚筒洗衣机互联工厂等。相比传统工厂，海尔互联工厂创新人工智能检测等多项行业领先技术，实现全流程数据链贯通，真正做到用户订单驱动生产。

显然，互联网与各行各业融合创新步伐加快，其产生的化学反应和放大效应不断变革研发设计、生产制造和营销服务模式，成为制造业转型升级的新引擎。

三、大数据、人工智能是未来驱动革命老区制造业智能升级的关键技术

习近平总书记系列重要讲话指出，要坚定不移走中国特色新型工业化道路，坚持创新驱动、质量为先、绿色发展、结构优化、人才为本，以提质增效升级为中心，以加快新一代信息技术与制造业深度融合。《中国制造 2025》是我国实施制造强国战略第一个十年行动纲领，制造业是国民经济的主体，加快制造业发展升级是江西省的核心任务。江西省制造业要以推进智能制造为主攻方向，以加快制造业发展升级为目标，通过扩规模、强龙头、优结构、延高端、创品牌，构建低碳循环的绿色工业体系，推进江西省制造业转型升级和做大做强。到 2025 年，江西省革命老区制造业自主创新能力和优势产业竞争力进一步增强，产业集聚水平、行业集中度和综合实力大幅提高，形成一批在国际国内具有较强竞争力的企业集团和产业集群，新增一批在国际国内处于领先水平的产业领域，两化融合迈上新台阶，数字化、网络化、智能化、高端化、服务化、绿色化水平进一步提升，制造业规模及主要指数居于全国中上水平。显然，深入实施《中国制造 2025》，对于吉安革命老区加快制造业发展升级，促进绿色崛起具有重要意义。

随着制造技术的进步和现代管理理念的普及，制造企业的经营越来越依赖于信息技术，使得制造业的整个价值链和制造产品的整个生命周期都涉及大量的数据，而制造业企业的数据也呈现爆发式增长的趋势。特别是随着大规模定

制和网络协作的发展，制造企业还需要实时从互联网上接受众多消费者的个性化定制数据，并通过网络协调资源配置、组织生产和管理更多的各类数据。过去，在设备运行的过程中，自然磨损本身会使产品的品质发生一定的变化。伴随着信息技术、物联网技术的发展，通过传感器技术实时感知数据，知道产品出了什么故障，哪里需要配件，使得生产过程中的这些因素能够被精确控制，从而真正实现生产的智能化。一定程度上，工厂/车间的传感器所产生的大数据直接决定了"工业4.0"所要求的智能化设备的智能水平。

此外，大数据是制造业人工智能的基础。它在制造业大规模定制中的应用，包括数据采集、数据管理、订单管理、智能制造、定制平台等，其核心是定制平台。当定制数据达到一定数量级时，就可以实现大数据应用。通过大数据挖掘，可以实现大众预测、精准匹配、时尚管理、社会应用、营销推送等更多应用。因此，大数据可能带来的巨大价值正在被传统制造业所认可，大数据是驱动革命老区制造业智能升级的关键技术，将成为推动革命老区制造业智能升级的重要力量。

大数据，尤其是工业大数据的三个典型应用方向，包括智能装备、服务型制造和跨界融合。第一个层次是设备级的，就是提高单台设备的可靠性、识别设备故障、优化设备运行等；第二个层次更多是针对生产线、车间、工厂，提高运作效率，包括能耗优化、供应链管理、质量管理等；第三个层次是跨出工厂边界的产业跨界，实现产业互联。大量的数据来自于研发端、生产制造过程、服务环节，工业信息化过程一直在产生大量的数据，工业从数据到大数据，要考虑数据的叠加融合。而在工业互联网时代，需要纳入更多来自产业链上下游以及跨界的数据。

工业大数据具有"多模态、高通量、强关联"的特点。工业领域约有130多种不同类型的数据，数据模式多样，结构关系复杂。高通量是指数据的连续生成、高采集频率和大流量。强关联意味着产业场景中的数据具有强大的机制支撑，不同学科之间的数据关联在机制层面，而非数据领域。工业大数据的分析和应用并不是把深度学习和强化学习的方法放在这里就有结果，还需要获知研究对象的机理模型与定量领域知识，找出数据在输入、输出之间的统计关系，这是工业大数据应用的基础。

当前，江西省正在推动"互联网+先进制造业"，发展工业互联网革新，大数据是支撑制造业的业务变革的根本。吉安革命老区也应当构建自动化、信息化、智能化的制造体系，从产业生态和产业链协同视角构建革命老区制造业数据库，采用数据挖掘和数据处理手段，提供智能制造问题服务系统解决方案，全面推进革命老区制造业高质量跨越式发展。

四、目前吉安制造业升级发展所需解决的重大问题

近年来，江西省委、省政府高度重视工业发展，2018 年 5 月出台了《关于深入实施工业强省战略推动工业高质量发展的若干意见》。随后，出台了一系列政策，推动有色金属、建材、食品等传统产业优化升级，壮大航空、装备制造、电子信息等战略性新兴产业，培育虚拟现实等新经济动能，为推进工业强省建设，举办了多项物联网和工业设计重大活动。但从全省格局看，吉安制造业实力不强，在总体规模、结构水平、制造效率、创新能力、信息化水平等方面与发达省份还有较大差距。在推进制造强省建设进程中，吉安市制造业转型升级和跨越发展的任务还十分繁重。推动制造业高质量发展，加快形成若干在全国具有较大影响的特色战略性新兴产业链是今后急需要解决的重要问题。

因此，深入实施工业强省战略，以高端化、智能化、绿色化、服务化为方向，以项目、企业、集群、园区为着力点，推动吉安革命老区产业高质量跨越式发展。

（一）吉安发展人工智能制造业需要解决的"瓶颈"技术

1. 数据处理技术

大数据是以数据为本质的新一代革命性信息技术。在数据挖掘过程中，它可以推动理念、模型、技术和应用实践的创新。目前，大数据技术是制约智能制造发展的瓶颈。一方面，大数据技术包括以数据分析技术为核心的人工智能、商业智能、机器学习等领域的理论研究和技术；另一方面，也包括非结构化数据处理技术等核心技术，非关系数据库管理技术、web 搜索技术、知识计算搜索技术、知识库技术、可视化技术等。整合大数据、云计算、物联网、移动互联网等技术，形成较为成熟可行的解决方案。要实施以大数据智能化为引领的创新驱动发展战略行动计划，就需要大量的人才和技术支撑。革命老区大数据人才普遍不足，需要广泛开展技术合作，包括与大学、科研院所、企业等合作，通过技术合作引进并留住科学家团队。

2. 信息获取技术

信息获取技术是指能够对各种信息进行测量、存储、感知和采集的技术，特别是直接获取重要信息的技术。信息测量包括对电信号信息与非电信号信息的测量。气象、水文等一些部门要掌握天气和水情的变化趋势，及时进行预报，就必须准确测出气压、温度、风速、水深、流速等参数，这些参数都属于非电信号信息。信息存储包括磁盘存储和光盘存储。存储在磁盘或光盘上的信息，通过相对应的驱动器可将盘上的信息读出来，显示在计算机的屏幕上或打印在纸上。信息感知包括文字、图像、声音识别以及自然语言理解等。信息感知典型的实例是遥感技术和智能计算机。实际上，发展智能制造业，关键制约技术之一是信息获取技术。

3. 管理决策技术

决策技术是指决策者在决策过程中所应用的手段、方法和组织程序的总和。它与一定的生产力发展水平相联系，不同质的决策技术，决定决策过程的不同特点，形成不同质的决策类型。决策技术是管理的一个重要分支，是决策科学化的重要保证。随着新的科学技术在生产领域的应用，企业生产规模不断扩大，影响企业生产的因素越来越多；市场竞争激烈程度的加剧，市场格局的不断改变，影响企业经营状况的经营环境变得越来越难预见。要推动智能制造，就需要加强管理决策研究，提升其决策水平和效率。

4. 空间信息技术

主要包括卫星定位系统、地理信息系统和遥感等的理论与技术，同时结合计算机技术和通信技术，进行空间数据的采集、量测、分析、存储、管理、显示、传播和应用等。GeoGlobe、MapGIS、PANDA 等大型空间信息系统软件，以及 DPGrid 全数字摄影测量系统、三维可视地理信息系统、遥感影像处理系统等数据处理平台，尤其是基于 MapGIS7.X 平台进行二次开发的农业遥感估产信息系统，可实现对相关农作物产量监测的自动化与效率化。空间信息的表达与可视化技术方法，涉及空间数据库的多尺度（多比例尺）表示、数字地图自动综合、图形可视化、动态仿真和虚拟现实等。利用空间信息技术可实现革命老区制造业动态仿真和虚拟现实，从空间上探索革命老区制造业发展规律。

（二）缺乏统一规范的高质量发展技术平台

2019 年 5 月，习近平总书记亲临江西省视察，是革命老区发展进程中具有里程碑意义的大事。总书记提出着力建设革命老区高质量发展示范区的目标要求。要在革命老区高质量发展上作示范，就必须把家具、电子信息、新能源等制造业打造成具有影响力的产业。将数字经济贯穿实体经济发展之中，通过现代化经济体系构建，为高质量跨越式发展提供有力支撑。

然而，当前江西省革命老区缺乏重点研究平台，赣州、吉安、抚州在发展建设过程中没有一个专门有关其高质量发展的技术服务平台，各地高校或研究机构条块分割明显，缺乏整体性和全局性，使得革命老区产业信息不平衡，产业信息整合协同能力和关联互动性不足。建立统一规范的制造业综合信息服务平台，将成为打破这种现状推动革命老区高质量发展的关键。

（三）人才发展滞后匮乏，制约了大数据技术产业化应用

人才资源是第一资源。江西革命老区高质量发展，动力在人才。吉安苏区制造业智能化升级发展，迫切需要大量的经济管理人才、大数据分析技术人才、智能产品创意人才，微电子信息人才、空间地理信息人才、软件工程人才，特别是需要的复合型人才。但是，整体看，吉安专门从事制造业的现有相关人员素质不够、数量不足、结构失衡，这种人才状况成为制造业发展的又一瓶颈。面对智能制造新业态，相关人员不能立足于大领域、大视角，综合能力有待提升。江西省在人才培养模式、计划或者方案制定方面，并没有形成一个完整的、多方联动的、多层次的、宽领域的、全覆盖的制造业大数据人才教育培训体系，从而造成人才输送在质量和数量上都无法满足智能制造业的需求。由于缺乏专业型人才，具有市场前景的科技成果多数停留在理论和实验阶段，难以成熟应用，更难以抢占市场，直接影响其转化为生产力。总之，人才的紧缺制约了大数据技术在吉安革命老区制造业转型升级中的应用。

五、吉安苏区未来人工智能领域主要发展方向和主要任务

5G 时代的到来，标志着以人工智能、物联网、云计算、大数据等为主导的第四次工业革命的来临。人工智能、物联网是被国家纳入"战略新兴产业技

术"的产业范畴，其显著特征是基于自我感知学习的泛互联，但其核心和基础仍然是互联网。在互联网基础上的人工智能和网络延伸，扩展到了任何物与物之间进行的智能化信息交换，主要包括三个核心链环节：一是以人工智能、云计算、大数据为代表的链首环节；二是以 5G 通信技术为基础的链中环节；三是以射频识别、智能传感、GPS 定位等为代表的链尾环节。三个核心环节中，以射频识别、智能传感、GPS 定位等为代表的链尾环节属于应用层环节，其原理是通过射频识别、智能感应器、全球定位系统、激光扫描器等设备模组，按约定的协议，把任何物与物之间通过高速无线通信网络连接，在大数据为基础的人工智能引导下进行信息智能化通信，完成包括识别、定位、跟踪、监控、检测、管理、控制、决策等数据采集与管理控制功能，满足解决未来复杂系统目标需求。

吉安苏区未来人工智能领域的主要发展方向就是通过建立制造业及关联产业发展数据库，联合相关技术依托单位构建基于大数据分析与挖掘、人工智能、物联网的制造业升级路径与模式，为传统制造型企业提供基于产业信息需求的综合性应用服务平台。通过综合应用服务平台的建立，构建基于制造型企业的智能化升级评价标准，并建立省级示范区，使革命老区的制造业发展由传统的被动型承接产业向主动对接型产业转变，即通过前瞻性战略性规划与布局，主动对接未来人工智能、物联网核心环节的发展，抓住历史性机遇，实现革命老区工业经济的弯道超车甚至变道超车。

第三节　5G 浪潮将为吉安软实力提升提供新动能

2019 年是人工智能规模化应用落地年，人工智能正在大规模地达到每个领域的应用门槛，去改变这个世界。它已经不再是停留在实验室里的概念。随着技术的成熟，它也不再需要依靠少数的精英和重金去打造，人工智能已经开始规模化的推广，可以在各个领域有效地提高效率、降低成本、减少错误，"AI+ 教育""AI+ 医疗""AI+ 交通"等各种应用场景走进了人们的生活，人工智能得到了普遍运用。

资料显示，2019 年前三季度，全球人工智能核心产业市场规模超过 520.9

亿美元，与 2018 年相比增长 32%。人工智能作为引领未来的战略性新兴产业，是新一轮产业变革的核心驱动力，快速地改变生产方式。而其在日常生活和城市管理中的运用，也在深刻地改变着人们的生活方式，老百姓的生活越来越方便，政府的城市管理也越来越高效。

5G 具有高速度、低时延、高可靠等特点，是新一代信息技术的发展方向和数字经济的重要基础。2019 年 6 月，工业和信息化部向中国电信、中国移动、中国联通、中国广电发放 5G 商用牌照，中国正式进入 5G 商用元年，5G 大规模部署时机已经到来，而 5G 与人工智能必然是共生互利、相互推动发展的关系。

通信网络是人工智能爆发的基础，人工智能通过收集海量数据，从数据中自动识别、学习模式和规则，并代替人工来预测趋势、执行策略。而 5G 作为人工智能的承载系统，其产生的海量数据是人工智能的基础支撑，5G 时代的到来，就仿佛给人工智能打通了任督二脉，你会发现，你的智能音响更懂你了，无人驾驶马上就能实现了，运动手表能像私人教练一样随时给你做健身指导……5G 时代带来的改变可以带动整个人工智能产业发生裂变式发展，从而也为人工智能在各行各业探索新业务、新应用、新商业模式，以及培育新市场，打下了坚实的基础。面向 5G 时代，人工智能潮头袭来，必将带来一个全新的时代。

同时，人工智能也将大幅提升通信网络能力，人工智能将在 5G 时代发挥关键作用，以适应网络高效性和复杂性。5G 万物互联产生的海量数据是复杂的，其中很多还是无价值的，靠人力完全无法应付，需要靠人工智能来清洗和分析，理清逻辑和秩序，使网络自动化，降低运维成本。5G、人工智能，正在时代的路口交汇，注定会携手同行，开启一场社会变革。

一、5G 时代"AI+ 医疗"提升吉安苏区医疗水平软实力

2019 年被称作中国 5G 商用元年。5G 具备"高通量、低时延、大连接"等优势，将其应用在医疗行业，将助力医学服务的数字化、移动化、远程化、智能化。

2019 年 9 月，在国家卫生健康委员会的指导下，由中日友好医院、国家远程医疗与互联网医学中心、国家基层远程医疗发展指导中心牵头，全国 30

余家省部级医院、中国医学装备协会、中国移动、中国电信、中国联通和华为公司共同在中日友好医院联合启动《基于 5G 技术的医院网络建设标准》（以下简称《标准》）的制定工作。

该《标准》是由医疗行业与通信行业共同联合启动的"5G+ 医疗"的行业级标准，将落入国家卫生健康标准体系中，也将成为中国医院的 5G 网络基础设施规范化建设的标准。此次《标准》的制定是一个优中选优的过程，计划周密、分工严谨，具备实用价值。《标准》将 5G 通信技术与医疗业务进行融合，选取安全有效的业务场景，同步进行技术参数的测试，并将使用者的主观体验纳入评价体系，确保可操作性、可推广性和质量确定性。

政策方面，2018 年 4 月，国务院办公厅印发《关于促进"互联网＋医疗健康"发展的意见》，提出了一系列促进互联网与医疗卫生深度融合的政策措施。在技术方面，华为技术有限公司从 2016 年开始开展"5G+ 医疗"的探索和研究，已建成"5G+ 医疗"示范点。诸如远程会诊、远程门诊、远程影像诊断、远程心电图诊断、远程培训等医疗服务可投入商业使用。

2019 年初，国家卫生健康委员会和工信部共同指导中国信息通信研究院发起成立医疗健康大数据和网络创新研究中心，推动了 5G 在医疗健康领域的应用。该中心还与中日友好医院、郑州大学第一附属医院等单位合作，启动 5G 医疗示范项目，重点开展基于 5G 网络的移动查房、移动护理、远程急救、远程会诊、机器人超声等应用研究。如今，"5G+ 医疗"的概念已渐渐进入大众视野。三大运营商紧锣密鼓地布局 5G 医疗市场，各大医院积极部署 5G 医疗的相关研究与实践。但现阶段，在"5G+ 医疗"的落地中依然存在方案推广可行性研究不足、技术验证不充分、安全责任划分不明晰等问题，亟待建立统一的标准与评价体系。

因此，《标准》出台后将限制粗制滥造、假冒伪劣、炒作概念的行为，促进高质量、高可靠性的建设技术的发展。《标准》让 5G 网络建设的运营商了解医院需要什么样的网络，让医院了解 5G 到底能做什么，安全底线在哪里。"统一标准之后，国家远程医疗与互联网医学中心的跨机构、跨地域业务得到拓展，有助于实现医院之间的同质化，保证医疗数据的质量和安全，为医务人员开展远程医疗业务提供技术保障。对于产业界来说，开发与医疗相关的智能系统、信息产品时，也有了统一的通信标准作为技术依据，能够帮助企业有的放矢，开发更加贴近应用需求的产品。"

应用场景多元是 5G 赋能智慧医疗的一大表现。2019 年 7 月，中国信息通信研究院、互联网医疗健康产业联盟等单位联合发布的《5G 时代智慧医疗健康白皮书（2019 年）》指出，5G 医疗健康是指以第五代移动通信技术为依托，充分利用有限的医疗人力和设备资源，同时发挥大医院的医疗技术优势，在疾病诊断、监护和治疗等方面提供的信息化、移动化和远程化医疗服务，创新智慧医疗业务应用，节省医院运营成本，促进医疗资源共享下沉，提升医疗效率和诊断水平，缓解患者看病难的问题。

5G 技术为医疗发展带来的改变，在研究性场景中已有不少实验成果。2018 年 12 月，全球首例基于 5G 网络的远程动物手术在福建省福州市中国联通东南研究院内进行。解放军总医院第一医学中心的医生，利用 5G 网络远程无线操控了机器人床旁系统，为 50 千米外的动物实验室内一只实验猪进行肝脏楔形切除手术。2019 年 9 月，全球首例多点协同 5G 远程多学科机器人手术试验在北京完成。在联通 5G 网络环境下，由解放军总医院第一医学中心肝胆外二科远程操控，利用联通 5G 通信网络操控手术机器人（机械臂），准确完成千里之外试验动物的胃肠切除和肝切除手术。手术用时 60 分钟，其间通信时延为 20~40 毫秒，机械臂响应及时稳定，手术操作准确有效，试验动物的生命体征平稳。

远程会诊、远程监护、远程超声、远程手术、智能导诊、应急救援、智慧院区管理、AI 辅助诊断、VR 病房探视……未来，这些智慧医疗场景都可以依靠 5G 网络的建设得到更广泛的应用。

此外，"5G+ 医疗"也将有力促进各地区医疗资源平衡。"当前，医疗资源的配置仍存在不平衡，偏远地区的百姓受限于地理区域、经济条件，很难到大城市、大医院接受医疗专家的治疗。5G 技术则能够解决异地通信的问题，方便在光纤不普及的乡下、偏远地区实现基于无线的高速高质量通信。尤其在复诊阶段，患者不必长途奔波，减少了交通食宿等各方面的支出，将钱真正花到看病环节。"华为 DIS 产品线首席营销官李欣表示，5G 可以帮助实现边远地区的远程多方高清会诊，还可实现 AR 病房查房、送药等，这将有效提升当前诊疗、住院、看护方面的工作效率。

放眼未来，人们对健康的消费需求将不断攀升，医疗健康领域发展潜力巨大。《中国人类发展报告 2016》预测，2020 年 60 岁以上人口占总人口比重将达到 16.3%，2030 年达到 23%。但从供给侧看，中国医疗资源供给持续不足且短时间内难以补足。在这种情况下，探索 5G 技术能为医疗发展带来的更多可能，显得尤为关键。2019 年 3 月，在国家卫健委发布会上，国家卫生健康委员会医政医管局副局长焦雅辉表示，对于5G技术在医疗领域的应用，应遵循基于目前网络技术和医学科学规律，进行科学审慎的探索。

目前5G技术发展还处于初级阶段，在跨领域大数据、人工智能等方面存在诸多技术局限。5G医疗的应用案例并不完善，如何将5G应用到更多的医疗过程中还需要进一步的研究。同时，随着5G网络后期超低延迟和大规模物联网技术的实施等各领域技术的进步，也有助于拓展医疗应用，进一步提高效率。

未来5G将普及，也更加成熟可靠。当医院推广相对成熟的5G网络后，医疗的运营模式将发生变化。无线基站的接入能力将使更多的业务移动；边缘计算能力将使智能医疗服务更加智能、实时、高效；SA独立组网和边缘切片技术将使传输更快、更大规模、更安全。未来5G将改变整个行业和整个社会。

因此，综合目前情况来看，未来吉安苏区5G在医疗体系的发展应用，应该大致在以下四个方面做好应对，以便实现未来5G医疗的全面对接，实现医疗软实力的飞速提升。

（1）远程医疗技术是关键。5G技术将带来网络层的全面提升，在很大程度上满足了医疗实时、高效、稳定的需求。基于实时图像、语音、视频等技术，5G可以更有效地实现患者的远程诊断、会诊和手术。因此，发展远程医疗技术是吉安苏区实现医疗软实力快速提升的重要手段，是实现各地区医疗资源再分配均衡发展的关键环节。

（2）数据挖掘技术是核心。在远程医疗的基础上，医疗设备不断获取患者的医疗数据，如电子病历、生命基本体征、身体活动频率，以及医学影像，等等。在5G技术的支持下，软、硬件智能产品功能将得到进一步的延伸，可对医疗数据进行深度挖掘，从而更好地进行决策，合理分配医疗资源。此外，5G与大数据的结合，能够实现信息在医生、患者以及医院各部门之间的灵活交互。因此，构建医疗大数据、云存储数据挖掘中心有利于提升吉安苏区在5G时代"AI+医疗"网络节点中的核心位置，构筑未来人工智能医疗时代的核心竞争力。

（3）智能终端普及是基础。吉安苏区应该注重5G时代智能终端普及是发展的基础，将涌现更多无线智能产品。注重这些无线终端产品和医疗大数据中心的互联互通，构筑完整的医疗保健生态系统，像手环这种智能终端将形成整套系统，医生可对系统内医疗数据进行收集和积累，打破时间与空间限制，从而实现连续和精准的检测，使医疗真正进入大数据人工智能时代。

（4）快速急救响应是前提。最后，吉安苏区在未来5G时代人工智能医疗技术发展上要尤其重视快速急救医疗响应环节建设。从医学上来说，像突发心源性心脏病时，最佳抢救时间是在 4 分钟内，即"黄金 4 分钟"，在争分夺秒的急救工作中，5G 毫秒级的低时延优势能够更好保障医院快速做好接待患者的准备，患者到达医院后便可快速进入抢救。快速的急救医疗响应可以给老百姓巨大的安全感，

　　总之，"5G+ 医疗"的前景毋庸置疑，虽然目前来看还处于刚刚起步状态，但也正是这样才给原本医疗水平相对落后地区以均衡发展的机会。

二、5G 时代"AI+ 教育"提升吉安苏区教育软实力

　　对于普通用户来说，5G 时代给人的印象仅限于速度的提升，因为人们都有"4G 比 3G 快，3G 比 2G 快"的体验。但事实上，"多出的一个 G"中，速度提升只是一部分。

　　根据 ITU（国际电信联盟）定义，5G 网络将实现三大应用场景：eMBB（增强移动宽带）、eMTC（海量大连接）、URLLC（低时延高可靠）。"5G 是又一次产业升级的机会，甚至引领很多岗位的发展。对于整个信息社会而言，这些特性会对整个产业结构产生深远的影响，进而发生质变，导致人们选择的模式大不相同。就像现在相比高铁，大多数人 500 千米以上 1000 千米以下的出行依然还会选择飞机，但是当高铁能提速到时速 600 千米，也就没有人选择飞机了。"新东方 AI 研究院院长瞿炜表示。那么，当 5G 遇上教育，会给教育场景和模式带来怎样的影响和颠覆呢？未来的教育又会向怎样的形态演变？可以肯定的是，5G 将全面覆盖线上线下教育场景，未来会打通线上线下。

　　2015 年，随着移动互联网的大规模普及，行业步入了在线教育元年。借着行业浪潮，VIPKID、掌门 1 对 1 等在线教育企业开启了快跑模式。然而，因为技术限制，当下的在线教育在师生互动、体验感层面还有很多可提升空间。4G 通信网络技术在网络延时及可靠性、区域设备接入密度、平均网络带宽等方面均存在较大的局限性。5G 正是在这几方面做出了重大的改进。5G 时代的到来，会重构当下"教学交互模式"。

　　（1）"5G+ 教育"将大幅改善移动在线教育的互动性体验。直播技术迭代是 5G 带来的最基础的变化之一，视频可以实现 4k/8k 超高清、低时延。无时延对教学的最主要作用就是可以进行课堂实时互动，目前线下体验更好的其中一个原因是师生之间能直接看到彼此的眼神和反应，而线上有延迟很难有线下

面对面的体验感。同时，当前在线教育大多都是单向传输，孩子只坐在屏幕前听。未来，教师与学生可以实现双向互动。例如，翼鸥正在研发支持老师和学生双向操作对方主屏的系统，目前受限于技术，流畅性还不是很高，5G普及后，老师和学生可以相互流畅地操作，丰富在线教育互动模式。

（2）5G将全面颠覆线下教育场景的体验。随着互联网技术的加持，目前线下面授课堂创造了线下双师、互动答题等线上线下结合的教学模式。但是受限于网络和技术条件，需要在线下安装专业设备或在教学场所为学员提供额外的网络接入来确保课堂互动的质量，整体互动过程还不是很流畅，教学体验相对生硬。当5G普及后，eMTC（海量大连接）技术可以实现万物互联，C端设备、B端设备、互动教学平台及5G技术可以实现教学体验闭环，真正推动线下面授向下一代模式演变。

（3）5G将打通现有教育模式中线上线下教学体验的隔阂。未来教育形态会发生很大的改变，地面教育以后很大的一个应用就是教育物联网，可以混合线上线下，模糊现有教学模式的边界。在线教育发展过程中很大一个问题在于完课率不高，因为低龄孩子很难长时间坐在屏幕前。未来通过可穿戴设备，学生可以一边玩耍一边学习，教育将不再受制于线下场所，实现随时随地、快乐轻松学习。而实现以上教育场景，最重要的是基于5G与AI、VR、云计算等技术的结合。"5G+VR"将实现沉浸式教学，"5G+AI"将会加速自适应学习。5G解决的是基础的信道容量传递效率的问题，AI解决教育各场景的效率问题，二者结合就是道路更宽了、车跑得更快了。

目前，教育企业研发很多产品时还会考虑到底把计算能力放在前端还是后端，"5G+AI"来临后意味着不用再担心数据传输量、计算容量的问题，线下的感知可以瞬间传输到云端，系统架构将发生翻天覆地的变化。这有点像多年以前大家还使用邮箱储存笔记或文件，后来云笔记的出现使得记笔记的行为云化，云端存储空间足够大，不会丢失，而且无处不在，可以实现个人或多人任意跨平台记录或查看。例如，新东方"AI+教育"的作战地图分为"教学管评测考练"，未来，地面课堂这七个方向的行为都可以云化记录，新东方1200多个线下校区的教室环境、上课状况、老师和学生实时的行为、学生的学习记录都可以随时获悉。最关键的是，"5G+AI"将更好地实现个性化教学。而目前，个性化教学的尝试更多依托于1对1授课模式和自适应学习领域的探索，瞿炜认为，个性化的前提是需要了解学生所有的学习行为，可存在的问题是学生学习行为分散，例如在公立校内、课外培训机构、家庭场景内、在线等，无法形成完整的记录，而 5G 可以使得捕捉学生实时学习行为的成本大大降低。

基于"5G+AI"可以实现实时记录反馈学习情况。未来直播大班课也有可能实现个性化教学。现在的问题是直播老师给几千人上课，学生能看见老师，老师看不见所有学生，5G 普及后，AI 可以捕捉孩子上课的微表情变化，然后分析并通知老师，这个知识点有多少个学生产生困惑，老师就可以有针对性地调整，讲完课后，还可以按照不同学生的困惑将不同知识点以不同形式分发出去。

（4）除颠覆线下学习模式外，"5G+VR/AR"也扩大了学习场景。AI 之外，5G 的另一个重大应用就是与 VR、AR 结合。5G 未来可以实现全息投影，通过虚拟现实技术，更好地解决优质师资问题。全息投影将打破空间概念，使学生有身临其境的感觉，未来会出现的场景是，一个活生生的"真人"老师出现在讲台上，这对于教学的体验、效果都会产生极大的促进作用。此外，配合 VR、AR 带来的类似真实的互动场景，可以实现教学模式的颠覆。例如，数学课、物理课需要讲解几何模型，学生佩戴设备后，可以直接看到三维立体模型，并多角度随意操纵、透视内部结构。

4G 的到来使得 C 端移动设备普及，打破了用户在线下校区或室内 PC 屏幕前上课的限制，但是在一些场景下，例如室内信号不好的地方、野外、更下沉的城市等，移动端体验感还有待提升。现在 VR 设备不成熟的原因是太大、太重、清晰度不够高、处理和传输能力不足，5G 来临后现阶段基于设备的计算和传输能力都可以在云端实现，另外如果在电池上也有突破，那么未来 VR 设备可以越来越小，甚至可穿戴化。这就表示，类似现在的智能手表，未来可穿戴的智能头盔、眼镜等可实现随身携带，随时随地都可以选择课程进行沉浸式、趣味性学习。

（5）"5G＋教育"利于做下沉市场，将会加速行业分化。长远来看，除了对教育模式的直接颠覆外，5G 还会促进整个教育市场发生结构性变革。当前受限于网络技术，在广阔的教育下沉市场，五六线城市和一二线城市的优质教育资源还有较大差距。当 5G 基站大规模建成后，5G 超越光纤宽带的通信速度，会拓展连接的效能，网络稳定性和速度会极大地得到改善，更有利于机构做下沉。"5G+AI"技术一定会把重复性、冗长的内容学习过程缩短，人们受基础教育的时间或许会改变，打破网速限制后，未来任何教育资源都可以"足不出户"瞬间获取。因此，未来的教学可能会演变成方法的教学而不是知识的教学。

同时，行业可能会出现分化，轻资产更轻，重资产更重，企业需要转型，寻找新的生存空间。所以未来，教育机构的竞争点可能会不同。1.0 时代教学质量靠名师，2.0 阶段 AI 辅助督课，确保优秀教师可以量化，未来要做到快乐学习，通过 5G、AI、AR/VR 引入更多资源和形式，模糊线上线下学习边界。而以上这些变化，需要各地区教育产业从业者革新自身认知和思路，认识到 5G 时代技术变革将以全产业链、全方位变革的方式来改变整个教学模式，以及随之而来的教研变革。能够抓住教育模式和教学互动模式的变革趋势，才可以更好地服务未来的学员。目前，"5G+ 教育"在整个体系的构建、现有技术、政策、资金上可以打通，未来其他层面需要先从服务对象出发打通，不同行业有不同需求。

所以，5G 将适用并且利好教育行业，对未来吉安苏区教育资源软实力的提升有重大影响。因此，提前做好准备，有意识地培育相关产业，有利于未来 5G 时代积累相关优势，实现跨越式发展。具体注重两个层面的准备：第一，商业用户端升级，可以做任何有利于沉浸式学习效果的改变，例如教学设备、教学模式、教学手段的 5G 人工智能化升级，注重教育资源大数据区的建设。第二，个人用户端转变。个人端的发展取决于未来 5G 基站建设速度。现在由于 4G 体量过大，在短时间内很难突破，所以短期内应用还会基于手机端来实现未来 AI 教育的转变，未来可能会涌现更多依托于手机的 VR 应用，因此，应该尤其注重未来相关教育软件产业的培育。

三、5G 时代"AI+ 智慧型城市"提升吉安苏区市政管理软实力

什么是新型智慧城市？社会各界对此提出许多见解。《新型智慧城市发展报告 2015—2016》这份官方权威文件给出了新型智慧城市应具备的五大要素，即无处不在的惠民服务、透明高效的在线政府、精细精准的城市治理、融合创新的信息经济、安全可控的运行体系五大要素。通过这五大要素可以看出国家的关注重点，也为新型智慧城市的建设工作指明了方向。

云计算已经成为各行各业的基础设施，新型智慧城市也应以云计算为基石；数据是各行各业创新的驱动力，也是新型智慧城市的驱动力，数据只有通过共享开放，实现内部环流和外部环流，才能真正产生价值；在数据融合创新的基础上，将互联网的实人实名能力、移动支付能力、信用积分能力、协同办公能力等创新能力"+"到政务、政法、交通等领域中，实现真正的行业智慧

和城市智慧，并且通过强大的网络空间安全能力，为整座智慧城市保驾护航。

因此，未来5G时代"AI+智慧型城市"是提升吉安苏区市政管理软实力的重要手段，对老百姓幸福感与获得感的提升有巨大帮助，对未来促进中心企业发展、人才聚集、产业集聚都具有重大的推动作用。所以，提前布局未来"AI+智慧城市"的发展对于吉安苏区来说具有历史性的重要意义，当然在建设的过程中应当重点明确以下几个方面的问题。

（1）新型智慧城市解决方案建设必须要以人民为中心。依托互联网架构和能力，以数据共享共治为基石，要具备数据全生命周期管理，具备移动化、场景化等特点，同时能以经济指数牵引产业效率大幅提升。例如，"两掌一大脑"的新型智慧城市解决方案，即掌上办事、掌上办公、城市数据大脑。掌上办事为百姓和企业提供一站式移动便民服务门户；掌上办公为政府部门、城市公共服务相关事业单位提供一站式移动协同办公平台。以"两掌"为抓手，不断汇集城市服务与治理数据，构建城市数据大脑创新开放平台。没有数据大脑的智慧城市不是真正的智慧城市，新型智慧城市建设仅有"两掌"是不够的，更需要城市数据大脑。城市数据大脑是一座城市的数据智能中枢，旨在挖掘城市数据价值，从全局角度进行数据融合，进而形成数据智能，用数据帮助城市决策和思考，让城市能够自我调整，与人类良性互动。

未来新型智慧城市以数据大脑为核心。城市数据大脑能打破信息孤岛汇聚海量、实时、多维的城市数据，通过云计算、大数据和人工智能等技术进行数据融合治理，形成数据智能，驱动城市智慧应用，支撑政务服务、城市治理、产业经济等领域的应用创新。

（2）智慧城市不是买来的，而是持续运营出来的。正如数据只有持续运营才会不断产生新的价值和新的智慧。经过广泛实践认为智慧城市不是买来的，而是日积月累运营出来的。我们可以通过具体案例来论述。例如，衢州新型智慧城市，结合AI算法，让社会治理不仅看得见，而且会思考。在2017年12月的全国政法委现场会上，衢州"雪亮工程"被相关领导盛赞为全国标杆，其以雪亮为抓手，从城市数据大脑1.0时代演进新型智慧城市大脑2.0时代的思路和胆识更是值得全国学习。再比如，杭州基于云计算、大数据技术，打造了杭州公交数据大脑，全局分析杭州市交通现状，解决拥堵和出行问题。老百姓刷一下手机二维码就可以直接乘车，还可以定制公交，数据智能正在改变百姓公共出行。同时开发了公交云App，助力城市公交出行服务升级。目前杭州公交App下载用户数量超150万，其中实时公交查询PV值每日超过100万，大大方便了市民公共出行。随着公交数据大脑的智能运转，云调度、云公交、云规划等创新服务不断升级。

（3）注重新型智慧城市生态体系的构建。新型智慧城市不是一家公司可以独立交付的，而是生态性交付；新型智慧城市非一日可建成，而是在持续运营中生长出来的；新型智慧城市生态不是某个公司的生态，而是开放共享原则下互为生态，以"开放合作、共荣共生"为理念构建新型智慧城市生态，以云计算、大数据平台为基础，携手客户及合作伙伴，共同建设新型智慧城市。当前，中国正大步跨入智慧城市管理模式，用数字方案建立一个更宜居的城市理念，越来越被大众所接受。反之，那些大包大揽一味追求数量而忽视质量、注重形式而忽视内容的城市，必将遭遇新一轮洗牌。

所以，如何用更少的资源做更多、更有效率的事，是未来政府应该探索的重要课题。目前业界普遍认为，未来的智慧城市要真正解决两大问题，一是让政府的决策更聪明、更准确、更科学，二是让城市使用者对城市的感知更高效、更便捷，生活更幸福。值得注意的是，在2018年新公布的新型智慧城市评价体系中，将市民体验的权重从原来的20%提高到了40%，意在增强城市居民的切身获得感，进而推动智慧城市健康、向好发展。

未来城市资源紧缺是摆在政府面前最现实的一道难题。例如，拥堵就是最普遍的问题之一，停车位供需失衡也在间接加剧这一矛盾。从长远来看，建设智慧停车系统，构建城市智慧交通体系，是现实需求，也是时代选择。但现实情况是，大部分城市在最底层基础设施的智慧化管理方面仍然十分欠缺，诸如停车问题，这些"细枝末节"恰恰才是城市居民获得感和幸福感最直接的来源，也是建设智慧城市最大的动力来源。今天，许多城市基础设施建设已经远远跟不上交通的增长速度，尤其是停车设施不足，渐渐演变成交通拥堵的一大阻碍。据统计，司机在大城市中心区域平均要花费20分钟寻找停车位，占当地流通量的10%以上。解决停车问题可以填补停车位不足、利用率不高和交通拥堵几大短板，对提升城市整体运行效率有着无可比拟的作用，特别是当人工智能、5G技术、大数据等"新基建"流行开来，"AI+停车"无疑将推动城市智能管理迈向一个全新的阶段。

综上所述，未来智慧型城市的建设无法做到一蹴而就，需要注重生态系统构建与培养，在生态体系逐步构建的过程中，智慧型城市的构建才能水到渠成，而科技正在加速这一切美好未来的发生。所以，抓住机遇，促进与培养生态体系是未来吉安苏区步入智慧型城市的关键。

第四节　建议对策与总结

近些年来，赣南等原中央苏区在《若干意见》的红利下发展迅猛，取得了令人瞩目的成绩，各项经济指标都有显著的提高，吉安苏区中小企业都呈现欣欣向荣、蓬勃发展的态势。这一切都离不开中央《若干意见》的支持和各级政府的智慧，它们为吉安苏区的中小企业带来了政策、带来了市场、也带来了资金的扶持，逐步发展形成了具有吉安特色的诸多产业集群，创造了辉煌，也创造了历史。

因此，本书在前文论述的基础上提出了未来吉安市政府对中小民营企业的发展扶持应该以"三个关注""四个重视"为主要措施。"三个关注"：一是指关注康养产业将成为吉安中小企业发展新增长极；二是关注"人工智能""大数据""物联网"等未来给吉安中小企业发展带来的新机遇；三是关注5G浪潮对吉安软实力跨越式提升的推动作用。"四个重视"：一是做好政策引导，重视布局硬技术和深技术；二是完善创新生态，重视搭建各要素的融合与服务平台，促进科学家、企业家、投资人、工程师等的深度合作；三是继续降低企业成本，重视持续为中小企业发展减负；四是持续优化营商环境，重视营造中小企业可持续发展新趋势。

希望吉安苏区在增强硬实力的同时，多注重软实力的培育，尤其是如何将硬实力增强转化为软实力提升的问题。最后，祝吉安苏区中小企业的明天更美好！

参考文献·REFERENCE

［1］魏后凯，田延光.全国原苏区理论与实践［M］.北京：经济管理出版社，2018.

［2］张明林，刘善庆.民生发展与改革实践——赣南苏区研究［M］.北京：经济管理出版社，2017.

［3］刘善庆，张明林.共享理念下的赣南等中央苏区脱贫攻坚研究［M］.北京：经济管理出版社，2017.

［4］李晓园，钟业喜，黄小勇.振兴原中央苏区的现实条件、产业布局和财税政策研究［M］.北京：中国社会科学出版社，2014.

［5］刘善庆.赣南等中央苏区特色产业集群研究［M］.北京：经济管理出版社，2017.

［6］吉安市统计局.2016年吉安市统计年鉴［M］.北京：中国统计出版社，2016.

［7］吉安市统计局.2017年吉安市统计年鉴［M］.北京：中国统计出版社，2017.

［8］吉安市统计局.2018年吉安市统计年鉴［M］.北京：中国统计出版社，2018.